Der Pflege-Tsunami

MONJA SCHÜNEMANN

Wie Deutschland seine Alten
und Kranken im Stich lässt

Für Karl-Heinz Lorenz (1929–2013)
und Inge Lorenz (1932–2016),
meinen Sohn Yannick Wickenkamp
und meinen Mann Volker

Inhalt

Mein modischer Opa oder warum der Pflegejob schon vor 50 Jahren kein Vergnügen war

Als ich zum ersten Mal im Leben ein Altenheim betrat, war ich gerade sechs Jahre alt und unfassbar stolz, meinen Großvater abzuholen, der dort als Pfleger arbeitete. Für mich war es der tollste Ort der Welt. Wenn man das Gebäude betrat, empfing einen helles Licht, das im Atrium Hydropflanzen in weißen Plastik-Blumenbänken beschien, wie sie in den 70er-Jahren modern waren. Opa pfiff gerne ein Lied, und die alten Damen zwinkerten mir zu und zeigten mir, in welche Richtung ich laufen musste, um ihn zu finden. Zu „Max, du hast das Schieben raus" tanzte er mitunter mit den Bewohnerinnen. Ich weiß noch, dass ein Rad des Wagens, mit dem er Essen und Getränke von Zimmer zu Zimmer fuhr, klapperte und nicht recht mit den anderen mitlaufen wollte. Wenn ich das Gefährt ein paar Meter für Großvater bugsieren durfte, war ich mir des Ernstes der Lage bewusst. Von mir hing nun die Versorgung der Senioren ab! Umso stolzer schob ich den mit großen, metallenen Teekannen beladenen Wagen vor mir her, so gut, wie es ein Mädchen von sechs Jahren eben kann. Aus den Zimmern, die ich nicht betreten durfte, winkten mir Menschen aus Betten zu und fragten: „Ach, wen ham wir denn da?" Es roch nach Tosca, Tabac original und Old Spice, nach Leberwurst und Kamillentee.

Ich liebte die Geschichten, die Opa daheim erzählte. Wie sich einmal ein Herr und eine Dame noch im hohen Alter ineinander verliebten und das ganze Haus, Bewohner und Angestellte, ein Hochzeitsfest für das glückliche Paar initiierten. So richtig mit

Blumen und allem Drum und Dran, im Park, der zu der Einrichtung gehörte. Ich hatte Opa geholfen, Kuchen für die Feier zu backen.

Ich holte ihn ab, wann immer ich konnte. Manchmal war ich zu früh dran – vielleicht hatte ich auch ein bisschen geschummelt und war zu früh losgelaufen, um Zeit im Tagesraum verbringen und das dortige Treiben beobachten zu können. Stricken und Sticken, Häkeln und Knüpfen waren angesagt. Nette Damen zeigten mir die tollsten Tricks mit Wolle und Garn. Es dauerte nicht lange, da war ich in der Schule im Fadenspiel „Abnehmen" unschlagbar. Manchmal lauschte ich jemandem beim Klavierspiel oder schaute bei Laubsägearbeiten zu. Immer gab es ein freundliches Wort. Kein Pfleger, keine Schwester, keine Altenpflegerin, die nicht zu Scherzen aufgelegt war und sich Zeit nahm für ein Schwätzchen. Das ganze Haus kam mir damals vor wie ein Hort der Lebensfreude.

Zur Wahrheit gehört aber auch: Mein Großvater hatte den Beruf des Pflegers nie gelernt. Er war eigentlich Schneider und hatte nach Entwürfen berühmter Designer Kleider geschaffen, die auf den Laufstegen der Welt gezeigt wurden. Er liebte den Beruf, den ihm sein Vater beigebracht hatte. Doch die Modebranche kriselte in den 70er-Jahren, zwischen den Frühjahrs- und Herbstkollektionen wurden immer wieder Mitarbeiter entlassen.

Schon damals gab es einen eklatanten Pflegenotstand in Altenheimen. Mit heißer Nadel gestrickte Kurse zum Pflegehelfer, für die massenhaft Frauen und Männer angeworben wurden, sollten dem entgegenwirken. „Hände statt Köpfe" lautete die Devise. Das Geschäft mit der Altenpflege boomte, der Bedarf an Pflegekräften war hoch. Und da Arbeitslosigkeit in jener Zeit als Schande empfunden wurde, nahm mein Großvater das Angebot des Arbeitsamtes an. Das Etikett „sicherer Beruf" zog damals. Doch wirklich glücklich war Opa nie in dem Job, auch wenn es nach außen den Anschein hatte. Er pfiff meist für sich.

Die Geschichten, die er daheim erzählte, veränderten sich denn auch. Sie waren bald nicht mehr nur fröhlich. Sie handelten nicht länger nur von spät berufenen Liebespaaren und sonstigen Freuden des Lebens im Alter. In die Storys schlichen sich kummervolle Töne. Es waren Geschichten, wie ich sie später in meinem eigenen Berufsleben tausendfach von anderen hören und auch vielfach selbst erleben sollte: Geschichten von Frust, Überarbeitung, Unzulänglichkeiten, Personalengpässen, schlechter Bezahlung, irrer Bürokratie, demotivierten Pflegern und genervten Krankenschwestern. Opa schimpfte, regte sich zunehmend auf über die Arbeitsumstände und verzweifelte daran, nicht mehr tun zu können als das, was er tat: Arbeiten. Arbeiten. Arbeiten.

Erst später begriff ich, dass es das schöne Hochzeitsfest ohne die Eigeninitiative der Angestellten und Heimbewohner nie gegeben hätte. Die Einrichtung hatte nichts dazu beigetragen. Die Kuchen, die serviert wurden, waren private Spenden, weil es sonst gar nichts gegeben hätte für das glückliche Paar und seine Gäste. Nicht einmal die Blumen hatte das Heim bezahlt. Sie kamen aus den Schrebergärten der Kolleginnen und Kollegen meines Großvaters.

Trotzdem blieb Opa in dem Job, des geregelten Einkommens wegen. Genäht hat er nur noch in seiner Freizeit – und zwar vor allem für mich. Ich trug also als Kind und Jugendliche Maßanfertigungen. Aber Großvater nähte nicht aus modischem Interesse oder weil er nach der Schicht zu viel Energie hatte. Im Gegenteil: Die Näherei war eine Notwendigkeit für ihn. Das Geld reichte schlicht nicht für Kleiderkäufe; Stoff zu kaufen, war billiger. Später, wenn ich als Erwachsene mit meinem hochbetagten Opa einkaufen ging, schaute er immer noch sehnsuchtsvoll auf die beiden Buchstaben einer großen schwedischen Modekette, deren Initialen mit denen seines alten Arbeitgebers identisch waren. „Ist das die Kurzform für Hensel und Mortensen?" Nein, war sie nicht. Und das Glimmen in seinen Augen erlosch wieder.

Als ich selbst als Krankenschwester arbeitete, habe ich, sooft es ging, ebenfalls im Dienst Lieder gepfiffen. Mein ganzes Pflegeberufsleben lang war es mein innigster Wunsch und Wille, allen dieselbe Sicherheit, das Vertrauen in das Leben, Zuversicht und Freude zu vermitteln, wenn sie krank oder bedürftig waren, wie ich es als Kind an der Seite meines Großvaters erlebt hatte. Dafür musste ich oft stehlen – und zwar Zeit. Zeit, um mit dem Kleinkind, das von niemandem Besuch bekam, das schon mit dem Oberkörper hin- und herschaukelte, um sich selbst zu wiegen und kaum noch reagierte, Ball auf dem Boden zu spielen. Zeit, um dem Patienten nach seiner Herztransplantation, nachdem er wochenlang dieselbe Wand seines Zimmers angestarrt hatte und seinen Mut zu verlieren drohte, samt Monitor, Sauerstoffgerät, verpackt in Mund-Nasen-Schutz und Handschuhen, im Rollstuhl in den Park in die Sonne zu schieben, bis er den Lebenswillen wiederfand, lächelte und sagte: „Ich hab' verstanden!"

Manchmal reichte es nicht, Zeit zu stehlen – dann habe ich sie erfleht. Wie die zehn Minuten für die Not-OP eines kleinen Mädchens, dem ein Eishockeyspieler mit dem Schlittschuh den Ringfinger der rechten Hand abgefahren hatte. Die Feuerwehr hatte den Finger korrekt auf Eis gebettet und mit in die Klinik gebracht – nur leider war er gefroren und konnte seiner Besitzerin so nicht wieder angenäht werden. Der Gang war voller Patienten, der Notarztwagen hatte sich angekündigt, wir standen im Chaos. Wir hatten keine Zeit. „Das wird nichts, das kannst Du vergessen.", sagte mein Handchirurg zu mir, „Pack das ein. Schade." Ich schaute ihn entsetzt an und flehte: „Gib mir zehn Minuten! Ich schaffe das! Sie ist doch ein Kind, das können wir nicht machen!" Sekunden wurden zu einer Ewigkeit und entschieden darüber, ob das Mädchen mit einem Stumpf oder einem Finger leben musste. „10 Minuten! Keine Sekunde länger!" Er verließ den OP, nur, um die Tür sofort wieder aufzureißen: „Kein heißes Wasser, keine Mikrowelle!" Als er die Tür wieder geschlossen hatte, taute ich den Finger an meinem Körper auf ohne dass das Gewebe Schaden nehmen konnte. Ich erinnere mich an den Schmutzrand unter dem kleinen Fingernagel und schloss die Augen, weil nicht nur die Kälte des Fingers mich ein wenig schaudern ließ. Es funktionierte, das Mädchen konnte einige Tage später mit fünf Fingern an der Hand entlassen werden.

Oder die halbe Stunde, die ich mir nahm, um einem alten Mann auf der Notaufnahme beim Sterben beizustehen, während meine Kollegin mich wütend anschrie, wann ich denn wieder zu arbeiten gedächte, statt rumzusitzen.

Als es keine Zeit mehr zu stehlen und nichts zu erflehen gab, stahl ich mich davon. Den Glauben hatte ich schon lange verloren. Lieder pfiffen vielleicht noch diejenigen, die neu anfingen, hochmotiviert und beseelt von dem Gefühl, Gutes am und Gutes für Menschen zu tun. Ich hörte ihr freundliches Trillern und dachte: Nicht mehr lange, und euer Pfeifen verwandelt sich in Stöhnen vor Kummer über das, was man hier jeden Tag aufs Neue erlebt. Ich hatte keine Lust mehr, meine Lippen zu spitzen, obwohl ich nie auf diesen Beruf pfiff und es bis heute nicht tue. Ich will nur, dass er anders ausgeübt wird, dass Pflegekräfte die Chance bekommen, menschengerecht zu pflegen. Endlich, im Jahr 2022, fast zehn Jahre nach dem Tod meines Großvaters.

KAPITEL 1

Kein „Pflegenotstand", sondern ein Tsunami

Damit kein falscher Eindruck entsteht: Mit dem Stehlen habe ich es nicht so. Im Gegenteil bin ich der festen Überzeugung, dass den Menschen in diesem Land ein Gesundheitssystem zusteht, in dem niemand stehlen muss. Keine Minuten, Stunden, Tage, an denen man eigentlich frei hat, aber einspringen muss, weil wieder mal Personal fehlt. Es ist doch paradox, dass wir, eine kreative Spezies, für uns selbst nie Visionen für das Alter und das Leben mit Pflegebedürftigkeit entwickelt oder einen Aushandlungsprozess vollzogen haben. Tatsächlich verstehe ich jeden, der den Gedanken verdrängt, in ein Krankenhaus oder „für immer" in ein Seniorenheim zu müssen. Pflege ist hierzulande kaum positiv besetzt. Wer will ein sogenannter Pflegefall sein? Wer will ins Altenheim „abgeschoben" werden? Niemand. Aber wenn es schon sein muss, Pflege im Krankheitsfall oder im Altersheim unumgänglich sind, dann wünsche ich Ihnen, liebe Leserin und lieber Leser, Orte, an denen Sie Sicherheit, Vertrauen, Freude und Zuversicht finden.

Stellen Sie sich vor, Sie müssten sich einer Operation unterziehen. Keine Angst, es ist nichts Lebensbedrohliches. Den Termin, die ganzen damit verbundenen Organisationen und Tests hat Ihre Pflegepraxis für Sie gemacht. Sie wohnen auf dem Land? Kein Problem. Die Praxis, von der ich rede, gibt es auch auf dem Dorf. Sie und die dortigen Mitarbeiter kennen sich seit Jahren. Dort bekommen Sie Rat und Rezepte, es schaut wer nach dem Blutdruck. Die Inhaberin der Praxis ist Doktorin med. rerum curae, also eine studierte Pflegefachkraft. Sie macht auch Hausbesuche und ist gut vernetzt mit der Ergotherapeutin und dem

Krankengymnasten, klärt darüber auf, welche Hilfsmittel Ihnen den Alltag erleichtern – und das Beste ist: Sie verschreibt sie auch gleich.

Als Sie in der Klinik, die die OP durchführt, eintreffen, werden Sie bereits erwartet. Eine Pflegefachperson nimmt Sie persönlich in Empfang und bespricht mit Ihnen die OP. Da Sie nach dem Eingriff etwas eingeschränkt sein werden, erklärt sie Ihnen auch, wie Sie sich am Tag danach verhalten sollten, damit es nicht allzu sehr zwickt und zwackt. Sie wähnen sich – zu Recht – in so guten Händen, dass Sie gar keine Angst vor der Operation haben. Und es kommt noch besser: Nach dem Eingriff wachen Sie aus der Narkose auf und alles ist exakt so, wie Ihnen gesagt wurde – und das gibt Ihnen Sicherheit. Niemand ist in Hektik, dann alle wissen, gut Ding will Weile haben.

Für den Fall, dass Sie zu Hause Hilfe benötigen, weist Ihre Pflegefachperson Ihr soziales Umfeld ein, wie es Ihnen am besten beistehen kann. Es sind ja oft die kleinen Tricks und Kniffe, die erst die Genesung und dann das Leben einfacher machen. Mit der Nachsorge gibt es keinen Stress. Ihre Pflegepraxis weiß bestens Bescheid über Ihren Gesundheitszustand. Alle relevanten Informationen wurden auf digitalem Weg übermittelt. Toll, wie alle Beteiligten Hand in Hand arbeiten!

Falls Sie doch in ein Seniorenheim gehen müssen, können Sie der Einrichtung voll und ganz vertrauen. Nach einer eingehenden Erörterung Ihres körperlichen Zustands tüfteln Sie mit der zuständigen Pflegefachperson einen auf Ihre individuellen Bedürfnisse zugeschnittenen Plan aus. Von wegen altes Eisen! Sie wollen weiterhin soweit es geht am Leben teilhaben und dieses mitgestalten. In die Gespräche mit dem Seniorenheim, wie dieses Ziel am besten zu erreichen ist, sind Ihre Verwandten von Beginn an eingebunden. Alle wissen, worum es geht. Wie gut klappt es mit dem Laufen? Trinken Sie genug, und wenn ja, was am liebsten? Dass Sie Entwässerungstabletten nehmen und deshalb in der Nacht oft auf die Toilette müssen, ist kein Problem, denn auch zu später Stunde ist immer jemand da, der schnell genug kommt, damit nicht – na, Sie wissen schon.

Mit Ihrer Wohngruppe machen Sie sich abends gerne schick, um im Gemeinschaftsraum am Public Viewing teilzunehmen. Dort gibt es Liveübertragungen aus der Oper, dem Theater und auch von Konzerten für diejenigen, die solche Veranstaltungen vor Ort nicht mehr durchhalten. Sie müssen zufrieden zugeben: Hier sind Sie am rechten Ort zur rechten Alterszeit.

Werden Sie daheim von einem professionellen Dienst betreut, können Sie oder ein Familienmitglied am Computer oder Handy einen exakt auf Sie abgestimmten Wochenplan mitgestalten. Auch hier wird alles mit Ihnen besprochen und es gibt, wenn nötig, Anleitungen für Angehörige, die Sie mitpflegen und in alle notwendigen Schritte eingebunden werden. Die Pflegepraxis steht Ihnen bei, sie verordnet Hilfsmittel und fordert, wo es nötig ist, therapeutische Unterstützung an. Gerenne um Rezepte und Verordnungen kennen Sie und Ihre Verwandten nicht. Die am Abend fällige Spritze kriegen Sie unproblematisch auch dann, wenn Sie zu Besuch bei einer Freundin außerhalb des Heims sind, sogar in einer anderen Stadt. Denn alles läuft digital, Sie müssen einfach Ihren Aufenthaltsort angeben – und schon kommt jemand vorbei und verabreicht Ihnen die Spritze.

Jede Wette, Sie haben es so nie erlebt, dass ein Pflegeprozess mit Ihnen besprochen wurde, und kennen auch keinen einzigen Menschen – nicht einmal vom Hörensagen –, der jemals so umsorgt wurde. Dabei gibt es zig Millionen Fälle, in denen exakt so gehandelt worden ist. Allerdings nur auf dem Papier. Denn es handelt sich um das gesetzlich vorgeschriebene Vorgehen seit Anfang der 1990er-Jahre. Die Realität sieht bekanntlich anders aus. Die bittere Wahrheit ist: Planung, eigentlich das grundlegende Instrument sämtlichen pflegerischen Handelns, ist zum Abhakmarathon der Tätigkeiten verkommen, von denen Sie nur einen Bruchteil mitkriegen. Sie existieren lediglich in kilometerlangen Verwaltungsakten.

Noch mein Großvater drehte eine Runde nach der anderen mit immer unterschiedlichen Tätigkeiten auf den jeweiligen Stationen. Was die einzelnen Leute hatten, wusste er nicht immer, das wusste nur die Oberschwester. Die Fachwelt hat dafür den Begriff der „Funktionspflege" erfunden. Seitdem hat sich viel geändert, denn es wurde eine Bezugspflege eingeführt, die besagt, dass eine Pflegefachperson nicht mehr einzelne Tätigkeiten Runde für Runde abarbeitet, sondern für ihre Patienten im Ganzen zuständig ist und über alle Belange Bescheid weiß. Das ist ein grundsätzlich richtiger, professioneller Ansatz. Das Krankenpflegegesetz von 1985 definierte eine „sowohl sach- als auch fachkundige, umfassende und geplante Pflege am Patienten". Die Vorgaben waren ein Meilenstein in der deutschen Pflegelandschaft. Seit 1993 arbeitet die professionelle Pflege nach einem Modell, das sie selbst entwickelt und anhand wissenschaftlicher Studien belegt hat.

Dass die breite Öffentlichkeit davon früher nichts mitbekommen hat und bis heute nichts mitbekommt, liegt daran, dass schon zwei Jahre nach Inkrafttreten der Reform die Pflegeversicherung unter Bundessozialminister Norbert Blüm eingeführt wurde. Vor der Reform musste Krankenpflege verschrieben werden. Vom Arzt, der gar nicht so genau wusste, was das eigentlich ist und was sie kann, die Pflege. Nun sollte nicht nur ein jeder das Recht auf Pflege haben, nein, es sollte auch das Geld dafür zur Verfügung gestellt werden und man konnte sich aussuchen, ob man dieses Geld einsetzt, um seine pflegenden Angehörigen oder einen Pflegedienst zu bezahlen. Dass es sich dabei allerdings um eine Teilkaskoversicherung handelte, die lediglich einen kleinen Teil der Kosten übernimmt, das bekam nur mit, wer damit konfrontiert wurde.

In den Kliniken wurden gleichzeitig massenhaft Stellen abgebaut und Mechanismen wie die unsinnigen Fallpauschalen eingeführt, um die Krankenhäuser und andere Einrichtungen auf Effizienz zu trimmen. Man bleibt jetzt nicht mehr so lange im

Krankenhaus, bis man gesund ist, sondern die jeweilige Krankheit gibt vor, wie viele Krankenhaustage einem zustehen. Verweildauer nennt sich das. Ich muss sagen: Das Ziel wurde erreicht.

So wurde aus dem Meilenstein ein Kieselsteinchen. Pflegeplanung verkam zu einer Art Planwirtschaft. Pflege wurde nun von Klinik- und Heimmanagern in Minuten eingeteilt und rationalisiert. Die Folgen waren verheerend und sind bis heute spürbar.

Es fängt schon bei der Ausbildung an, die ad absurdum geführt wird. Der Nachwuchs erlernt einen Beruf, den er nach dem Abschluss nicht einen einzigen Tag so ausüben kann, wie er ihm beigebracht wurde. Das Ziel bestmöglicher Pflege von Kranken und Alten wird konterkariert. Hunderttausende Profi-Pflegende möchten ihren Beruf gerne so ausüben, wie das Gesetz und ihr Können es ihnen erlauben. Dazu bräuchte es in erster Linie genug Pflegekräfte an den richtigen Stellen und eine gute Bezahlung. Das ist eigentlich alles. Aber die Realität sieht komplett anders aus. Viel zu viele Kolleginnen und Kollegen nehmen bald nach dem Ende der Ausbildung oder des Studiums Reißaus und wechseln für immer in andere Jobs. Der Personalmangel ist tatsächlich epochal und so gravierend, dass das System implodieren wird, wenn keine radikale Wende eintritt, die sich bislang in keiner Weise abzeichnet.

Während der Coronapandemie redete das ganze Land über die Defizite, endlich. Die Klagen der betroffenen Mitarbeiterinnen und Mitarbeiter in Krankenhäusern und Pflegeeinrichtungen waren unüberhörbar. Inzwischen schwant den Leuten, dass irgendetwas nicht stimmt mit dem Gesundheitssystem und vor allem: der Pflege. Altenheime galten nie wirklich als Orte des Vertrauens und der Sicherheit. Corona hat daran nichts geändert. Im Gegenteil.

Die Angst vor dem Heim ist deutsche Realität. Manchmal ist sie sogar tödlich. „Ich habe ihr die Luft zum Leben genommen", gestand im November 2020 ein 92 Jahre alter Mann vor dem

Landgericht Würzburg die Tötung seiner Frau nach fast 70 Jahren glücklicher Ehe. „Ich vermisse sie seitdem sehr." Er wollte nicht, dass seine stark an Demenz leidende Gemahlin in ein Heim muss – und selbst nicht allein zurückbleiben. Sein Suizid scheiterte.

„Lieber tot als im Heim." Dieser Ausspruch hat eine erschütternde Tradition in Deutschland. Von 1995 bis 2003 wurden an der Berliner Charité die Suizide von 130 Menschen zwischen 65 und 95 Jahren untersucht, die in Abschiedsbriefen direkt oder indirekt ausgedrückt hatten, „Angst vorm Heim" gehabt zu haben. Der bayerische Landwirt Max Wölfel erklärte im September 2019: „Vor neun Jahren erkrankte ich an der Nervenkrankheit ALS und habe mich fürs Leben an und mit der Beatmung bei meiner Familie entschieden auf meinem eigenen Hof. Ich werde lieber sterben, bevor ich mein Zuhause verlassen müsste." Er protestierte damit gegen ein Gesetz, das unter Ex-Bundesgesundheitsminister Jens Spahn erlassen wurde und das eine Zwangsverlegung in eine Pflegeeinrichtung als letzte Option offenhält. Wölfel und andere Kritiker sprechen von einem „Heimzwang für beatmete Intensivpatienten".

Die Coronapandemie hat die kritische Sicht der Betroffenen und ihrer Familien auf die Institution Heim noch verschärft. Durch das Virus starben überdurchschnittlich viele Alte in den Einrichtungen. Andere schoben einen Umzug ins Heim auf. Diese beiden Umstände sorgten 2021 für freie Plätze. Richtig gelesen: freie Plätze!

So mancher pflegt seit Corona die Seinen lieber daheim, fürchtet Besuchsbeschränkungen und Infektionsgefahr. „Die Menschen haben das Vertrauen in die Pflegeeinrichtungen verloren", urteilte Erika Stempfle, Fachreferentin Pflege bei der Diakonie. Ich bezweifle allerdings, dass es je (ausreichend) vorhanden war (und ist). Die Pandemie hat den Ruf der Heime als „Verwahranstalten" eher gefestigt. Die Sorge, ein Umzug in ein Heim führe zu einer erheblichen Umstellung bisheriger Lebensgewohnheiten, zum Verlust der Selbstständigkeit und zum Verzicht auf Privatsphäre, zieht sich durch die Nachkriegsgeschichte wie ein dicker, roter Faden, der nicht abreißen will. Wie konträr sich hier politische Positionen und Realität gegenüberstehen, zeigt sich, wenn man Spahns Aussage, Deutschland verfüge über eines „der besten Gesundheitssysteme der Welt", mit der 2021 gestarteten Petition des Magazins *Stern* unter dem Motto „Pflege braucht Würde" abgleicht. Der Begriff „Petition" kommt vom lateinischen Wort *petere*: erbitten. Was ist das für ein Staat, dessen Bürger Würde im Gesundheitssystem „erbitten" und die Regierung daran erinnern müssen, dass Leben heilig ist?

Ich habe keinen Anlass, davon auszugehen, dass sich an dieser fatalen Grundhaltung auf Seiten der Politik in absehbarer Zeit etwas ändern wird. Seit Jahren wird am Gesundheitssystem herumgedoktert, was die politischen Quacksalber im Repertoire haben. Die minimalen Änderungen und „Reförmchen" der jüngeren Vergangenheit sind lediglich Tropfen auf dem heißen Stein.

Die Wahlprogramme der letzten Jahrzehnte sind stets voller Versprechen gewesen, die nur begrenzt oder gar nicht eingehalten wurden. Zur Bundestagswahl 2021 hat sich dieses Muster wiederholt. „Stabile Renten und gute Pflege" versprach die SPD auf ihren Plakaten – doch was „gute Pflege" bedeutet, wurde gar nicht erst definiert. Da die allermeisten Bürger das, was Profis unter „guter Pflege" verstehen, nicht am eigenen Leib oder in der Familie erlebt haben, wissen sie gar nicht, wie Pflege sein müsste, um das Prädikat „gut" zu erhalten. Abgesehen davon, dass es bedauerlich ist, dass sich eine Volkspartei wie die SPD schon mit „gut" zufriedengibt und nicht „sehr gut" oder gar „exzellent" anstrebt. Zugunsten der Sozialdemokratie soll hier aber gesagt sein: Die anderen Parteien sind genauso schlecht aufgestellt.

„Mehr Personal" wollen faktisch alle. Wie es bezahlt wird und woher es kommen soll, bleibt im Dunkeln. Die Politik will aus einem Topf schöpfen, der schon lange bis auf die Emaillebeschichtung leergekratzt ist. Es gibt keine Leute, schon gar kein

Pflegefachpersonal, das sich einstellen ließe. Keine Partei traut sich, konkrete Vorschläge zu machen. Sie bleiben im Bereich des Vagen oder gar des Unseriösen. Die etablierten Parteien wissen nur zu gut, dass sie am besten damit fahren, wenn sie so tun, als bleibe alles beim Alten. Bloß niemanden erschrecken.

Es ist noch nicht einmal klar: Worüber reden wir eigentlich bei „guter Pflege"? Altenpflege? Krankenpflege? Kinderpflege? Wenn „gute Pflege" gemeint ist, wird hilflos am Sozialgesetzbuch herumgedoktert. Die 2019 begonnene „Konzertierte Aktion Pflege" der Bundesregierung entpuppte sich – entgegen den Eigenlobeshymnen von CDU, CSU und SPD – nicht als großer Wurf, sondern als Schuss in den Ofen. Sie war nichts weiter als eine teure, misslungene Imagekampagne, die beruflich Pflegende zutiefst ablehnten. Ihre Bilanz ist ernüchternd. Zwar wurden im Bereich der Altenpflege 13 000 neue Stellen geschaffen, davon jedoch lediglich 3600 besetzt. Denn es ist nicht gelungen, diejenigen wieder in den Beruf zurückzuholen, die ihn verlassen haben.

Die Ausbildung wurde generalisiert. Auszubildende in Alten-, Kranken- und Kinderkrankenpflege verbringen nun einen Teil ihrer Lehrjahre gemeinsam und entscheiden sich erst im Verlauf für die endgültige Richtung. Sachsen-Anhalt soll immerhin eine Steigerung von 11,6 Prozent bei der Rekrutierung von Nachwuchskräften verzeichnet haben. Doch Leute für den Job zu gewinnen, ist nicht das zentrale Problem, sie zu halten, schon. Es gibt allzu viele, die während der Ausbildung die Bedingungen des künftigen Berufes nicht mehr mit- und nicht mehr ertragen wollen und deshalb das Weite suchen. Jeder Vierte gibt auf.

Wie zu Zeiten meines Großvaters sollen es Hilfskräfte richten. Es ist alter Wein in neuen Schläuchen: Die Löcher in der zerschlissenen Personaldecke mit „Händen statt Köpfen" stopfen zu wollen, verbirgt sich hinter dem Begriff der „Pflegeassistenz". 50 Jahre Gesundheitspolitik und kein Stückchen weiter.

Gerade diese Kampagne hat gezeigt, dass die Politik sich weiterhin wegduckt, weil sie mit ihrem Latein am Ende ist. Es mangelt an Gestaltungswillen und vor allem an Kompetenz. Politik sieht das Berufsfeld Pflege vor allem als Liebesdienst an, dem jeder professionelle Anspruch aberkannt wird. Norbert Blüms Leitspruch „Pflege kann jeder" hat sich eingebrannt in die Köpfe seiner Nachfolger. Nach dieser Losung handeln politische Entscheider bis heute. Für sie ist Pflege „Kümmern".

Worthülsen wie „gute Pflege", aber auch „Patientensicherheit", „Qualität" und „Stellen schaffen" sollen die Bürgerinnen und Bürger in einer Sicherheit wiegen, die de facto nicht vorhanden ist. Und es lässt sich leicht alles wohlig aufschieben im „besten Gesundheitssystem der Welt", in dem fast jeder seine Versichertenkarte zücken kann und dafür etwas erhält.

Denn noch funktioniert das alles ja. Doch nicht mehr lange. Das Versäumnis ernsthafter, tiefer gehender Reformen hat zu einer Situation geführt, die mit dem abgenutzten Wort „Pflegenotstand" noch beschönigend beschrieben ist. Die Tropfen, die nicht auf dem heißen Stein gelandet und verdunstet sind, haben sich zu einer Welle aufgetürmt, die nicht aufzuhalten ist, wenn sich nicht Grundsätzliches ändert. Mir ist klar, das klingt nach Hysterie, von der es auf der Welt schon genug gibt, aber die traurige Wahrheit ist: Deutschland steht vor einer humanitären Katastrophe. Auf die Republik rast ein Pflege-Tsunami zu, der das Leben der jetzt jungen Generation umwerfen wird.

Die Zahlen des Statistischen Bundesamtes sprechen diesbezüglich seit Jahren eine unmissverständliche Sprache: Hinter dem Begriff des „Pflegenotstandes" verbirgt sich nicht allein akuter Fachkräftemangel, sondern nichts weniger als die Lücke zwischen den in Zukunft Pflegebedürftigen und denen, die sie versorgen sollen. Ab 2060 werden in Deutschland 4,6 Millionen Menschen auf Pflege angewiesen sein. Dazu kommt noch die klinische Versorgung in Krankenhäusern, in Rehabilitationseinrichtungen und Psychiatrien.

Zu einer Verschärfung der Situation führt, dass Pflegepolitik in der Entscheidungsgewalt alter Männer liegt, die sich mit

Ignoranz und Arroganz jedweder Anpassung des Pflegeberufes an europäische Gegebenheiten verweigern, die in jedem anderen Land besser sind als in Deutschland. Sie schieben eine Reform auf die lange Bank, auf der sie sehenden Auges gemütlich den Tsunami erwarten. Kein Politiker traut sich, den Menschen reinen Wein einzuschenken und zu verkünden: Wir müssen Grundlegendes ändern. Das kostet eine Menge – entweder Geld oder Einsparungen an anderer Stelle. Es wird auch euch treffen. Der Staat kann nicht alles leisten. Aber wir können uns nicht länger davor drücken, denn das System kollabiert.

Zur ehrlichen Bestandsaufnahme gehört: Die Bundesrepublik ist in Sachen Pflege zu einem Entwicklungsland verkommen, auch weil pflegerische Berufe in den Paradigmen des 19. Jahrhunderts gefangen gehalten werden, als fast nur Frauen sie ausübten. Ihnen wurde eingetrichtert, dazu bestimmt zu sein, sich als Person zurückzunehmen, sich selbst zu vergessen, sich aufzuopfern für andere, weil das angeblich die Natur der Frau sei. Aber welche moderne, emanzipierte Frau möchte sich in dieses Muster pressen lassen?

Es ist ähnlich trostlos wie beim Klimawandel: Der Kipppunkt für notwendige systemische Veränderungen ist mehr oder weniger erreicht. Trotzdem scheut sich die Politik, das Gesundheitswesen von Grund auf zu erneuern. Spätestens seit Corona muss jedem klar sein, dass das „beste Gesundheitssystem der Welt" nichts weiter ist als ein marodes Gebäude auf rissigem Boden. Das Gebilde ist nur deshalb noch nicht eingestürzt, weil es sich auf die emotionale und physische Ausbeutung beruflich und privat Pflegender stützt. Das ist seit Jahren bekannt. Aber der Politik mangelt es an Visionen und Lösungen.

Auch pflegende Angehörige stützen das System, von dem schon jetzt klar ist, dass es im demografischen Wandel kollabieren wird. Die Lebenserwartung steigt, es wird noch mehr alte Leute geben, von denen sehr viele kinderlos sind. Es ist keine Panikmache, zu behaupten, dass keine Familie von diesem Tsunami verschont bleiben wird, wenn sie nicht sehr vermögend ist.

Wenn unser Land nicht schnellstens handelt, werden Lebensentwürfe darunter leiden, zumeist die von Frauen. Bedroht sind aber auch Leben selbst, und zwar nicht in einem metaphorischen, sondern einem ganz konkreten Sinn. Bei der Personalnot in Kliniken gleicht es einem Wunder, dass bisher nicht öfter Patienten wegen Pannen durch Überarbeitung des Pflegepersonals gestorben oder schwer erkrankt sind. Immer wieder werden gesetzliche Vorgaben unterlaufen, die eine bestimmte Anzahl von Pflegekräften in Klinikstationen verbindlich vorschreiben. Werden die Personalschlüssel nicht bald konsequent und nachhaltig angehoben, kann sich schon eine leichte Operation als russisches Roulette erweisen.

Es wird Zeit, dass sich unser Land dagegen massiv und lautstark wehrt, damit die nächste Generation nicht die Zeche zahlt. Schon ab 2030 werden sich die geburtenstarken Jahrgänge selbst pflegen müssen, wenn es nicht gelingt, das Ausbluten der Gesundheitsberufe aufzuhalten. Dann kümmern sich nicht mehr Kinder um ihre Eltern, sondern Schwestern um ihre Brüder und Brüder um ihre Schwestern.

Falls diese Zahlen überhaupt stimmen. Vielleicht kommt es noch schlimmer. 4,13 Millionen Menschen sind derzeit in Deutschland auf Pflege angewiesen, ohne diejenigen, die in Kliniken akut versorgt werden. Bedingt durch den demografischen Wandel steigt die Anzahl Pflegebedürftiger immer weiter an. Doch lediglich 20 Prozent werden vollstationär im Heim versorgt. 2,5 Millionen Angehörige, zumeist Frauen, pflegen Familienmitglieder. Der aktuelle „Pflegenotstand" sorgt dafür, dass Plätze – die Folgen der Coronapandemie werden daran nichts dauerhaft ändern – in vollstationären Einrichtungen rar sind. In letzter Konsequenz führte der Fachkräftemangel schon dazu, dass Altenpflegeeinrichtungen schließen mussten.

Einer Studie der Bertelsmann-Stiftung zufolge werden 2030 rund 500 000 berufliche Pflegerinnen und Pfleger fehlen, was das Problem weiter verschärfen dürfte. Die Zahlen beziehen sich allerdings auf den derzeit herrschenden Pflegeschlüssel, in der Fachwelt „Nurse-Patient-Ratio" genannt, also die Anzahl der zu betreuenden Patienten und Bewohner eines Altenheims pro Fachkraft. Der ist in keinem anderen Land so schlecht wie in Deutschland und mithin der Katalysator für die Flucht aus dem Beruf. Für diese Entwicklung existiert inzwischen ein an den Brexit angelehntes Wort im deutschen Sprachgebrauch: Pflexit.

Durchschnittlich 13 Patienten hat eine Pflegefachperson in Deutschland zu betreuen. In den USA sind es 5,3 und in anderen europäischen Staaten zwischen fünf und sieben Patienten. Der ehemalige Pflegedirektor am Evangelischen Krankenhaus Oberhausen, Rainer Jakobi, erklärte dazu: „Es werden nur noch die Zahlen genannt, die fehlen, die schon vorhandenen Stellen zu besetzen." Verbindliche, progressive Personalschlüssel würden nicht thematisiert.

Ich bin sicher: Der Mann hat recht. Orientiert man sich an den Vorgaben in England, dann fehlen in der Bundesrepublik zusätzlich 188 000 Fachkräfte, die zu den jetzt schon bestehenden unbesetzten Stellen hinzugerechnet werden müssen. Um diese statistische Verschleierung öffentlich zu brandmarken, schlug Jakobi vor, Jens Spahn Rechenschieber als Hilfsmittel zu schicken. Viele folgten dem Aufruf. Bewirkt hat er nichts, jedenfalls nichts bei Spahn.

Doch selbst jene Prognosen, die sich an Zahlen der europäischen Nachbarländer orientieren, sind wohl zu optimistisch. Sie wurden nämlich vor der Pandemie erstellt. Corona kostete (Stand Ende August 2021) knapp 270 Pflegende das Leben, knapp 160 000 wurden infiziert. Unabsehbar ist, wie sich die Erfahrung einer Infektion im Job auf das weitere Berufsleben der Betroffenen auswirken wird, ob sie unter Long COVID leiden und wie viele von ihnen in Heime oder Krankenhäuser zurückkehren können – oder wollen.

Und das in einem Beruf, dessen Verweildauer im Durchschnitt eh bei nur 8,4 Jahren in der Alten- und bei 13,7 Jahren in der Krankenpflege liegt.

Das zeigt, dass der Fachkräftemangel wahrhaft verheerende Ausmaße hat. In der Pflege zu arbeiten heißt, sich in eine Knochenmühle zu begeben. Die darin herrschenden Zentrifugalkräfte katapultieren Menschen, die jahrelang ausgebildet wurden, nach kürzester Zeit wieder heraus. Ich empfinde es als Verharmlosung, wenn lediglich von „schlechten Arbeitsbedingungen" die Rede ist. Nein, sie sind katastrophal.

Um den Tsunami aufzuhalten, genügt es nicht, eine Bittschrift zu unterschreiben und danach noch eine und noch eine und dann noch eine, sondern es bedarf eines gesamtgesellschaftlichen Diskurses darüber, wie Pflege gesehen werden soll, was sie uns wert ist. Dieser Diskurs ist seit Jahrzehnten überfällig. Hinter der Frage, wie wir gepflegt werden wollen, verbergen sich weitere, vielleicht noch wichtigere Fragen: Wer sind wir? Was macht Deutschland aus? Wie wollen wir zusammenleben? Wie solidarisch gehen wir miteinander um? Wie finanzieren wir sehr gute Pflege?

Eine zentrale Forderung aus allen Pflegeberufen ist die nach Wertschätzung. Das Anliegen muss Anstoß einer Debatte über gemeinsame Werte sein. Den Wert eines menschenwürdigen Daseins, den Wert arbeitender Menschen, den Wert von Gesundheit, den Wert des Sozialstaates und – das muss gesagt werden – die Werte des Geldes, kurzum: den Wert des Lebens als solches.

Die gesamte Gesellschaft steht also auf dem Prüfstand. Im Grunde ist es ganz einfach: Entweder sie schafft es, die Politik zum Handeln zu zwingen, und ist selbst bereit, an ihrer Mentalität zu arbeiten, die (noch) dazu führt, dass viele Deutsche lieber Geld für ein besseres Auto statt für bessere Pflege ausgeben. Oder immer mehr Profis werden sagen: „Dann pflegt euch doch selbst!"

Die Coronapandemie hat den Flächenbrand nicht entfacht, sondern nur beschleunigt. Plötzlich begriff Deutschland, dass der Personalmangel in Kliniken und Altenheimen keine Erfindung von Apokalyptikern ist – er ist real. Und der Politikbetrieb in

Bund und Ländern trägt wesentlich Verantwortung für die Misere. Der Deutsche Pflegerat verwies schon 2010 auf 50 000 Pflegekräfte unter Soll. Das Statistische Bundesamt erwartete damals, dass 2025 rund 152 000 Beschäftigte im Gesundheitssektor fehlen werden – die Prognose ist nah an der Wahrheit. Trotzdem schieben wir die Problemlösung Jahr für Jahr auf. Ohne Umsteuern werden bis 2030 nach Erhebungen der BARMER Krankenkasse mehr als 180 000 Pflegekräfte im Gesundheitssektor fehlen. Der Deutsche Pflegerat beziffert die Fehlzahl auf bis zu eine halbe Million. Da mögen auch Übertreibungen im Spiel sein, wie sie typisch für Lobbyorganisationen sind. Aber selbst, wenn „nur" die BARMER-Schätzung Realität wird, werden Zehntausende Menschen ungenügend betreut werden. Vielleicht ist es ja möglich, dass bis dahin Roboter in der Pflege zum Einsatz kommen …

Auch die Ampelkoalition geht das Thema nicht entschlossen genug an. In ihrem Vertrag stehen vage Formulierungen und – teils auch gut gemeinte – Ideen, deren Durchschlagskraft jedoch unsicher ist. Mit Bundesgesundheitsminister Karl Lauterbach ist zwar endlich wieder ein Arzt und somit ein Vertreter einer pflegerischen Nachbardisziplin am Werk. Aber er hat sich in den ersten Monaten im Amt allein als Coronamanager verstanden.

Düstere Prognosen sind das eine. Das andere ist der Umstand, dass es bisher trotzdem immer gut ging. Nun treffen aber die alternde Gesellschaft, eine höhere Lebenserwartung und ein epochaler Pflegekräftemangel aufeinander. Dieser Mix erzeugt einen Tsunami, der durch bloßes Herumdoktern an den Symptomen nicht aufzuhalten ist. Sonst werden wir uns an die glücklichen Jahre zurückerinnern, in denen wir „nur" einen „Pflegenotstand" hatten.

KAPITEL 2
Pflege kann jeder. Pflege ist billig. Pflege ist weiblich.

Zu Beginn eines jeden Semesters, wenn ich mit Studierenden eine Zeitreise durch die Geschichte der Medizin und der Pflege antrete, stelle ich die Frage: „Wann haben Sie zuletzt im Alltag einen Menschen gesehen, von dem Sie annehmen mussten, er sei krank, pflegebedürftig oder körperlich so eingeschränkt, dass Sie auf ihn aufmerksam wurden?" Die Frage und im Grunde auch alle denkbaren Antworten sind simpel, lösen jedoch stets Unsicherheit und Irritation aus. Es dauert regelmäßig eine Weile, bis die Ersten das Schweigen im Raum beenden und persönliche Erlebnisse schildern. Erinnert wird an die alte Dame mit dem Rollator neulich im Supermarkt – aber gehört sie eigentlich dazu? Da wäre der Mann mit dem Blindenstock auf der Straße – aber gilt ein Mensch mit Behinderung überhaupt als krank? Die Nachbarin, die sich manchmal etwas vom Supermarkt mitbringen lässt, jedoch allein lebt – zählt sie schon zu den Pflegebedürftigen? Wir landen dann immer bei denselben Grundsatzfragen: Wie definiert sich Krankheit? Und wie Pflegebedürftigkeit?

Das Zögern der jungen Leute ist typisch und nicht etwa ein Zeichen von Ignoranz oder Desinteresse am Leben der anderen. Die Auseinandersetzung mit Krankheit, Behinderung und Sterblichkeit, gar der eigenen, findet schlicht und einfach nicht statt. Der Tod ist weit weg, wenn man jung ist. Der Gedanke, selbst zum Pflegefall zu werden, Mutter oder Vater über Monate, wenn nicht Jahre am Krankenbett beizustehen, wird oft verdrängt. Aber auch Ältere beschäftigen sich ungern mit dem Fall der Fälle. In einer Umfrage der Techniker Krankenkasse (TK) gab jeder Dritte an, in den vergangenen fünf Jahren keinen Bezug oder

Kontakt zu Mitmenschen gehabt zu haben, die gepflegt werden mussten, oder Angehörigen zur Seite standen, die sich nicht allein versorgen konnten. Die Auseinandersetzung mit dem Thema beginnt oft erst im fortgeschrittenen Alter, wenn zum Beispiel in der Familie ein erster Pflegefall zu betreuen ist und man selbst merkt: Oh je, es kann auch mich und meine Lieben treffen!

Wie kommt es zu diesem blinden Fleck in unserer Wahrnehmung, der uns übersehen oder ausblenden lässt, dass wir vergänglich sind? Weshalb sind die mehr als vier Millionen Pflegebedürftigen hierzulande nahezu „unsichtbar"? Warum denken wir bei dem Thema zumeist an das hohe Alter und nicht auch an schwerstkranke Kinder oder Kinder und Jugendliche mit Behinderung? Das war beileibe nicht immer so und hängt eng mit unseren Vorstellungen von Alter und Leben zusammen – denn uns ist da etwas verloren gegangen, wie ein Blick in die Vergangenheit zeigt.

Altersgerechtes Wohnen ist keine Erfindung der Moderne. Schon der gichtgeplagte Papst Pius II – im Nebenberuf Schriftsteller und Historiker – achtete darauf, indem er im 15. Jahrhundert seinen Palast in Pienza so bauen ließ, dass die Böden völlig eben waren. „Und wenn man von einem Bereich zum anderen geht, muss man nirgends hinauf- oder hinabsteigen", freute er sich. Stürze gehören heute zu den schlimmsten Gesundheitsrisiken Hochbetagter.

Für die Etrusker war der Tod bedeutender als das Leben und die Geburt. Noch Goethe begriff das Altern und Sterben als gemeinsamen Prozess, bei dem das Leben nach und nach aus einem zurückweicht und letztlich erlischt. Wir hingegen sind Gefangene unserer eigenen unrealistischen Vorstellung, dass das Leben mit 66 Jahren erst anfange und Alter bedeute, nach einem langen und erfüllten Leben auf ein Motorrad zu steigen und in den Sonnenuntergang zu fahren.

Fitness, gesunde Ernährung, Wellness und eine „Work-Life-Balance" sind unsere Ideale. Angesagt ist Selbstoptimierung, im

Irrglauben, dass uns Multimorbidität – das Auftreten mehrerer Krankheiten bei einem Patienten zur selben Zeit – und Vergänglichkeit nichts angehen. Wenn wir Instagram öffnen, sind wir von jungen, fitten und wunderschönen Menschen umgeben, die uns etwas vorgaukeln, was es nicht gibt. Eine ganze Industrie arbeitet daran, die Illusion zu erhalten, dass, wenn wir uns nur artig bemühen, wir von all den unangenehmen Dingen verschont bleiben, die uns alt aussehen lassen. Unterstützt von Sensoren am Handgelenk, die uns ans Trinken, an richtige Ernährung und Sportzeiten erinnern, joggen wir dem Traum ewiger Agilität hinterher – einem digitalen Heilsversprechen, das sich mit einer Portion püriertem Gemüse, natürlich bio, noch viel sicherer erfüllen lässt.

Wenn wir auf den einschlägigen Suchmaschinen „alter Mann" oder „alte Frau" eingeben, dann sprühen uns aktive, lächelnde Menschen entgegen. Keine Spur von Klapprigkeit und sonstiger Altersschwäche. Interessanterweise führt der Begriff „Pflegebedürftigkeit" bei Google & Co. hauptsächlich zu Diagrammen und weniger zu Bildern von Seniorinnen und Senioren. Und wenn doch, dann sind es haltende Hände oder sich Umarmende. Wir werden bildlich also entweder geschont oder getröstet, obwohl wir gar nicht wissen, worüber wir getröstet werden sollen. Wenn uns allerdings der Trost schon vor der Tatsache erreicht, dann ist es kein Wunder, dass die Angst vor dem Unbekannten nicht weit ist. Da wird ja jedem mulmig.

Tritt uns Krankheit medial entgegen, soll sie uns emotional berühren und keineswegs konfrontieren. Wir können es eben schwer aushalten, dass Menschen mit Demenz keinen „Honig im Kopf" haben, wie wir es in Til Schweigers Film erleben, sondern ein ernstzunehmendes, existenzbedrohendes Leiden. Die Erinnerung eines Menschen wickelt sich ab wie das Garn eines Wollknäuels – weiter, immer weiter zurück in die Vergangenheit –, wir müssen mehr oder weniger tatenlos dabei zusehen und von einer Person, wie wir sie kannten, Abschied nehmen. Mit dem Abwickeln löst sich die Verbindung zu geliebten Menschen und zur Gegenwart, bis der Faden reißt. Orientierung, Sprache und alle erdenklichen Fähigkeiten gehen unwiederbringlich verloren. Heilung ist nicht möglich.

Die WHO kommt zu dem Ergebnis, dass bis Ende dieses Jahrzehnts rund 40 Prozent mehr Menschen von Demenz in unterschiedlichen Ausprägungen betroffen sein werden – 2030 ist das Jahr, in dem der Pflege-Tsunami in Deutschland seine zerstörerische Wucht voll entfalten wird. Doch dazu wird Schweiger keinen Film drehen. Der Fakt, dass ein Leben mit Demenz für alle Beteiligten bitter und nicht honigsüß ist, schmeckt uns nicht – also wollen wir nicht davon kosten, nicht einmal probehalber im Kino. Die Realität schreckt uns, weshalb wir jeden Kontakt zum Phänomen Pflegebedürftigkeit strikt meiden. Die Betreuung von schwer und unheilbar Kranken bleibt ebenso wie das Sterben unsichtbar, verborgen hinter Klinikmauern und schönen Fassaden von Senioreneinrichtungen, Tagespflegen, Hospizen, Wohnungen und Einfamilienhäusern. Das Leiden als solches und das Bemühen, es erträglich zu machen und Menschen zu helfen, die es allein nicht mehr schaffen, wird – und wurde schon immer – ausgelagert, nach dem Motto: Aus den Augen, aus dem Sinn! Pflegebedürftigkeit klingt anrüchig und wird marginalisiert, obwohl ihr Ausmaß riesig ist und alle Menschen auf der Welt verbindet. Der Tod scheint nicht mehr der „große Gleichmacher" zu sein, als den ihn frühere Epochen begriffen. Das im Barock populäre *Memento mori* – bedenke, dass du sterblich bist – haben wir ad acta gelegt. *Ars vivendi*, die Kunst zu leben, feiern wir – *Ars moriendi*, die Kunst zu sterben, haben wir verlernt.

Der Tod erlöst uns nicht (mehr), er macht uns Angst. Und wo Furcht herrscht, sorgt das menschliche Hirn dafür, aufzupassen, aber auch wegzusehen und zu vergessen. Wir haben Tricks und Kniffe verinnerlicht, um alle Gedanken an ein Pflege- und Sterbebett wegzudrücken – individuell und als Gesellschaft. Wie so oft bei Verdrängung zwecks Angstvermeidung richtet diese Strategie auch Schaden an: Die erlernte Unfähigkeit, sich mit dem Tod auseinanderzusetzen, nimmt uns die Möglichkeit, selbst darüber zu bestimmen, wie unser Alltag aussehen soll, wenn das unvermeidliche Ende naht. Und das wiederum nimmt uns Lebensqualität.

Die logische Konsequenz wäre eigentlich, sich bestmöglich vorzubereiten. Klingt einfach, ist es aber nicht. Denn wir wissen nicht, welche Erkrankung uns peinigen und wie stark der Grad der Hilfebedürftigkeit sein wird – und ob uns im Alter irgendjemand zur Seite steht, dem wir vertrauen. Familienangehörige leben nicht mehr unbedingt am selben Ort, sondern oft weit voneinander entfernt. Die Globalisierung, technischer Fortschritt – Anruf und Mail ersetzen den Besuch – und die erforderliche Flexibilität in der Karriere haben ihren Preis. Jeder zehnte Deutsche klagt über Einsamkeit. England hat ein eigenes Ministerium dafür, Japan ein Wort für den unbemerkten Tod in der sozialen Isolation: Kodokushi.

Viele ignorieren oder verdrängen, dass sich Einsamkeit, der abgerissene Kontakt zur Familie, die getrennten Wege, die man geht, nicht aufheben lassen durch eine Pseudotochter auf Kosten der Pflegeversicherung. Manche setzen auf die in den Haushalt einziehende Osteuropäerin. Aber qualitativ hochwertige Pflege ist damit nicht automatisch hergestellt.

Vor allem die Gruppe der Hochbetagten erlebt einen Einsamkeitspeak, der erst recht wehtut, wenn körperliche Einschränkungen das Verlassen der Wohnung verhindern. Das Phänomen war lange nicht bekannt oder wurde ignoriert. Nun gibt es die ersten Initiativen wie die Hotline „Silbernetz", 2018 gegründet von der Berlinerin Elke Schilling. Wer einsam ist, kann hier anrufen und seinen Kummer loswerden. Die Initiative zählte nach eigenen Angaben innerhalb der neun Tage zwischen Heiligabend früh morgens und dem späten Abend des Neujahrstages 2022 mehr als 4000 Anrufe. In einem Interview mit dem Deutschlandfunk Kultur sagte Elke Schilling: „Einsamkeit heißt in der offiziellen Diskussion: ‚Ich bin nicht

imstande, meine sozialen Kontakte aufzubauen und zu pflegen.' Also ein Defizit. Über Defizite reden wir nicht gern. Und
damit geraten solche Dinge ins Abseits, ins Schweigen."

Die Gesellschaft muss beginnen, das kollektive Schweigen aufzubrechen. Warum? Einsamkeit führt zu einem früheren Eintritt
von Pflegebedürftigkeit und erhöht das Risiko für Stress, Herz-
Kreislauf-Erkrankungen, Depressionen, frühen Tod und Suizid.
Nach einer Studie der Brigham Young University ist das Gefühl,
niemanden mehr zu haben, so gesundheitsschädlich wie Rauchen
oder Übergewicht. Zum anderen berührt Einsamkeit unsere Erwartungen an die Pflege und führt immer wieder zu Konflikten
mit beruflich Pflegenden, weil das, was die Gesellschaft gemein-
hin unter Pflege versteht, und das, was die beruflich Pflegenden
praktisch tun, völlig verschiedene Dinge sind.

Im 19. Jahrhundert erlebte die Krankenpflege dank der Bri-
tin Florence Nightingale in den angloamerikanischen Ländern einen ungeheuren Entwicklungsschub. Der Einfluss der
Krankenschwester zog sich bis ins englische Königshaus und
machte die bis dahin als eher anrüchig geltende Pflege nicht nur
gesellschaftsfähig, sondern hob sie von der Medizin ab. Dieser
Entwicklung hinkt Deutschland bis heute hinterher – es stemm-
te sich sogar vehement dagegen. Die Kronprinzessin Victoria,
Tochter der englischen Königin, die mit dem preußischen Thron-
anwärter Friedrich verheiratet war, bemühte sich, das Modell von
Florence Nightingale bei uns zu etablieren. Als ihr Mann nach
nur 99 Tagen Regentschaft starb, wurden alle ihre Bemühungen
um Reformen zunichtegemacht. Pflege sollte als immanente
Eigenschaft der lieben, dem Mann ergebenen Frau, die sich voller
Hingabe um die Kranken bemühte, nicht verloren gehen. Vic-
torias Sohn, Wilhelm II., sah in den Bemühungen seiner Mutter nichts weiter als überspannte Ideen einer Engländerin, die
das preußische Leben einfach nicht verstand. Was Pflege ist, das
wussten und bestimmten Männer. Im Kern hat sich daran bis
heute nichts geändert.

In dieser unsäglichen Tradition wird Pflege hierzulande nach wie vor als „Liebesdienst" verstanden. Das ungeschriebene Gesetz lautet: Wer liebt, ist verpflichtet, helfend am Krankenbett zu verharren. Angehörige sollen sich gefälligst gegenseitig betüdeln, hegen und eben pflegen – und zwar gratis. Damit das weniger auffällt, wird der – vom Staat geförderte – kostenlose Dienst am Menschen mit Attributen versehen wie „Empathie", „Pflege mit Herz" und „liebevoll".

Bitte nicht falsch verstehen: Wenn eine Mutter ihr schwerbehindertes Kind oder ein Sohn seinen todkranken Vater betreut, passiert das fast immer liebevoll und empathisch. Aber für die Profis in Krankenhäusern und Betreuungseinrichtungen ist dieses Denken fatal. Denn beharrlich hält sich das Bild der Stirn kühlenden, Händchen haltenden und am Bettrand sitzenden Krankenschwester. Genau dies sei die Erfüllung einer jeden Frau, sagte das 19. Jahrhundert. Und von Erfüllung sprechen Politiker noch heute, wenn sie über Pflege reden.

Dieses antiquierte Bild macht den Beruf nicht gerade attraktiv für moderne Frauen, wirkt sich aber auch auf das alltägliche Verständnis von Pflege aus. Gemeint wird hier ein „Kümmern" in einem Sinn, den niemand ernsthaft befürworten kann. Sie glauben es vielleicht nicht, aber immer wieder beantragen Witwer Unterstützung, weil ihre Frau gestorben ist und jemand nun den Haushalt für sie führen soll. Irgendjemand muss sich doch um den verlassenen Gatten kümmern! Schon das ist absurd. Aber es geht noch besser. Antragsteller, die gerade noch mit dem Fahrrad zum Termin kamen, also keineswegs pflegebedürftig sind, reagieren perplex, wenn ihnen offenbart wird, dass Pflege nicht Kochen, Putzen und Bierholen heißt. Selten wird ein Beruf derartig mit sekundären Wünschen überfrachtet, die auf falschen Vorstellungen beruhen.

Die gefühlsduselige Aufladung aber lässt sich mit der Realität kaum vereinbaren. Das führt zu Enttäuschungen, wenn sich herausstellt, dass der Pflegedienst, der mit einem Herz auf dem

Logo für sich wirbt, lediglich die von den Kassen bezahlte Leistung erfüllt, dass aber keine Mitarbeiterin zum Kaffeetrinken bleibt und kein Mitarbeiter eine Runde „Mensch ärgere dich nicht" mitspielt. Ein Eben-Mal-nach-der-Mama-Gucken kann nicht gebucht werden.

Ex-Bundessozialminister Norbert Blüm hat nicht nur das unerfüllbare Versprechen in die Welt gesetzt, dass die Rente sicher sei, ihm wird auch das Zitat zugeschrieben: „Pflege kann jeder." Drei Worte mit schlimmer Wirkung, denn sie besagen, dass Pflege keiner besonderen Fähigkeiten bedürfe und ergo billig zu haben sei. Das zeigt deutlich, wie die Gesellschaft die Profession missversteht und noch immer nicht glauben möchte, dass das ein schwierig zu erlernender Beruf ist, der jede Menge Können voraussetzt und an dem schon so mancher gescheitert ist.

Was ich hier beschrieben habe, lässt sich in drei Sätzen zusammenfassen, die das Bild von der Pflege prägen: Sie kann jeder. Sie ist billig. Sie ist weiblich.

Das führt bisweilen zu misogynen „Ideen" voller Zynismus und Menschenverachtung. Auf einem Newsportal konnte man nach der Einnahme Kabuls durch die Taliban im Sommer 2021 lesen: „Viele afghanische Frauen wären sicher bereit, in deutschen Pflegeheimen zu arbeiten, statt den Taliban zu dienen." Doch selbst wenn die Provokation, die dieser Satz vielleicht beinhalten sollte, abzuziehen wäre, zeigt er die Geringschätzung an der Profession Pflege überdeutlich. Allein die Verknüpfung herzustellen, in einer humanitären Krise müssten sich traumatisierte und von Tod, Folter und Sklaverei bedrohte Frauen glücklich schätzen, in deutschen Pflegeheimen anheuern zu können, ist absurd und auf allen Ebenen indiskutabel. Nicht nur, weil diese Kriegsopfer selbst Ruhe und Freiheit bedürfen und weil es keine Bedingungen zu humanitärer Hilfe geben darf, sondern weil Pflege ein Beruf ist, in den wir niemanden hineindrängen können, der ihn nicht selber ausüben will (wie zu Zeiten meines Großvaters). Wir sollten weiter sein.

In der Politik herrscht nach wie vor die Vorstellung, Pflege lasse sich nebenbei mitmachen. Das zeigte sich eklatant im Bundestagswahlkampf 2021, als Armin Laschet, gescheiterter Kanzlerkandidat von CDU und CSU, sein „Zukunftsteam" vorstellte, das schon nach der ersten Hochrechnung keine Zukunft mehr hatte. Laschet hatte es nach eineinhalb Jahren Coronapandemie fertiggebracht, keine Spezialistin und keinen Spezialisten für die Bereiche Gesundheit und Pflege in seine Mannschaft aufzunehmen. Das war der Beweis, dass beide Schwerpunkte nicht als Zukunftsthemen betrachtet wurden – ein Affront gegen alle Beschäftigten, die Monate zuvor von der damaligen Kanzlerin Angela Merkel, Laschet und anderen Spitzenleuten der Union als Helden gefeiert worden waren.

Die CDU machte es mit ihrer Verteidigungslinie nur noch schlimmer. Die Christdemokratin Barbara Klepsch, zu der Zeit Ministerin in Sachsen für Tourismus und Kultur, stand für den Bereich „soziale Sicherheit und gleichwertige Lebensverhältnisse" in Laschets Crew. Nach heftiger Kritik der Pflegeszene, nun unter Tourismus und Kultur verbucht zu werden, schoben die CDU-Kommunikatoren den Hinweis nach, dass Klepsch zwischen 2014 und 2019 Kabinettsmitglied für Soziales und Verbraucherschutz gewesen war. Doch der Eindruck desinteressierter Politiker war da längst wieder einmal bestätigt.

Ständig die Bedeutung der Pflege zu betonen, aber nicht entsprechend zu handeln und sie als innerfamiliäre Nebentätigkeit zu betrachten, wirkt in die gesamte Gesellschaft hinein. Viele von denen, die nach dreijähriger Ausbildung zusätzlich drei bis fünf Jahre zur Uni gehen, müssen sich fragen lassen: „Was, Pflege kann man studieren?" Tatsächlich kann man es nicht nur – man muss es! Der Job ist heute hochkomplex, sodass es anders gar nicht geht, wenn wir an bestmöglicher Genesung nach Operationen und menschenwürdigem Dasein in Heimen interessiert sind. Wer die komplexen Abläufe einer Intensivstation kennt, in der eine Fehlentscheidung tödlich sein kann, weiß, dass es nicht allein die Ärztinnen und Ärzte sind, die Leben retten und bewahren. Die vielbeschworene Empathie ist elementare Voraussetzung dafür, sich in einen Patienten hineinzufühlen, der seine Bedürfnisse und Wünsche nicht mehr laut äußern kann. Aber um stumm vorgetragene Bitten zu verstehen, muss die Fachkraft das Wissen haben, was gemeint ist, ob Schmerzmittel nötig sind oder nur ein neues Nachthemd gebracht werden soll.

Begrifflichkeiten tun ihr Übriges. Während im englischen Gesundheitssystem sprachlich und beruflich zwischen „Care" in Bezug auf Kümmern und „Nursing", also Krankenpflege, unterschieden wird, werfen wir Kranken-, Altenpflege, Betreuung, „Kümmern" in einen Topf und garnieren das Gebräu mit Wörtern wie Sorgen, Herz und Liebesdienst. Dabei versteht sich professionelle Pflege als Beziehungsarbeit, die umfassende Fachkenntnisse und Interaktion der Beteiligten voraussetzt, Emotionen zulässt und begrüßt, sie aber nicht zur Bedingung macht. Die Kunst besteht gerade darin, unangenehme, unsympathische und garstige Menschen genauso gut zu versorgen wie die, mit denen man gut zurechtkommt und auf gleicher Wellenlänge ist.

Auch hier bitte ich, mich nicht falsch zu interpretieren. Damit ist keineswegs ein Aufruf zur Unfreundlichkeit gemeint. Ich plädiere allein für Distanz auf beiden Seiten. Die zu Pflegende ist nicht dafür da, die liebe Omi zu geben und emotionale Defizite beim Gegenüber auszugleichen. Die Fachkraft darf aber auch nicht den Senior als lieben Opi sehen und so behandeln. Solche Erwartungen können die Situation schwer belasten und Burnout oder Cool-out bei den Pflegenden erzeugen. Am Ende sind alle Verlierer.

KAPITEL 3

Die Würde ist antastbar

Würde! Ein Wort, das seit Jahren die Runde macht, wenn es um Pflege geht. Der Krankenpfleger Alexander Jorde brachte Angela Merkel in einer ARD-Sendung vor der Bundestagswahl 2017 mit einem Verweis auf die Verfassung in Schwierigkeiten. Er benannte den Personalmangel, der seinem Urteil nach dazu führt, dass Tag für Tag in Krankenhäusern und Seniorenunterkünften tausendfach gegen das Grundrecht auf Unantastbarkeit der Würde jedes Einzelnen verstoßen wird. Das unterschreibe ich glatt. Doch aus meiner Sicht trifft der Begriff Würde das Ausmaß der Misere nur im Ansatz. Das Problem geht viel tiefer, es ist ein ethisches geworden.

Freilich mangelt es nicht an Beweisen, die Jordes Befund stützen. Da verbrühen sich Menschen in der Badewanne, weil sie nicht um Hilfe rufen können und Verantwortliche ihren fatalen Fehler nicht sofort bemerken. Da werden Bewohner misshandelt oder betteln darum, auf Toilette gehen zu dürfen. Zum Anreichen des Essens bleibt keine Zeit. Niemand möchte schlecht oder unterversorgt, in Angst und inmitten von Gewalt leben. Die allermeisten Pflegenden machen ihren Job gern und sind sehr motiviert. Es steht völlig außer Frage, dass sich fast alle bemühen, das Unmögliche möglich zu machen und ihr Letztes geben. Nicht Desinteresse, Hilfeverweigerung, vorsätzliche Schlamperei und Böswilligkeiten sind das Problem, auch wenn aufgedeckte Missstände und physische oder psychische Gewalttaten medial hohe Wellen schlagen. Der schlichte Zeitdruck, das ewige Getriebensein, die körperliche und seelische Überforderung der Mitarbeitenden bilden ein hohes Risikopotenzial für ungewollte Fehler mit teils fatalen Folgen. Und das sollte, nein, das darf nicht sein!

Längst ist ein Verteilungskampf um die raren Pflegeminuten in den Senioreneinrichtungen entbrannt. Die Zeit ist sowieso zu knapp bemessen, sich Kranken, Genesenden, Alten umfassend zu widmen. Angehörige derer, die im Heim leben, verknappen die Minuten weiter. Sie haben das dringende Bedürfnis, die Situation von außen mitzukontrollieren. Da schellen ab den Morgenstunden die Telefone. Wurde der Mama auch der neue, warme Pullover angezogen? Ist heute der Großvater geduscht worden? Wie viel hat der Papa heute getrunken? Hat die Mutter gut geschlafen? Diese Zeit fehlt dem Personal, das nicht gleichzeitig telefonieren und am Menschen arbeiten kann – ein ethisches Dilemma, das Tag für Tag gelöst werden muss, ohne dass jemals darüber geredet wird.

Irgendwann muss entschieden werden, ob der Bewohner vorgeht – oder das Telefonat. Die Verwandtschaft weiß das nicht, will es auch gar nicht wissen, das Telefon verrichtet weiter seinen Dienst. Bimmelt es zu lange, wird der anrufende Sohn oder die durchklingelnde Tochter schlussfolgern: Aha, da geht mal wieder keiner ran, die machen Pause – ein Scheißladen ist das! Und dafür zahlen wir das viele Geld?

Die Leidtragenden sind die Beschäftigten. Sie müssen klarkommen mit dem immensen Druck, Forderungen von allen Seiten und bösartigen Unterstellungen, den Job nicht richtig zu machen oder bezahlte Leistung vorzuenthalten. Und obendrein muss die Fachkraft dann auch noch erklären, warum der Wunsch, dieses und jenes zu tun, nicht sinnvoll sei, sondern Mama oder Papa vielleicht sogar schade. Die Bewohnerin ihrerseits fragt schüchtern, ob die Tochter denn schon wieder genervt habe, während der Bewohner ein Zimmer weiter sich beschwert, dass sein Sohn immer noch nicht angerufen hat. Mittendrin: die Pflegekraft, die das alles seelisch verdauen und körperlich verkraften muss. Sie merken schon: Überforderung ist programmiert.

Dass aus den wirtschaftlichen Interessen der Betreiber ein handfestes Ethikproblem erwachsen ist, lässt sich gut erkennen, wenn wir die Realität mit dem Kodex des Internationalen Rates der Krankenschwestern (International Council of Nurses) abgleichen. Darin heißt es: „Die Pflegende setzt sich für Gleichheit und soziale Gerechtigkeit bei der Verteilung von Ressourcen, beim Zugang zur Gesundheitsversorgung und zu anderen sozialen und ökonomischen Dienstleistungen ein." Neben vielen weiteren Punkten findet sich dieser Appell: „Die Pflegende fördert ein Umfeld, in dem die Menschenrechte, die Wertevorstellungen, die Sitten und Gewohnheiten sowie der Glaube des Einzelnen, der Familie und der sozialen Gemeinschaft respektiert werden."

Alles schön und gut, wichtig und richtig. Die tatsächlichen Zustände verhindern allerdings, sich auch nur ansatzweise daran zu halten. Weder entscheiden die Beschäftigten mit, noch haben sie ein Mitspracherecht über die Ressourcenverteilung. Stattdessen übt der Dachverband moralischen Druck aus. Denn dem Ethikkodex mangelt es nicht an pathetischen Forderungen nach den ganz großen Emotionen. Gegenüber den Mitmenschen ist die gesamte Berufsgruppe zu Mitgefühl verpflichtet. Die Balance zwischen professioneller Distanz und dem Mitfühlen ist aber nirgends – auch nicht in dem Kodex – definiert und damit Auslegungssache. Zweifellos liegt nun die Frage auf der Hand: Was ist schlecht an Mitgefühl am Krankenbett? Nichts. Haben Betroffene kein Mitleid verdient? Sicher haben sie das. Aber das lässt sich nicht anordnen, es ist eine individuelle Entscheidung, wann wer was mit wem und warum an Gefühlen teilen will. Ich gebe es offen zu: Meine Anteilnahme hielt sich in extrem engen Grenzen, als ich einmal einen Mann mit Mittelhandbruch versorgen musste, den er sich zugezogen hatte, als er seine Frau mit der Faust schlug.

Die Lücke, die das Papier des Councils zwischen Anspruch und Wirklichkeit offenbart, ist riesig. Das Dokument beschreibt aber noch weitere Grundsätze neben der eigentlichen Berufsausübung: das Verhalten der Pflegenden untereinander, zu ihren Kollegen, zu Mitmenschen – und die Verantwortung für die globale Gesundheit. Was es nicht kennt, sind ethisches Handeln und Forderungen an das politische und gesellschaftliche Umfeld, wie institutionell und individuell ethisch mit Pflegenden umgegangen werden soll. In dem Dokument wird behauptet, dass der Beitrag zur Verbesserung der Gesundheit von Einzelnen, Familien, Gemeinschaften und Bevölkerungsgruppen auf lokaler, nationaler und globaler Ebene geschätzt und respektiert werde. Es lässt allerdings die Maßstäbe dafür offen. Unsere Gesellschaft muss sich fragen (lassen): Wie ethisch ist es, wenn Pflegende Jahr für Jahr bei Statistiken zu Burn-out, Cool-out, Depression und Überlastung weit vorn liegen, die Liste der Statistiken an Fehlzeiten anführen und körperlich erkranken?

Der Hinweis auf das Pflichtbewusstsein wird oft bemüht, umgedeutet und ausgenutzt. So schrieb der frühere Gesundheitsminister Jens Spahn in dem Vorwort eines Buches zum Thema Berufsstolz in der Pflege: „Es gehört zu Ihrem Arbeitsethos, sich für andere zurückzunehmen. Aber eben darauf können Sie so stolz sein." Nicht mehr von Respekt für eine Tätigkeit ist die Rede, sondern davon, dass die Kolleginnen und Kollegen ihre Bedürfnisse hinter die anderer Menschen zu stellen hätten. Davon ist im Kontext des Ethikkodex jedoch nicht die Rede. In seinen Worten drückt Spahn lediglich eine Wunschvorstellung als Politiker aus, die mit der Realität nichts zu tun hat, die Paradigmen des 19. Jahrhunderts aber sorglos mitschleift.

Schon vor Jahren klagten Pflegekräfte darüber, mitunter sechs Wochen ohne einen einzigen freien Tag durchzuarbeiten, damit das System nicht zusammenbricht. Inzwischen ist die Arbeitsbelastung noch gestiegen, was längst nicht nur mit der Coronapandemie zu tun hat. Der Trend hält seit Jahren an. 2020 fehlte eine Pflegerin in Krankenhäusern durchschnittlich 22,4 Tage, ein Kollege in Senioreneinrichtungen 24,8 Tage. Das heißt: Die Gesellschaft nimmt hin, dass die einen genesen, während die anderen krank werden. Mit Blick auf die Tierethik provokant gefragt: Wie kann es sein, dass wir uns für Hühner in der

Massentierhaltung mehr einsetzen als für Mitarbeitende in der Pflegebatterie?

Während Hühnerei und -keule jeden in einen Bezug zum eigenen Körper – Stichwort gesunde Ernährung – bringen, ist der Zusammenhang zwischen Körper, Gesundheit und Pflegekräften kaum präsent. Die Erwartungshaltung verlangt indes nach gestandenen Profis. Schließlich gehen wir auch beim Besteigen eines Flugzeuges davon aus, dass der Pilot ein exzellenter Könner seines Fachs ist. Nun stellen Sie sich einmal vor, der Flugzeugführer verkündet: „Guten Tag, meine sehr verehrten Damen und Herren, hier spricht Ihr Kapitän. Ich begrüße Sie auf Ihrem Transatlantikflug, den ich jetzt seit sechs Wochen nonstop hin- und herfliege. Zum Essen und Trinken bin ich leider nicht gekommen, aber ich konnte zwischendurch wenigstens kurz schlafen und tue diesen Liebesdienst gern für Sie." Falls die Maschine nicht schon abgehoben hat, würden Sie schreiend rausstürmen und sich beschweren, in den sozialen Medien würden die Hashtags „IrrerPilot" und „NieWiederFliegen" trenden.

Aber wieso nehmen wir solche Umstände in Krankenhäusern und Pflegeeinrichtungen hin? Hier sind Menschen am Werk, die für künstliche Ernährung, hochkomplizierte Medikamentengaben, Beatmungsgeräte, Dialysen, zentrale Venenkatheter, Operationen, Verbände und Genesung ganzheitlich verantwortlich sind; Menschen, die uns vor Lungenentzündungen, Darmverschlüssen, Wundliegen, Gelenkfehlstellungen, Immobilität und Blasenentzündungen bewahren.

Als Verbraucher im Gesundheitsbetrieb haben wir Erwartungen. Und der Gesetzgeber lässt prüfen, was das Zeug hält: vom Medizinischen Dienst vergebene Noten, Heimaufsicht, Brandschutz, Arbeitssicherheit, digitale Sicherheit und – ob man es glaubt oder nicht – die Kühlschranktemperaturen. Aber die Verbraucher haben keine Möglichkeit, sich damit zu beschäftigen, wie ethisch die Arbeitsbedingungen für diejenigen sind, von denen sie über kurz oder lang körperlich abhängig sein könnten.

Kein Gütesiegel, kein Marker, nichts hilft, unethisch agierende Anbieter zu vermeiden, wenn man das wollte. Es mangelt an jedweder Wokeness bezüglich einer Berufsgruppe, die seit Jahren marginalisiert und ausgebeutet wird. Vielleicht, weil uns sehr bewusst ist, dass wir von dieser Ausbeutung durchaus profitieren, wenn wir zu jeder Tages- und Nachtzeit die Notaufnahmen betreten, in Kliniken aufgenommen oder daheim versorgt werden können.

Mir scheint, dass das, was in Kliniken und Einrichtungen an Ungerechtigkeiten gegenüber dem Pflegepersonal geschieht, gesamtgesellschaftlich verdrängt wird, solange man individuell nicht betroffen ist. Der Gesundheitspolitiker Erwin Rüddel empfahl 2018 auf Twitter, Beschäftigte sollten einfach positiv über ihre Tätigkeit reden, dann kämen viele in den Beruf zurück und es begännen „gute Zeiten für die Pflege". Das Statement brachte ihm einen veritablen Shitstorm ein. Pflegende hielten dagegen und berichteten in sozialen Medien reihenweise über die untragbaren Zustände im Job, die sich nicht schönreden lassen.

Aber auch dagegen hatte Rüddel ein unfassbar banales Rezept. Weil nicht sein kann, was nicht sein darf, sperrte er Hunderten die Kommentarfunktion und musste sich mit deren Meinungen nicht weiter befassen. Rüddel schaltete die überwiegend weiblichen Pflegenden einfach auf stumm und gab dem Vorgang damit einen antik-paternalistischen Drive, der durch einen weiteren Reflex verstärkt wurde. Kritik aus der Pflege wird nämlich gern als Jammerei diskreditiert. Selbst aus den eigenen Reihen kommt mitunter die Aufforderung, man solle „raus aus dem Jammertal". Aber die Klagen haben ihre Berechtigung, weil sie die Debatte darüber am Leben halten, was geändert werden muss. „Jammern ist auch nicht sexy, klagende Menschen werden gemieden. Vor allem ist es das Gegenteil von Kompetenz und Professionalität – also von dem, wie wir uns präsentieren möchten und sollten", kritisierte die Pflegewissenschaftlerin Angelika Zegelin. Diesen Diskurs sollen Pflegende nicht führen, weil er unsexy sei? Ein rückständiger, sexistischer Blick, der mit Wertschätzung nichts zu tun hat.

„Wenn von einer Million Pflegekräften 100 000 nur drei, vier Stunden mehr pro Woche arbeiten würden, wäre schon viel gewonnen", erklärte Spahn 2018, nachdem er ein gutes Jahr Gesundheitsminister war. Freilich ging es ihm darum, die Arbeitsbedingungen zu verbessern, damit diejenigen, die sich aus Überlastung in die Teilzeit gerettet hatten, wieder in Vollzeit zurückkehren. Allerdings bedeutet Teilzeit in den Gesundheitsberufen alles andere als Teilzeit. Fortwährendes Einspringen und Überstunden sind Normalität. Allein die Altenpflege startete mit 14,8 Millionen Überstunden in die Coronapandemie, 5,8 Millionen davon waren unbezahlt und ohne Freizeitausgleich.

Zynisch finde ich das Argument, Pflegende könnten sich Veränderungen zum Besseren ja erstreiken. Tatsächlich wundern sich viele über den niedrigen Organisationsgrad in den Gesundheitsberufen, der in der Altenpflege bei elf Prozent liegen soll. Hartnäckig hält sich zudem das Gerücht in der Branche, es existiere ein Streikverbot. Falsch, das Recht auf Arbeitsniederlegung ist, außer bei kirchlichen Trägern, gesetzlich verbrieft. Dennoch sind Streiks eine Seltenheit. Denn die Patientenversorgung muss gesichert sein. Auch hier zeigt sich die Ambivalenz in der Gesellschaft. Alle sind dafür, die Versorgung in den Kliniken zu stärken, aber niemand möchte davon betroffen sein, wenn Beschäftigte streiken, um Verbesserungen zu erreichen. Übrigens: Vor jedem Streik gibt es eine Notdienstvereinbarung. Die ergibt meist eine höhere Personalstärke als ohne Streik. Klingt absurd? Ist es auch.

Vor zeitlich noch so marginalen Ausständen erfolgt auch gern der moralische Appell, Patienten und Alte nicht im Stich zu lassen. Gerne wird der Vorwurf der Herzlosigkeit erhoben. „Ein Streik wird auf dem Rücken der Patientinnen und Patienten ausgetragen, deren Behandlung sich in vielen Fällen zumindest verzögert. Im Extremfall wird Patientenleben gefährdet", erklärte der Ärztliche Direktor und Vorstandsvorsitzende der Universitätsmedizin Essen, Jochen Werner, im Herbst 2020 in Verhandlungen über die Gehälter kommunaler Einrichtungen. Das ist emotionale Erpressung.

Der Gesprächsführer der Arbeitgeber, der SPD-Bürgermeister von Lüneburg, Ulrich Mägde, ermahnte Streikende wie leichtsinnige Kinder, die nicht wissen, was sie tun: „Ich würde vielleicht doch empfehlen, mal wieder zur Pflege zu gehen – da warten ein paar Leute auf Sie!" So schnell kann es gehen: vom Klatschen zum Abwatschen. Man tut, als würden die Beschäftigten etwas Unerhörtes wagen, als bräuchte ein stundenweiser Ausstand das Einverständnis der gesamten Bevölkerung und Politik. Mitarbeitende im Gesundheitswesen streiken nicht allein für ihre Arbeitsbedingungen, sondern – im wahrsten Sinne des Wortes – für das Überleben der Gesellschaft. Nicht der Protest gefährdet Patientenleben, sondern der Alltag mit seinen ewigen Defiziten.

Umgekehrt wirft der gut gemeinte Rat, doch zu streiken, den Ball nicht nur ins falsche Feld, sondern auch zu denen, die ihn schon gespielt hatten. Und das immer und immer wieder. Schon Ende der 1980er-Jahre kam es zu massiven Protesten seitens beruflich Pflegender. Bundesweit demonstrierten Zehntausende gegen Personalmangel, Zeitdruck und schlechte Arbeitsbedingungen. In ihrem Motto bezogen sie sich auf Florence Nightingale und ihre Zeitgenossin Agnes Karll, die eine bedeutende Reformerin der deutschen Krankenpflege war. Es lautete: „Florence ist tot, Agnes ist tot, und wir machen uns auch kaputt." Nicht nur die Forderungen klangen wie die von heute – auch das Verhalten der Politik entsprach dem der Gegenwart: Man versprach Verbesserungen. Die Beschäftigten sollten Daten sammeln, um den Bedarf zusätzlicher Stellen zu ermitteln. Ergebnis: Es fehlten 21 000. In Wahrheit waren es weitaus mehr. Das Projekt wurde abgebrochen und wird im Sommer 2022 als PPR 2.0 von Lauterbach neu belebt, gar als Fortschritt gefeiert. Daten sammeln besetzt jedoch keine Stellen.

Von Trendumkehr keine Spur. Im Gegenteil wurden zwischen 1995 und 2008 etwa 50 000 Vollzeitstellen gestrichen, die Privatisierungswelle, die Einführung der diagnosebezogenen Fallgruppen (DRG) – Vorläufer der berühmt-berüchtigten Fallpauschalen – und massiver Bettenabbau machten es möglich. Mit der Installierung der Fallpauschalen im Jahr 2003 wurde die Krankenpflege nur noch als Kostenfaktor gesehen, der die Gewinne der jetzt privaten Betreiber zu schmälern drohte.

Daraus entwickelte sich eine paradoxe Situation: Pflege – insbesondere qualitativ hochwertige – wirkt therapeutisch und verhindert Komplikationen, Dekubitus, Lungenentzündung, Gelenkfehlstellungen, Darmverschlüsse, Blasenentzündungen, Wundheilungsstörungen, Stürze, Knochenbrüche, Immobilität. Die dadurch eingesparten Folgekosten sind unsichtbar. Doch was nicht da ist, kann nicht abgerechnet und finanziell belohnt werden. Eine Crux.

Seit jeher gingen die Einsparungen zu Lasten der Personaldecke. Weshalb die Ampelkoalition, die sich den Fortschritt auf die Fahnen geschrieben hat, nicht endlich eine höhere Mindestzahl an Pflegekräften je Station beschlossen hat, bleibt ein Rätsel der Politik. Selbst Jens Spahn hatte hier Positives bewirkt. Die finanziell bestens aufgestellte Bundesrepublik hinkt den benachbarten EU-Ländern hinterher. Dort sind die Personalschlüssel, wie eine Abteilung mindestens besetzt sein muss, großzügiger angelegt.

Kurzum: Seit mehr als 30 Jahren sind die Hauptanliegen der Proteste politisch ungelöst. Maximal wurde hier und dort an Stellschräubchen gedreht. Alle vier Jahre wieder geht es in Wahlprogrammen um Instrumente zur Personalstärke, um die Entlastung von pflegefernen Tätigkeiten und die Finanzierung etwaiger Fort- und Weiterbildungen. Nichts wurde seit den 1990ern gelöst, stattdessen wurden wichtige Entwicklungen verschleppt. Konkret bedeutet das, dass die Menschen in diesem Land heute schlechter versorgt werden als vor 30 Jahren. Denn die Anzahl der Behandlungen ist seit dieser Zeit deutlich gestiegen, die Arbeit hat sich verdichtet, die Nachbardisziplin Medizin wurde noch komplexer, während es weniger Personal gibt.

Es würde schon einmal helfen wahrzunehmen, dass es fortgesetzt Demonstrationen (statt Streiks) von Pflegenden gibt, die auf Missstände aufmerksam machen. Seit Jahren finden Flashmobs wie etwa „Pflege am Boden" statt. In regelmäßigen Abständen versammeln sich Kolleginnen und Kollegen in ihrer Freizeit zum Protest. Sie haben konkrete Forderungen für Profis und Angehörige in Bezug auf die Pflege. „Wir wollen, dass sie wieder menschenwürdig und zugewandt gestaltet werden kann. Darum legen wir uns auf den Boden – um andere dazu zu bewegen aufzustehen und mit uns für unsere Ziele einzustehen", erklären die Aktivisten so oder so ähnlich bei jeder Aktion. Das Interesse in der Bevölkerung an den Kundgebungen ist marginal. Obendrein müssen sich die Teilnehmenden höhnische Sprüche anhören. „Wenn Sie da noch rumliegen, kann es ja so schlimm nicht sein!"

Zwischen 2002 und 2005 wurden mehr als 40 000 professionell Pflegende zum vorzeitigen Ausstieg aus dem Beruf befragt. Die Studie trug den Namen NEXT (Nurses' Early Exit Study). Das Ergebnis war niederschmetternd: Jeder Dritte kündigte an, den Job aufzugeben, wenn sich die Bedingungen nicht grundlegend änderten. Mit jedem kurzfristigen Einspringen an einem eigentlich freien Tag, mit jedem schlechten Gefühl, am Schichtende wieder nicht fertig geworden zu sein, mit jeder Legislaturperiode, in der wieder nur Kosmetik betrieben wird, stirbt auch die Hoffnung, Veränderungen zu erreichen.

KAPITEL 4
Es kann jeden treffen?
Ja, aber vor allem Männer!

Hartnäckig hält sich das Gerücht, Pflegebedürftigkeit könne jeden treffen, das Geschlecht spiele keine Rolle. Werbe- und Informationsseiten stellen sie als ein Phänomen dar, das keinerlei Schranken zwischen Mann und Frau kenne. Das Ganze entpuppt sich bei näherer Betrachtung als eine Frage des Blickwinkels. Denn es ist etwas völlig anderes, ob Sie Hilfe leisten oder Unterstützung brauchen. Und dabei spielt es – natürlich jenseits konkreter individueller Probleme und Diagnosen – sehr wohl eine Rolle, wenn nicht gar die entscheidende, ob Sie Mann oder Frau sind. Auf alle Fälle sind es mehr Frauen, die – in unterschiedlichen Formen – von Pflege betroffen sind. Das ist schon deshalb unfair, weil es zumeist eine männerdominierte Politik ist, die die Regeln für eine gesamtgesellschaftliche Aufgabenstellung entwickelt, die Männer bevorteilt und quasi zu Lobbyisten in eigener Sache erklärt. Sie können dieses Kapitel als Indikator dafür betrachten, wie es um die Gleichstellung der sozialen Rollen in Deutschland bestellt ist.

Jens Spahn war erst wenige Monate im Amt des Bundesgesundheitsministers, da erklärte er in der ARD-Sendung *Maischberger*, sich nicht vorstellen zu können, im Fall der Fälle seiner Mutter oder seinem Vater wochen- oder monatelang am Krankenbett zur Seite zu stehen. „Meine Eltern würden es auch nicht erwarten, dass ich meinen Beruf aufgebe, um sie zu pflegen." Er würde aber „so oft wie möglich versuchen, zu Hause zu sein und mitzuhelfen". Das ist nachvollziehbar. Der Mann leistet schließlich etwas in seinem Beruf, der ihm wichtig ist. Eltern diverser

Generationen nehmen Rücksicht auf die Karriere der Kinder und stellen deshalb keine Ansprüche.

Damit ist die Falle zugeschnappt, die die Gesellschaft uns gestellt hat. Es sind vor allem Frauen, die pflegebedürftigen Angehörigen kontinuierlich beistehen. Zwar sind auch Männer daran beteiligt, ihr Anteil – immerhin ein Drittel aller Pflegenden – ist gestiegen und keine Marginalie mehr, wie es vor einem halben Jahrhundert noch der Fall war. Doch die Statistik verzerrt das Bild: Der Teufel steckt im Detail und in der weichen Definition, wie Pflege definiert wird, was dazuzählt und was nicht. Männer nämlich helfen meistens den Frauen lediglich, wenn ein Familienmitglied pflegebedürftig geworden ist, dieses Familienmitglied zu pflegen. Daraus ergibt sich, dass Männer einen weitaus weniger hohen Stundenanteil bei der Pflege des Angehörigen leisten – die Hauptlast liegt bei den Frauen. Je stärker ein Verwandter auf Hilfe angewiesen ist, also je mehr Stunden Zuwendung nötig sind, desto mehr wird die Pflege zur Frauensache. Männer entziehen sich gerne der Aufgabe aus schon beschriebenen Gründen, wohl aber auch deshalb, weil sie vielfach besser verdienen, was – das sei hier unbedingt erwähnt – bedeutet, dass die Schließung der Lohnlücke zwischen den beiden Geschlechtern auch für mehr Gerechtigkeit bei der Aufteilung von Pflege sorgen würde. Der Umstand hat zur Folge, dass pflegende Frauen mehrfach gelackmeiert sind: Sie verringern ihre Stundenanzahl im regulären Job, arbeiten Teilzeit oder bleiben ganz daheim. Die Folgen sind dramatisch. Zwar profitieren Frauen von der Pflichtversicherung der gesetzlichen Rentenversicherung, doch der Anspruch daraus muss keinesfalls gleich hoch sein wie derjenige, den sie im Beruf erworben hätten. Hier droht also Altersarmut – während Männer, die lediglich pflegende Frauen unterstützen und ansonsten in Vollzeit erwerbstätig sind, keinerlei Einbußen befürchten müssen. Das ist nicht nur ungerecht, das drängt Frauen auch in eine finanziell abhängige Position gegenüber dem einkommensstärkeren Mann.

Männer profitieren auch auf andere Weise. Ihre durchschnittliche Lebenserwartung ist merklich geringer als die von Frauen, die in Ehen zudem oft jünger sind als der Gatte. Es gibt Hinweise, dass Männer früher pflegebedürftig sind. Liegen sie danieder, sind die Frauen zur Stelle. Nicht wenige von ihnen müssen dann klären, wie einerseits die Kosten zu stemmen sind und wer sich andererseits ihrer annimmt, sollte es sie später selbst treffen. Viele Frauen sind am Ende ihres Lebens Witwen. Ihnen bleibt dann nur die sogenannte vollstationäre Versorgung, wie das Heim in Fachkreisen genannt wird. Dort stellen sie durchschnittlich zwei Drittel, genau 66,6 Prozent, der Bewohnerschaft. Hochbetagte Männer sind die absolute Ausnahme.

Kurzum: Frauen tragen die Last, zuerst ihre Eltern und Schwiegereltern, dann ihren Gatten zu pflegen, die Unterstützung zu organisieren und das etwaige Geldproblem zu lösen. Und das, obwohl sie durch eigene Teilzeitbeschäftigung oftmals finanziell schlechter gestellt sind, als ihre Ehepartner es je waren. Muss ich hier noch sagen, dass es vor allem Männer sind, die die Bedingungen für Teilzeitarbeit bestimmen und politisch durchsetzen? Trotzdem behauptete die Bundesregierung unter Angela Merkel: „In Deutschland ist die rechtliche Gleichstellung von Frauen und Männern erreicht." Lediglich an der tatsächlichen, alltäglichen Gleichstellung hapere es noch. Und dann werden unter dem Punkt der noch abzuarbeitenden Dinge Bildung, Gesundheitsversorgung, Menschenhandel, körperliche und sexuelle Gewalt genannt, ebenso wie das Problem der unterrepräsentierten Frauen in Führungspositionen der Wirtschaft, Politik und des öffentlichen Lebens sowie die Anerkennung, gerechtere Verteilung und Wertschätzung von „unbezahlter Pflege- und Hausarbeit".

Das Gerücht, es existierten keine Unterschiede zwischen Männern und Frauen, ist auch immer wieder in Bezug auf berufliche Tätigkeiten im Gesundheitssystem zu hören. Ein hochrangiger Funktionär der Branche sagte mir einmal, es bräuchte keine Emanzipation in der Pflege. Da bekämen alle für die gleiche

Arbeit das gleiche Geld. Doch das ist falsch. Karriere machen Kerle.

2020 waren 83 Prozent der Beschäftigten in der Altenpflege weiblich, in der Betreuung von Kranken und Operierten waren es 80 Prozent. (Nebenbei: In ersterem Bereich sind gerade einmal 45 Prozent in Vollzeit tätig, in der Krankenpflege sind es 57 Prozent.) Diese weibliche Dominanz spiegelt sich aber nicht ansatzweise in den Führungsetagen wider. Obwohl auf den Stationen sehr wenige Männer tätig sind, haben sie die Hälfte der Spitzenpositionen inne. Frauen werden – nicht nur nach meinem ganz persönlichen Eindruck – bei der Vergabe der besonders gut bezahlten Jobs systematisch übergangen. Besonders grotesk: Selbst bei Tätigkeiten, die sie zahlenmäßig dominieren und in denen Personalnot herrscht, schaffen es Frauen nicht, das zu durchbrechen, was die Wissenschaft die „gläserne Decke" nennt. Gemeint ist damit die unsichtbare Barriere, die Frauen trotz bestmöglicher Qualifikation und ausreichender Berufserfahrung am Aufstieg ins obere Management hindert, während ihre männlichen Kollegen mit vergleichbarem Lebenslauf oder schlechteren Voraussetzungen den Sprung nach (ganz) oben in der Hierarchie schaffen. Pflegedirektor, Vorstand in Kliniken oder Geschäftsführer von Seniorenheimen sind so gut wie immer Männer.

Rollenzuschreibungen bilden für Frauen einen wesentlichen Stolperstein bei der Karriere. Sie können die gläserne Decke in der Pflege nur dann durchbrechen, wenn sie in der Lage sind, „weibliche Identitätszuschreibungen und damit einhergehende Rollenzuschreibungen abzuwehren", wie der Pflegewissenschaftler Manfred Borutta, Professor an der Katholischen Hochschule Nordrhein-Westfalen, schon vor Jahren feststellte. Er verwies in einem Aufsatz auf einen Umstand nahe der Absurdität: „Während Männer in der Pflege ‚in weiblichen Rollen männlich bleiben' können, müssen Frauen in Leitungspositionen ‚männlich in männlichen Rollen werden' und damit versuchen, einen Draht zu anderen – männlichen – Leitungskräften zu behalten."

Die gläserne Decke wird oftmals von gläsernen Wänden getragen. Neue Mitglieder in Gremien, die maßgebliche Entscheidungen zu Personal und Ausrichtung einer Einrichtung treffen, werden in der Regel von Leuten gewählt, die dort seit Jahren, wenn nicht Jahrzehnten sitzen – alles Männer. Sogar in berufspolitischen Vertretungen wie dem wichtigsten deutschen Pflegeberufsverband DBfK ist dieses Prinzip zu erkennen gewesen. Pflegebevollmächtigter der Merkel-Regierung war Andreas Westerfellhaus. Ein Mann vertrat also über Jahre hinweg beim Bund die Interessen eines entschieden weiblich dominierten Berufsstandes. Es ist gut, dass die Ampelkoalition den Posten einer Frau übergeben hat. Mit Claudia Moll steht nun eine staatlich examinierte Altenpflegerin in der Verantwortung, die sich zur Fachkraft für Gerontopsychiatrie weiterbilden ließ. Wäre da nicht der Umstand, dass man ihr den Staatssekretärsrang, der Westerfellhaus gewährt worden war, ausgerechnet unter Lauterbach entzog. Ein bezeichnender Vorgang.

Auch die mediale Außendarstellung ist eine Männerdomäne. Das gilt sowohl für Betroffenenorganisationen als auch für Kliniken und andere Einrichtungen, in denen die Pressestellen viel zu häufig männlich dominiert sind. Mit Claus Fussek, der in den Medien gerne als „Deutschlands bekanntester Pflegekritiker" vorgestellt wird, vertritt ein Mann die pflegenden Angehörigen medial. Für berufliche Fachkräfte ist das Phänomen noch ärgerlicher, denn dort geht es vielfach doppelt ungerecht zu: Ärzte werden als Stimme der Pflege bemüht, die erst Corona und dann den Personalnotstand erklären. Eckart von Hirschhausen zum Beispiel erläutert nicht nur Pflege, sondern gibt auch Tipps dazu, ebenso Karl Lauterbach – beide sind Mediziner. Nun ist es begrüßenswert, wenn sich Prominente für Anliegen von Beschäftigten in Kliniken und anderen Einrichtungen einsetzen. Schlecht daran ist, dass damit die Fehlannahme am Leben gehalten wird: Mediziner seien Vorgesetzte der Pflegebelegschaft. Das ist falsch! Beide Bereiche – die ärztliche Versorgung und die am Kranken(haus)bett – werden unabhängig voneinander geführt, sie arbeiten nur eng zusammen.

Auch hier geben Männer den Ton an und erhöhen so ihre – öffentlich wahrgenommene – Kompetenz, indem sie auf eine wissenschaftliche Disziplin ausgreifen, die Leute ausüben, für die sie in der Praxis nicht zuständig sind. Das macht sie selbst größer und marginalisiert die Disziplin, ohne die in Kliniken und Seniorencinrichtungen nichts geht. In der Öffentlichkeit wirkt das, als könne der Arzt die Pflege mal eben mitmachen, als sei sie weniger wert, ihm quasi zu Diensten und er in ihr kompetent. Letzteres kann natürlich der Fall sein – genau wie eine Intensivkrankenpflegerin nach 20 Jahren im Job ebenfalls richtige Diagnosen stellen kann und jede Menge über Therapien weiß.

Pflegewissenschaftler geben so gut wie nie Interviews – und wenn doch, dann in Fachmedien, die die Blase des Gesundheitswesens nicht verlassen. Ich glaube sogar, dass es mancher Herr Doktor als Majestätsbeleidigung betrachtet, wenn Frauen für sich selber sprechen. Als wäre es eine Weltsensation, titelte das *Ärzteblatt* nach dem Auftritt der Altenpflegerin Sabrina Maar in der TV-Sendung *Die Anstalt*: „ZDF-Kabarettsendung lässt Pflegerin zu Wort kommen." Das klang wie eine Auszeichnung, als dürften Pflegerinnen sonst nie im Fernsehen reden – und schon gar nicht im Kabarett. Ich würde nicht so weit gehen, dass Frauen, die über gesellschaftliche Probleme reden, zu Witzfiguren gemacht werden – das unterstelle ich auch nicht dem *Ärzteblatt*. Aber schade ist, dass die Aussagen von Maar auf das Kabarettformat reduziert wurden, obwohl ihr Beitrag ernst und kaum ironisch war – auch wenn man ihre Worte als Realsatire empfinden konnte.

Problematisch ist das Verhalten vieler Medien, die – bewusst oder unbewusst – das Stereotyp der am Bett oder Rollstuhl sitzenden Pflegerin reproduzieren. Ende Dezember 2020 dankte die Moderatorin Pinar Atalay in den ARD-*Tagesthemen* den „Heldinnen, die in Altenheimen den Menschen die Hand hielten". Wie schon im Kapitel davor dargelegt: Ich kann den Impuls nachvollziehen, Mitmenschlichkeit zu vermitteln, das Herz zu rühren, weil man damit Leute abholt. Natürlich ist es schön, jemanden zu zeigen, der Händchen haltend Beistand leistet. Aber muss man Frauen in Pflegeberufen immer so darstellen?

In anderen Ländern wird längst thematisiert, dass zumeist Männer Pflege in der Öffentlichkeit vertreten. Alison Leary, Professorin für Gesundheitswesen an der Londoner South Bank University, nennt das „Whitecoatwashing", weil ärztliche Kittel dann noch weißer strahlten und die pflegewissenschaftliche Disziplin ergrauen ließen. Sie appellierte während der Pandemie auf Twitter an alle Mediziner: „Seien Sie Verbündeter der Pflegekollegen. Beanspruchen Sie nicht deren Arbeit. Sprechen Sie nicht in deren Namen." In den USA gab die Chefin der American Nurses Association, Dr. Debbie Hatmaker, Pressekonferenzen zur Coronalage. In Deutschland war die Pflege bei den Medieninformationen des Robert Koch-Instituts nie vertreten.

Männer publizieren hierzulande zum Thema Pflege. Dabei geht es nicht ausschließlich, aber auch um Besitzstandswahrung von Ärzten gegenüber der Pflege. Bei der Akademisierung fürchten viele Mediziner eine Veränderung der Machtverhältnisse zu ihren Ungunsten. „Der Arzt sagt auch weiterhin, wo es langgeht, von einer Zusammenarbeit auf Augenhöhe wollen die meisten offenbar nichts wissen", konstatierte Anke Simon, Professorin für Gesundheitsmanagement an der Dualen Hochschule Baden-Württemberg, Ende der 1990er Jahre – daran hat sich nur wenig geändert.

Natürlich gibt es auch populäre Frauen in der Szene, allen voran Franziska Böhler, die auf Instagram zehntausende Fans hat. Auffällig ist, dass sie über die neuen und nicht über die traditionellen Medien bekannt geworden ist. Dass das Internet nicht nur gute Seiten hat, ist bekannt. Franziska, die ich gut kenne, erlebte mehrfach die virtuelle Hölle: Hatespeech, übelste Beleidigungen, sexistische Anmache unter der Gürtellinie, Drohungen – sogar gegen ihre Kinder. Selbst Kollegen beteiligten sich an Shitstorms gegen sie. Was auffällt: Wenn ein Mann sich ähnlich äußert – und das auch noch fast gleichzeitig –, passiert nichts. Junge Frauen hingegen werden auf ihr Äußeres reduziert und wie Objekte behandelt. Auch das erlebt Franziska Böhler immer wieder. Ständig wird sie „Barbie" oder dergleichen genannt. „Die würde ich gerne mal bumsen", wird gepostet. Kritik wird nicht sachlich, sondern auf einer emotionalen oder persönlichen und körperlichen Ebene geübt. Da Franziska Böhler mit einem Mediziner verheiratet ist, wird sie als Arztfrau abgewertet. Sie, so die ewig wiederholte Meinung, habe es ja einfach, sie habe einen Arzt geheiratet. Diese Kritik kommt auch aus den eigenen Reihen und es ist beachtlich, dass die Berufsgruppe selbst am Stereotyp der nur an der Seite eines Arztes glücklich werden könnenden Krankenschwester festhält und damit offensichtlich den Wert der Arbeitsleistung der Frau im Jahr 2022 noch immer an ihrem Partner festmacht. Auch das ist übrigens Sexismus, der zeigt, dass in der Pflege sogar dem (nahezu unbekannten) Mann hinter der prominenten Frau mehr Wertigkeit beigemessen wird, als der Frau selbst.

Auffällig ist, dass Politiker und Politikerinnen sich gerne auf die Seite der Männer stellen, mit ihnen Bilder arrangieren und so das Bild verfestigen, es müsse lediglich ein Mann daherkommen, der es endlich mal anspricht und schon sei das Problem Pflege gelöst. Ricardo Lange beklagte dann auch im Juni 2022, er habe doch „von Mann zu Mann" das Versprechen von Scholz erhalten, die Situation der Pflege zu ändern. Als sei nur ein High Five zwischen gestandenen Männern nötig, die das Problem von Millionen Frauen in der Pflege per Handschlag lösen würden und als hätten Frauen nie mit Politikern gesprochen. Ich befürchte, so einfach, wie man(n) es sich vorstellt, ist es eben nicht. Aber werbewirksam für die Politiker ist es, daran besteht kein Zweifel.

Männer scheuen sich nicht, weibliche Seilschaften als „Drei Damen vom Grill" zu bezeichnen. Als traurig empfinde ich es, dass Berufsverbände und Kammern nicht einschreiten, sondern sich medial mit diesen Männern schmücken. In anderen Berufen wäre das undenkbar. Aberwitzig wird es – und das gibt es wirklich –, wenn sich männliche Pfleger als Opfer von Sexismus aufspielen.

Das Grundproblem liegt in der Sozialisation, in der Erziehung, denn Männer sind sich der Abhängigkeit von Frauen oftmals gar nicht bewusst. Sie lernen die als weiblich betrachteten Tätigkeiten wie Haushaltsführung, Kochen, Waschen, Putzen viel seltener und werden auch nicht in der Schule oder der Kita dorthin geführt. Vielfach werden sie zu starken, unabhängigen Männern erzogen. Tatsächlich aber kaufen sie sich Sorgearbeit ein, indem sie sie der Partnerin überlassen.

Kurzum: Der Pflege – privat und beruflich – kommt eine Schlüsselstellung bei der Gleichstellung zwischen Mann und Frau zu. Doch den Schlüssel zur Überwindung dieser Kluft halten die in der Hand, die wenig oder kein Interesse daran haben, ihn an Frauen zu übergeben. Der Pflege-Tsunami betrifft nicht sie, sondern Frauen.

KAPITEL 5

Kinderarbeit in der Pflege. Die „Lückenfüller"

Im Unterschied zu den angloamerikanischen Ländern, die den Pflegeberuf professionalisiert und ein gesamtgesellschaftliches Bewusstsein für die Thematik geschaffen haben, geht Deutschland die pflegerische Versorgung unglaublich lax an. Es gibt bei uns keine Public Health Nurses, keine School Nurses und viel zu wenig Forschung. Der Pflegebedürftigkeitsbegriff ist so eng gefasst und so auf das Alter getrimmt, dass er riesige blinde Flecken hat. In seinem Fokus stehen zuvorderst Verrichtungen am Betroffenen, was an sich schon einer ganzheitlichen Pflege widerspricht. Aber dass Mitbetroffene genauso Hilfe brauchen, hat das Sozialgesetzbuch nicht auf dem Radar. Entsprechend schlecht sind wir aufgestellt, wenn sich Fachbereiche kreuzen oder sich Zuständigkeiten verflechten. Wenn Pflege öffentlich wahrgenommen wird als etwas, was jeder leisten kann, dann geht dabei unter, dass Mitbetroffene selber oft Hilfe benötigen. Schlimmer noch, meistens wird von ihnen gar nicht wahrgenommen, dass sie welche bräuchten.

Beim Thema Kinderarbeit denken wir vielleicht an die Ausbeutung von Kindern in den Textilfabriken ferner Länder. UNICEF definiert Kinderarbeit als Arbeit, die gefährlich oder ausbeuterisch ist, die ihre körperliche oder seelische Entwicklung schädigt oder sie vom Schulbesuch abhält. Wir assoziieren damit zumeist Erwerbsarbeit. Pflege jedoch, die im öffentlichen Bewusstsein unter „haushaltsnahe Gratisarbeit" abgespeichert ist, wird hier nicht mitgedacht.

Schätzungen zufolge gibt es in Deutschland knapp eine halbe Million Kinder im Alter zwischen 12 und 17 Jahren, die in einem Umfang von mindestens 20 Stunden – das entspricht einer

Halbtagsstelle – zusätzlich zu ihren schulischen Leistungen Pflege verrichten oder Care-Arbeit betreiben, unentgeltlich. Eine. Halbe. Million. Kinder. Halbtags. Plus Schule. Das ist eine schockierende Zahl, und die Dunkelziffer dürfte sogar noch höher liegen.

Aus dem Englischen haben wir den Begriff der „Young Carer" übernommen. Damit sind Kinder und Jugendliche gemeint, die chronisch kranken, behinderten, suchtkranken oder psychisch kranken Familienmitgliedern helfen oder sie pflegen. Doch sie sorgen nicht nur für die betroffenen Familienmitglieder. Das Problem geht tiefer: Fällt etwa die Sorgeleistung eines Elternteils wegen Krankheit aus, dann ist nicht nur dieser betroffen. Die Arbeit, die sonst der erkrankte Elternteil für die Familie erledigt hat, wird ebenso von den Kindern übernommen. Sie machen dann den Haushalt, die Wäsche, kümmern sich um jüngere Geschwister und um sich selbst, denn auch ihnen wird durch den Wegfall der elterlichen Sorgearbeit ja Sorge entzogen. Dazu kommt die Pflege des erkrankten Familienmitglieds. Statistisch findet sich in jeder deutschen Schulklasse ein Kind, das ein Familienmitglied unter diesen Bedingungen pflegt.

Plötzlich ändert sich für sie das Leben, eine bisher unbeschwerte Kindheit wird schlagartig schwer. Dazu kommt die Angst: nicht nur um den erkrankten Elternteil, sondern auch davor, dass die Familie zusammenbricht, wenn das Kind darüber redet. „Die Angst davor, durch Behörden wie dem Jugendamt aus der Familie gerissen zu werden, hängt wie ein Damoklesschwert über diesen Kindern und Jugendlichen", sagt Ralph Knüttel von den Johannitern. Diese stete Angst ist einer der Gründe, weshalb sich weder die Kinder noch der andere Elternteil an öffentliche Stellen wenden. In Befragungen möchten die meisten Kinder nicht, dass ihre Namen genannt werden. Zu angst- und schambesetzt ist die Situation. Vielen ist nicht einmal bewusst, dass sie Hilfe bräuchten und sich in einer Pflegesituation befinden.

Unter ihrer Einbindung in einen pflegerischen Alltag können Kinder enorm leiden. An ihnen hängt plötzlich die Versorgung des Elternteils. Die Rollen sind vertauscht. Dazu kommen die Leistungen, die die Schule ihnen abverlangt. Körpernahe Pflege – etwa das Waschen oder der Umgang mit Inkontinenzmaterial am Elternteil – ist mit dem Durchbrechen von Schamgrenzen, mit Intimität und oftmals auch Ekel verbunden.

Die Aufgaben, die die Young Carer in der Pflege übernehmen, sind immens. Sie machen den Haushalt, unterstützen beim Aufstehen und Treppensteigen, sie be- und entkleiden den Pflegebedürftigen, sind zuständig für Behördengänge, Formulare und die gesamte Kommunikation, sie legen Verbände an, und manche geben sogar Spritzen.

Das Fehlen bei Aktivitäten im Freundeskreis hat für sie oft Folgen. Knüttel sagt, dass viele pflegende Kinder in der Schule von ihren Mitschülern gemobbt würden, weil sie zum Beispiel nicht mit ins Kino gehen können. Manchmal verlieren sie so ihre Freunde.

Hier formt sich eine erste Welle des Nichtverstehens von Pflege oder vielmehr des gesellschaftlichen Falschverstehens von Pflege. Nur selten sind Lehrer über das Problem informiert, Pflege oder das Young-Carer-Phänomen finden sich im Unterricht kaum wieder, eine Auseinandersetzung findet nicht statt. Schlimmer noch: Lehrer, die die Signale nicht verstehen können, die sich des Rollenverständnisses, des Gender-Care-Gaps sowie der Problematiken der Pflege nicht bewusst sind, können keine Hilfestellung anbieten. Das Thema Pflege und erst recht das Thema Young Carer ist dermaßen tabuisiert, dass es keinen Durchdringungsgrad in der Gesellschaft hat. So kann kein Problembewusstsein entstehen.

Was uns als Gesellschaft schamhaft zu Boden blicken lassen sollte, ist nicht nur, dass in einem der reichsten Länder Europas Kinder überhaupt in einer solchen Situation stecken. Es ist, dass es nicht die Politik war, die die Problematik anging, sondern die Kinder selbst politisch aktiv werden mussten, um überhaupt Aufmerksamkeit zu bekommen.

Lana Rebhan, selbst Young Carer, weiß, wovon sie spricht. Als ihr Vater chronisch erkrankte und die Mutter in Vollzeit arbeiten gehen musste, wurde sie zur pflegenden Tochter. Lana kämpft für sich und all die anderen Young Carer, sie hat schon hunderte Kommunen angeschrieben. „Ich kann an meiner Situation nichts mehr ändern. Ich kann mich aber für die nächste Generation einsetzen. Dann hat alles einen Sinn", sagt sie. Auf ihrer Website young-carers.de können betroffene Kinder sich vernetzen. Deren Erfahrungen und die Antworten von Politikern stehen nebeneinander.

Ein Mädchen namens Hanna berichtet: „Mit elf Jahren hatten Papa und ich einen Autounfall. Seitdem sitzt er im Rollstuhl. Kurz nachdem er seinen Rollstuhl bekam, gab es eine Situation, die mir bis heute im Gedächtnis geblieben ist. Damals kam ich von der Schule nach Hause und sah meinen Papa vor dem Rollstuhl liegen. Er war rausgefallen und weder er noch ich hatten genug Kraft, ihn wieder hineinzuheben. Ich musste damals mit meinen elf Jahren einen Notarzt anrufen, da ich mir nicht anders zu helfen wusste."

Diese Erinnerung zeigt nicht nur die tiefe Not eines Kindes und seines Vaters, sondern auch, wie sehr Pflegenotstand in das Leben der Betroffenen hineinwirkt. Als Profi fragt man sich, ob das, was jedem, der mit einem Rollstuhl lebt, passieren kann, nämlich hinauszufallen, besprochen wurde in der Klinik, in der Reha. Ob die Techniken genügend geübt wurden, solch eine Situation zu beherrschen. Weshalb man nicht auf die Idee gekommen ist, einen Hausnotruf zu initiieren. Das alles ist es, was Pflege ausmacht: den Umgang mit Hilfsmitteln jeder Art zu lehren und so weit zu festigen, dass er funktioniert und alle Betroffenen für den Notfall befähigt. Aber wie, wie, wie – in diesem zerschundenen Gesundheitssystem? Es gibt keine Antwort drauf, und das sollte uns alle fassungslos machen. Pflege ist kein Händchenhalten, Pflege ist Empowerment!

Oder Bianca, die sich um ihren vierjährigen Bruder kümmert, wenn ihre Mama im Krankenhaus ist, deshalb nicht immer zur

Schule gehen kann und Angst vor den Maschinen hat, die in der Klinik um ihre Mama herumstehen. Pflege ist auch, Angehörige an die Hand zu nehmen und ihnen zu erklären, was da passiert und warum und wofür das alles gut ist. Schon das kann Ängste nehmen. Und hätte berufliche Pflege die Zeit dafür, dann müsste Bianca keine Angst haben, sondern würde all das, was da um die Mama herum aufgebaut ist, benennen können und als große Hilfe empfinden.

Wertschätzung erfahren die Kinder bei ihrer Care-Tätigkeit selten. Daniela (12) erzählt: „Als ich bei einer Weihnachtsfeier meines Vereins saß, haben sich Senioren über Pflege unterhalten. Stolz habe ich erzählt, dass ich mich um meinen alleinerziehenden Papa gekümmert habe, als er nach vier Wochen aus dem Krankenhaus entlassen wurde. Er konnte nicht einmal ohne Hilfe aufstehen. Einkaufen, Haushalt, Bügeln, Kochen, Briefe und Rechnungen abklären habe ich nach der Schule übernommen. Die Vereinsmitglieder haben mich irritiert angesehen und abgewinkt. Über so etwas solle man als Kind nicht mitreden, meinten sie."

Da ist es wieder, dieses Denken, Pflege beträfe lediglich das Alter, das sei etwas für später. Da ist wieder dieses Wegsehen und Kleinmachen, dieses Ignorieren und abschätzige Verhalten, das so oft im Kontext von Pflege zu sehen ist. In einer über Pflege aufgeklärten Gesellschaft wäre es zu einem solchen Gesprächsverlauf nie gekommen.

Als ich das erste Mal mit dem Thema Young Carer in Berührung kam, war ich erstaunt, dass ich noch nie davon gehört hatte. Ich konnte mich aber insofern beruhigen, als dass die meisten beruflich Pflegenden, die ich kenne, auch noch nie davon gehört hatten. Und das ist unendlich schlimm, denn jeder beruflich Pflegende, der in Akuthäusern die Pflege daheim plant und in die Wege leitet, muss dafür sensibilisiert sein. Auch an dieser Stelle klafft im Ausbildungssystem eine Riesenlücke, die dazu führt, dass eine Pflegesituation nicht rechtzeitig von beruflich

Pflegenden erkannt und gemanagt werden kann und Hilfsangebote ausbleiben.

Was ist das für ein Land, in dem Kinder den Staat darauf aufmerksam machen müssen, dass sie in einer belastenden Situation stecken? Und welche Antworten hat die Politik darauf? Man braucht nur die Berichte auf Lanas Website und die dazugehörigen Politikerantworten lesen, und schon lässt sich die ganze Ignoranz erkennen. Was wurde getan? Gab es Initiativen, wurden Pädagogik und Pflege besser miteinander verzahnt? Kennt man die Brennpunkte und hat dort Kiezpflege eingerichtet? Was genau ist das politische Ergebnis, wenn bekannt wird, dass eine halbe Million Kinder pflegen?

Marcus Weinberg (CDU) sagt dazu: „Ihr verdient Respekt, Anerkennung und Unterstützung der Gesellschaft. Zögert nicht, selber nach Hilfe zu fragen. Ihr seid nicht alleine." Doch, Herr Weinberg, genau *das* sind diese Kinder: alleine mit ihren Familien. Wie so oft, wenn es um Pflege geht, sollen Dank und warme Worte ausreichen. Aber weder Respekt noch Anerkennung entlasten diese Familien!

Michelle Müntefering (SPD) bewundert nach eigenen Aussagen alle jungen Menschen, die diese Verantwortung schultern. „Sie brauchen aber auch unsere ganze Unterstützung und Hilfe, wir dürfen die Young Carer nicht alleine lassen." Auch das ist eine häufige Phrase, das ewige „wir", das immer irgendjemand anderen meint. Und die Hilfe, die niemals kommt.

Das Bundesfamilienministerium hat eine Studie zur Situation junger Erwachsener initiiert, die die Situation derer beleuchten soll, die sich um ein Familienmitglied kümmern. Zu finden ist sie auf der Homepage johanniter-superhands.de, die gezielt Young Carer anspricht. Das Ministerium möchte wissen, welche Bedarfe die Kinder und Jugendlichen haben, wie sie entlastet werden könnten und wie die „Vereinbarkeit von Ausbildung/ Studium und der Unterstützung des erkrankten Angehörigen" wahrgenommen wird. Das klingt löblich, doch wir erinnern uns:

Viele Jugendliche begreifen gar nicht, in welcher Situation sie sind, und so bleibt die Frage, wie viele der Betroffenen diesen Bogen ausfüllen werden.

Ich würde gern wissen, wozu diese Befragung dienen soll. Es gibt nämlich bereits Aussagen dazu vom Zentrum für Qualität in der Pflege (ZQP). „Die einzelnen Länder müssen nicht alles neu erfinden, sie können auf die Erfahrungen anderer Nationen zurückgreifen", ist im Lagebericht zu lesen.

Kein Land hat bislang ein breites gesellschaftliches Bewusstsein für die Situation von Young Carern schaffen können. Lediglich Großbritannien ist schon ein paar Schritte weiter in dem Bemühen, Entscheidungsträger, Fachkräfte und Öffentlichkeit für die Problematik zu sensibilisieren. Nur dort gibt es verlässliche Forschungsgrundlagen und konkrete Rechtsansprüche, Richtlinien, nationale und regionale Strategien, landesweite Angebote und Maßnahmen. In Deutschland hingegen fehlt es sowohl an Bewusstsein für das Phänomen als auch an spezifisch auf Kinder und Jugendliche ausgerichteten Angeboten.

Wie man als Politiker in dieser Situation über Respekt, Anerkennung und Unterstützung für die Kinder fabulieren kann, verstehe ich als Bürgerin nicht. Ich finde es nachgerade zynisch, den betroffenen Kindern zu raten, sich woanders Hilfe zu holen, wenn es gar keine gibt.

Nicht einmal den Young Carers Day, der in Großbritannien regelmäßig stattfindet, hat man nach Deutschland geholt. Das verwundert nicht. Während Corona wurden die Lücken des Gesundheitssystems klar sichtbar. Wer möchte da noch tiefer in der Wunde stochern? Wie soll die Gruppe der Betroffenen je lernen, darüber zu reden, wenn nicht mal wir es tun?

Die Frage, wie die betroffenen Kinder die Situation im Zusammenhang mit Ausbildung und Studium erleben, ist ebenso fatal, weil es gerade ihre Isolation, ihre Überforderung und Erschöpfung sind, die zu schlechten Schulnoten und Fehlzeiten führen. Oft wird dann gar nicht der Schulabschluss erreicht, der hätte erreicht werden können. Statt nun diese Problematik aktiv anzugehen und Strategien zu entwickeln, die diese Überforderung abfedern, fragt man nach dem Studium. Pflegendes Kind, pflegender Jugendlicher zu sein, hat nicht nur die positiven Aspekte, die die Politik so gern betont.

Studien statt Strategien, beharrliches Nichtstun – beides begünstigt das System der Young Carer. Sie werden zu Lückenbüßern einer politischen Stagnation, die vermeidbar gewesen wäre, hätte man aufgehört, Pflege als Händchenhalten-Stereotyp zu tradieren, und stattdessen begonnen, sie als Wissenschaft zu behandeln. Diese Kinder haben Rechte. Sie haben das Recht, mit ihren Familien maßgeschneiderte Angebote für ihre individuelle Pflegesituation in Anspruch zu nehmen, die es ihnen ermöglichen, die Situation so zu erleben, dass sie sie in ihrem eigenen Leben nicht übermäßig einschränkt. Das ist das Mindeste, was sie erwarten können. Die jeweilige Krankheit aus dem Leben der Familien zu nehmen, das vermag natürlich niemand. Ihnen steht aber ein Leben ohne Angst vor dem Jugendamt, dem Mobbing der Mitschüler, der Abwertung von Erwachsenen und der Ignoranz von Pädagogen zu.

Es ist ein Unding, dass sie um eine solche Selbstverständlichkeit kämpfen müssen. Aber zukunftsorientiertes Handeln in diesem Bereich lässt weiter auf sich warten. Im Wahlkampf 2021 war das Thema nicht präsent. Wie lange noch?

KAPITEL 6

„Meine Polin" oder Pflege nach Gutsherrenart

In der Antike pflegten hinter den Mauern der Häuser, in denen Männer das Sagen hatten, zumeist Sklavinnen. Sie gehörten zur antiken „familia". Sie hatten zu tun, was man ihnen auftrug; zu leben, wie die Familie lebte. Nach ihren eigenen Bedürfnissen fragte niemand. So unsichtbar waren sie, dass wir kaum Nachricht von ihnen haben. Und wenn Kunde von ihnen auf uns gekommen ist, dann durch das Zeugnis eines Mannes. Das war vor 2500 Jahren.

Noch die Sklaverei im dritten Jahrhundert vor Christus, die in südasiatischen Rechtstexten nachvollzogen werden kann, unterscheidet zwischen reiner und unreiner Hausarbeit. Reine Tätigkeiten wurden von Angestellten verrichtet, während unreine Arbeit den Sklaven oblag. „Dazu gehörte das Reinigen der Toiletten, des Bodens im und um das Haus sowie Beseitigung des Abfalls. Sklavinnen mussten ihrem Eigentümer die Füße und speziell die Geschlechtsorgane und den After waschen."

Deutschland im Jahr 2022. Sie nennen sie „Oma" oder „Opa", auf Wunsch auch „Papa" oder „Mama". Wie viele es sind, weiß niemand so genau. 600 000 bis 700 000 sollen es sein. 90 Prozent von ihnen arbeiten schwarz, also illegal. Sie sind meist weiblich und kommen aus Osteuropa, aus Polen, Bulgarien, Rumänien und der Ukraine. Ihre rechtliche Stellung ist nicht immer klar, ebenso wenig der Stand ihrer Ausbildung. Niemand zahlt Sozialabgaben.

Aber weil in Deutschland kaum Bewusstsein für Pflegekompetenz herrscht, ist das den Kunden auch nicht so wichtig. Man schafft sich die Frauen an wie einen Hund oder ein Auto.

Manche Werbung, die öffentlich auf Bussen leuchtet, grenzt an Rassismus. „Omas neue Polin" wird da angepriesen, und zwei Menschen liegen sich in den Armen, eine alte Frau, die „die Oma" sein soll, und eine junge Frau, die „die Polin" ist. Zuwendung ist käuflich. Frauen sind käuflich. Das empört auch niemanden.

Ich spreche von sogenannten Live-ins, die bei den Pflegebedürftigen einziehen, meist für ein paar Wochen im Rotationsprinzip. Sie gehören zur „24-Stunden-Pflege" und werden oft über Agenturen vermittelt. Das 24-Stunden-Prinzip gilt wortwörtlich. Ihre Verträge besagen zwar, dass sie nur 40 Stunden pro Woche zu arbeiten haben, aber dem Kunden wurde eine Rund-um-die-Uhr-Verfügbarkeit versprochen.

Die Frauen haben zumeist selbst Familie, Kinder, die sie in der Zeit nicht versorgen können, und ein Leben, von dem sie für die Wochen in Deutschland abgeschnitten sind. Dass ihr Leben in zwei komplett verschiedene Teile zerfällt, nämlich ihr altes Leben im Herkunftsland und ihr neues Arbeitsleben, interessiert die Kundschaft kaum.

Auch die Machtverhältnisse sind von vornherein klar. Gegenüber den Auftraggebern herrscht vollständige Ergebenheitspflicht mit großer Asymmetrie. Das macht professionelle Pflege fast unmöglich. Denn oft sind die Wünsche des Pflegebedürftigen nicht der Gesundheit förderlich. Besonders dann, wenn der Bedürftige aufgrund von Demenz aggressiv ist und sich nur schwer zur Körperpflege anleiten lässt. Da Konflikte vermieden werden sollen, wird dann um des lieben Friedens willen eben nicht geduscht. Gute Pflege, glaubt der deutsche Kunde, ist immer liebevoll und niemals von Aushandlungsprozessen begleitet.

Oft regieren die Willkür und die Launen aggressiver oder rücksichtsloser Pflegebedürftiger. In vielen Haushalten wird „Omas Polin" zum Werkzeug; zum Ding, das die eigenen Bedürfnisse erfüllen soll, ohne eigene Bedürfnisse oder Charaktereigenschaften, Gefühle, Wünsche und Rechte zu haben. „Da ist keine Widerrede. Ich muss mich mit ihr zusammenharmonieren. Weil, anders geht's ja nicht", zitiert Bernhard Edmunds eine ungarische Pflegerin.

Noch schlimmer wird es, wenn das Heranziehen einer Live-in-Pflegekraft möglicherweise gegen den Willen des zu Pflegenden geschieht und er sich gegen das fremde Substitut für „Familienliebe und Zuwendung" energisch wehrt.

Viele Live-in-Pflegekräfte wissen gar nicht, was Pflege eigentlich bedeutet, sie bringen keinerlei Ausbildung und Erfahrung mit. Die Agenturen haben diese Frauen oft mit dem Versprechen geködert, es handele sich um eine reine Haushaltshilfe. Von anspruchsvoller, körperlich anstrengender Pflege ist kaum die Rede, die einzige Bedingung sind ein paar Deutschkenntnisse. Vor Ort stellen sich das nette, ältere Ehepaar dann als schwere Pflegefälle mit demenzieller Erkrankung heraus, für das nicht nur der Haushalt geführt werden muss, sondern das auch Hilfe beim Waschen, Anziehen, bei Toilettengängen und anderen Aktivitäten benötigt.

Das endet für den einen oder anderen Kunden in Pflegefehlern: Dekubitus, Stürze mit Knochenbrüchen, Prellungen. Das, was eine professionelle Pflegekraft hätte verhindern sollen, wird durch Unkenntnis und das Abhängigkeitsverhältnis geradezu heraufbeschworen. Hier klaffen eklatante Haftungslücken, denn bei einem Profi wären solche Vorkommnisse justiziable Pflegefehler. Die Zeche zahlt die Gemeinschaft der Versicherten.

Aber auch, wenn Pflegefehler im Einzelfall vermieden werden, sind die Erwartungen an die Pflegenden unrealistisch hoch. Sie sollen die gute Quasitochter oder die Quasipartnerin sein. Der moralische Druck, der dadurch auf ihnen lastet, ist immens. Ist das Erwerbstätigkeitsverhältnis zusätzlich illegal, sind diese Frauen den Verhältnissen vor Ort schutzlos ausgeliefert und gezwungen, den Forderungen des Pflegebedürftigen und dessen Familie unbedingt nachzukommen.

Das fängt beim eigenen Tagesablauf an, der sich vollständig den Bedürfnissen des zu Versorgenden unterordnen muss. Es gibt für die Frauen, von ein paar Einkaufsgängen abgesehen, kaum Sozialkontakte nach außen. Sie leben kein eigenes Leben, sondern in den Strukturen anderer Menschen. Probleme werden oft nicht gemeldet. Denn wenn sie nicht willig sind, verlieren sie ihren Job und landen auf der schwarzen Liste.

Dr. Sylwia Timm von der Beratungsstelle „Faire Mobilität", bei der Notrufe polnischer Frauen aus solcherart Beschäftigungsverhältnissen zusammenlaufen, berichtet: „Hier rufen Frauen an, die erzählen, dass sie in den Familien, in denen sie arbeiten, nicht genug zu essen bekommen, dass sie im Keller in einem fensterlosen Raum schlafen, dass die Verträge, die sie unterschrieben haben, in keiner Weise eingehalten werden oder dass die Agenturen, von denen sie sich Verbindlichkeit und auch einen gewissen Schutz versprechen, sie ausbeuten und unter Druck setzen. Wenn man die polnischen Internetforen durchstöbert, dann stößt man auf eine regelrechte Klagemauer dieser Frauen."

Keinesfalls selten käme es vor, dass Live-ins schikaniert, misshandelt, erniedrigt, gewissenlos einer lebensgefährlichen Situation ausgesetzt würden. Üblich seien auch rassistische Beschimpfungen, sexuelle Übergriffe, tätliche Angriffe, angedrohte Schläge, einbehaltener Lohn, Verbot der Kontaktaufnahme, das Verschweigen ansteckender Krankheiten und sadistische Schikanen.

Der Vergleich mit Sklaverei drängt sich geradezu auf. Nicht nur, weil ein Verdienst von 900 Euro im Monat für 24/7-Arbeit einen Stundenlohn von 1,25 Euro ergibt, sondern auch wegen der Rahmenbedingungen. „Als ich nach zwölf Wochen zurück nach Polen ging, fühlte ich mich wie eine befreite Sklavin. Ich war fertig", schreibt eine Frau.

Es ist nicht übertrieben, diese Beschäftigungsverhältnisse als pure Ausbeutung zu bezeichnen, entsprechend zieht das Deutsche Institut für Menschenrechte 2020 die bittere Bilanz, dass viele der Pflegenden von „schwerster Arbeitsausbeutung betroffen" seien.

Doch ein Unrechtsbewusstsein dafür existiert kaum. Im Gegenteil wähnen sich die Nutznießer sogar im Recht und stilisieren sich in einer frechen Täter-Opfer-Umkehr zum Retter der

Frauen. Außerdem habe man keine Wahl, irgendjemand müsse die Pflegebedürftigen ja versorgen. Dementsprechend lautet ein Kommentar unter einem der Artikel: „Sklaverei? Nur oberflächlich betrachtet. Die Wahl war damals, die schwer pflegebedürftige Mutter für über 3000 Euro in ein Pflegeheim zu tun, wo nie jemand Zeit hatte. Oder 2500 Euro für eine Pflegekraft aus Polen zu zahlen. Hätten die Frauen in Polen gearbeitet, gibt es selbst für studierte Frauen nur Jobs zwischen 450 und 550 Euro, wenn überhaupt. Für die Frauen war also das Gehalt ein echtes Geschenk."

Das Ausbeuten junger Frauen in Familien, die sich nicht anders organisieren können oder wollen, hat Tradition. Im 19. Jahrhundert waren vor allem Ammen aus dem Spreewald beliebte „Perlen", weil sie als gesund, fleißig, treu, genügsam und gehorsam galten. Auch damals ließen diese Frauen ihre Kinder daheim zurück. August Bebel behauptete, die Landmädchen, deren Anwerbung zumeist auf Gesindemärkten oder über Vermittler erfolgte, würden sich schwängern lassen, um nach der Geburt in die Dienste einer Familie gehen zu können.

Es ist diese Parallele zum damaligen Dienstmädchenstand, die die heutige Situation mit Pflegenden aus Osteuropa so grell beleuchtet. Die Rechte und Interessen eines anderen zu ignorieren, selbstherrlich über ihn zu entscheiden, ihn körperlich und psychisch auszubeuten und sich dabei selbst im Recht zu wähnen, wird im Sprachgebrauch als „Gutsherrenart" bezeichnet. Und genau das ist es! Hier beuten Menschen Frauen aus, in der Überzeugung, jedes Recht dazu zu haben. Mit dem Pflegeargument besorgen sie Oma eine Polin, ein Mädchen für alles, und glauben allen Ernstes, das sei so völlig in Ordnung.

Die Würde des Menschen ist unantastbar und das Recht auf körperliche Unversehrtheit bei uns garantiert. Es gibt mithin kein Recht, Pflegende monetär, sexuell, physisch oder psychisch auszubeuten.

Es ist ja keinesfalls so, dass der Politik das Problem der ausgebeuteten und entrechteten Frauen nicht bekannt sei. Doch man postuliert in einem Eckpunktepapier lediglich, dass die Leistungen zur Pflegeversicherung künftig auch für die Live-ins – in Höhe von bis zu 40 Prozent der Pflegesachleistungen – eingesetzt werden können, sagt Stefan Arend vom Institut für Sozialmanagement.

Was es nicht oder nur unzureichend gibt, sind Kontrollmechanismen, die das Problem konkret in den Blick nehmen. Weshalb muss das Beschäftigen einer Live-in-Pflegekraft nicht dem MDK gemeldet werden? Weshalb werden die Bedingungen vor Ort nicht kontrolliert, und zwar daraufhin, ob die Unterbringung für die Frauen angemessen sind, ob die Ausstattung der Haushalte eine Intimsphäre gewährt. Weshalb gibt es abseits der Beratungsstelle „Faire Mobilität" keine Notrufmöglichkeiten für Frauen in unserem Land, die Gewalt ausgesetzt sind? Weshalb keine Anlaufstellen, bei denen die Frauen Übergriffe und Gewalt anzeigen können?

Die Antwort lautet: Weil diese Arbeit in Deutschland keinen Wert hat. Und das ist dramatisch, weil die Arbeitsfreizügigkeit der Europäischen Union am Ende genau das wird, was sie niemals sein sollte: eine Falle für Frauen in der Care-Arbeit.

Dobrina D. ist dieser Falle entkommen. In einem aufsehenerregenden Urteil entschied das Bundesarbeitsgericht, dass Live-ins der Mindestlohn zustehe, auch in der Bereitschaftszeit. Und permanente Bereitschaft ist es, die Live-ins im Haushalt leisten, wenn sie nicht gerade arbeiten: Sie warten darauf, dass sie benötigt werden. Und das werden sie: nachts, abseits der Arbeitsschutzgesetze, ohne freie Tage, ohne Urlaubsanspruch, ohne Pause. Dass bislang unklar ist, wie viel Geld der Klägerin nachgezahlt werden muss, zeigt, dass hier weder Stundenlisten noch Tätigkeitsnachweise erstellt werden. Im ambulanten Dienst wäre so etwas undenkbar, schon weil es hier eine klare Dokumentationspflicht über die Tätigkeiten gibt. Ein erster Schritt wäre also das Schaffen eines Dokumentationsinstruments.

Das Urteil wurde von Kundenseite gemischt aufgenommen. „Das ist ein Schock für viele, die Angehörige zu Hause pflegen", erklärt Claus Fussek. Der von den Medien oft zitierte „Pflegeexperte" zieht gegen die Pflege als solche zu Felde. Er sieht in ihr den Sündenbock für das gesamtgesellschaftliche Problem und rät, sich ihrer „zu schämen". Herr Fussek, der sich rühmte, einen Schichtplan zum Pflegen seiner Mutter ausgearbeitet zu haben, kam selbst nicht ohne die Ausbeutung osteuropäischer Frauen aus. Von Scham keine Spur. Weihnachten nämlich habe Marinela, so der Name der osteuropäischen Betreuung, heim zu ihrer eigenen Familie gedurft. Wie großzügig! Nach damaliger Auffassung sei das legal gewesen.

Doch nicht alles, was legal ist, ist ethisch korrekt. Das gab er sogar zu: „Wenn man ehrlich ist, dann haben auch wir diese Frauen ausgebeutet." Viele der osteuropäischen Frauen wollten jedoch schwarzarbeiten, sagte er, und es klingt ein bisschen wie: Die wollten es auch! Ein bisschen erinnert das an Beschönigungen von Vergewaltigern. „Die Frau hat einen Arbeitsvertrag unterschrieben und wusste, worauf sie sich einlässt. Viele dieser Menschen fühlen sich bei den Löhnen, die wir in Deutschland zahlen, wie im Paradies."

Es hat niemand moniert, dass Dobrina D. eben nicht wusste, worauf sie sich einließ, denn die Vermittlung lief über verschiedene Agenturen. Die bulgarische versprach Dobrina D. eine Arbeitszeit von sechs Stunden am Tag. Doch die Bulgaren hatten mit der deutschen Agentur einen anderen Vertrag abgeschlossen. Das konnte die Klägerin nicht wissen. Zu sagen, dass die Frau also wusste, was da mit ihr geschieht, ist dasselbe wie zu sagen: Warum hast du einen so kurzen Rock angezogen? Und wenn ein Mann ein Opfer so zum Täter macht, indem er sagt, es sei selbst schuld, dann disqualifiziert er sich damit.

Sich im „Paradies" zu fühlen, wenn man das eigene Leben hinter sich lässt, sich selbst im Wortsinn ausliefert und dafür im Schnitt 1,25 Euro pro Stunde erhält, klingt eher nach einem Höllenkreis aus Dantes Göttlicher Komödie.

Und es wird noch besser: „Was wäre denn die Alternative? Würden diese Frauen in Deutschland nicht arbeiten, müssten wir eine Diskussion über aktive Sterbehilfe führen, weil niemand mehr da ist, der die Alten pflegt." Was für eine Argumentation: Wenn wir keine Frauen mehr ausbeuten dürfen, dann müssen wir die Alten umbringen!

Natürlich ist es möglich, den Tagesablauf so zu organisieren, dass kein 24-Stunden-Einsatz nötig ist. Professionelle ambulante Dienstleister machen das vor.

Ein weiteres Problem: Auch Polen befindet sich im demografischen Wandel. Auch hier sind immer mehr Alte zu versorgen. Weil aber viele junge Polen in westlichen Ländern auf Arbeitssuche gehen, bleiben die polnischen Alten allein. Ein Dominoeffekt: Die Polen suchen sich ihrerseits im Osten, in der Ukraine und in Belarus, Live-in-Pflegekräfte. „Die Menschen wandern nach Westen, der Notstand nach Osten", konstatierte die Süddeutsche Zeitung und beschreibt damit das Phänomen eines pflegerischen Neokolonialismus. Am Ende der Kette steht ein Land, das nicht mehr auf ein noch ärmeres zurückgreifen kann.

Ein Beispiel aus der Praxis: Ein Mann schiebt seine 92-jährige Mutter, die demenziell erkrankt ist, in ein Pflegeheim nach Tschechien ab. Eine vom Betreuungsgericht bestellte deutsche Verfahrenspflegerin findet sie dort in „einem gruseligen, dunklen Loch", in dem noch weitere deutsche Senioren hausen. Bei dem Heim handelt es sich um eine geschlossene Einrichtung. Aber billig! Statt der in Deutschland üblichen 3000 Euro kostet der Heimplatz dort lediglich 900 Euro. Unserer „Wohlstandsgesellschaft" scheint es nicht bewusst zu sein, dass Arbeitsleistung Geld kostet und dass gute Arbeitsleistung gutes Geld kostet.

Das hebt das Problem von der individuellen auf eine allgemeine Perspektive. Die Pflegeversicherung gibt es in Deutschland seit

1995. Sie war von Anfang an als Teilkasko konzipiert, die zwar entlastet, aber nicht vollumfänglich übernimmt. Wenn es den Menschen jetzt erst dämmert, dass sie irgendwann alt und gebrechlich werden, dann haben sie die Auseinandersetzung mit dem Thema schlicht verweigert.

Die fixe Idee von „Pflege kann jeder" durchzieht den gesamten Pflegebereich. Natürlich könnte man dazu übergehen, osteuropäische Pflegende nach Verrichtungen zu bezahlen, wie es auch in der ambulanten Pflege üblich ist. Vorher aber brauchen wir einen offenen Diskurs darüber, wie wir die Pflege ausgestalten und den Missbrauch pflegender Frauen beenden können. Wir brauchen eine Diskussion darüber, wer für Pflegefehler haftet und was das gesamtgesellschaftlich bedeutet. Es muss Konsequenzen geben für diejenigen, die die Gesellschaft durch Schwarzarbeit prellen und den beschäftigten Frauen den Zugang zu Sozialleistungen unterschlagen. Es kann nicht auf der einen Seite die Kostenfrage als Totschlagargument für Ausbeutung dienen, während durch Sekundärschäden ebenso Kosten in immenser Höhe entstehen.

Wir sollten uns europaweit an einen gemeinsamen Tisch setzen, die nötigen Qualifikationen der Pflegenden bestimmen und ihnen gegebenenfalls eine Ausbildung anbieten. Dies wäre allen Beteiligten von Nutzen. Nicht die Kosten sollten uns hierbei erschrecken, sondern der Fakt, dass die Ausbeutung in der Pflege ähnlich krass abläuft wie die in der Fleischindustrie. Solange wir uns das nicht eingestehen, machen wir ethisch zwischen der kranken Oma und der Billigschweinehälfte keinen Unterschied. Die Reduktion der osteuropäischen Frauen auf die bare arbeitende Existenz nähert sich in bedrohlicher Weise dem, was Hannah Arendt in ihrem Buch *Vita activa oder Vom tätigen Leben* als „animal laborans", als Arbeitstier, bezeichnete. „Da die Menschen der Notdurft des Lebens unterworfen sind, können sie nur frei werden, indem sie andere unterwerfen und mit Gewalt zwingen, die Notdurft des Lebens für sie zu tragen."

KAPITEL 7

Pflegende aus dem Ausland. Versteckte Hürden, offener Rassismus

Wenn wir an die Stadt denken, in der wir leben, oder an die, in die wir uns sehnen, sehen wir meistens die Skyline dieser Stadt vor uns. Vom Eiffelturm über den Fernsehturm in Berlin bis hin zur bescheidenen Dorfkirche sagen uns deren Umrisse: Du bist da! Du bist angekommen!

Gebäude lösen Emotionen in uns aus, nicht nur ihre Ansicht, auch ihr charakteristischer Geruch. Kirchen sind nicht nur schön, weil ihre Architektur imposant ist oder weil sie Kunstschätze in sich bergen, sie stehen auch für Sehnsüchte, Stoßgebete, Hoffnungen und Ängste, die Freude und das Leid von Menschen aus eintausend Jahren, die durch den süßlich schweren Duft des Weihrauchs transportiert werden. Die meisten erinnern sich daran, wie es roch, wenn sie aus der Schule heimkamen und der Geruch des Mittagessens sie erwartete und ihnen bestätigte, zu Hause zu sein.

Aus dieser Perspektive sind Kliniken beides: Kathedralen für die einen, ein vertrauter Ort für die anderen. Auch an den Wänden der Krankenhauszimmer hängen die Ängste, die Hoffnungen und das Bitten derer, die dort die Zeit ihrer Krankheit verbracht haben. Und für die anderen, die Angestellten, sind Kliniken Orte, die ihnen vertraut sind, in denen sie den größten Teil ihrer Zeit verbringen und deren Geräusche der Nacht sie kennen wie die charakteristischen Gerüche des Tages. Es sind keineswegs nur die Gerüche von Desinfektionsmitteln und Medikamenten. Krankenhäuser bergen, wie jedes Haus, Erinnerungen; und früher, als es noch geregelte Pausen gab, konnte der Geruch anzeigen, wie der Tag wird.

Das Bettenhaus einer internistischen Klinik, in dem ich einen Großteil meiner Ausbildung verbracht habe, wurde ausrangiert und zu einem Bürohaus umgewandelt. Wenn ich heute Kollegen dort besuche, dann hole ich beim Eintreten tief Luft und versuche, wie früher, den Tag zu erspüren. Das gelingt freilich nicht, denn es ist alles verflogen, was dort einmal den Duft der Arbeitsheimat ausgemacht hat.

Ein guter Tag roch nach frischem Basilikum, denn das bedeutete, dass unsere italienischstämmige Ärztin im Praktikum gute Laune und einen Tomate-Mozzarella-Salat für unsere Pause mitgebracht hatte. Zu einer Zeit, als es diesen Käse noch lange nicht an jeder Discountertheke gab, hielten wir das lange für einen Tomatensalat mit Tofu, den wir auch nicht kannten und den es auch nicht überall gab. Es ist ein Privileg, mit Menschen aus allen Nationen arbeiten zu dürfen, und es gibt so viel kennenzulernen, was über das Essen hinausgeht, aber durch das Essen vermittelt wird. Ein besonderer Tag roch immer nach Kuchen und bedeutete, dass jemand aus dem Team Geburtstag hatte. Das liegt in Deutschland nicht nur am Kuchen, sondern auch daran, dass wir das einzige Land sind, in dem das Geburtstagskind einen Kuchen mitbringt und nicht bekommt. Auch das lässt sich nur herausfinden, wenn es erlebt wird.

Aber die besten Tage und Schichten waren zu erwarten, wenn in der Luft ein würziger Hauch von Sojasoße lag und auf dem Tisch im Dienstzimmer eine riesige Tupperschüssel mit koreanischem Glasnudelsalat stand. Das bedeutete: Hong-Soon ist da, und das war das absolut Beste, was passieren konnte. Das lag nicht nur am Glasnudelsalat, sondern auch daran, wie früher die Ausbildung ablief. Es gab riesige Stationen, und damals wie heute wurden die Auszubildenden auf dem Dienstplan mitgerechnet. In guter schlechter Tradition ermittelte die Station, wie viele Patienten so ein Schüler zu betreuen und allein zu versorgen hatte. Als Auszubildender bekam man immer die pflegerisch aufwändigsten Patienten, und obwohl jeder wusste, dass das rechtlich ein Unding war, wurde es stillschweigend von allen akzeptiert.

Als Auszubildender meldete man sich möglichst nicht vorne in der Kanzel, bat man nicht um Hilfe und blieb unsichtbar. In die Kanzel zu gehen, war ein Zeichen von Schwäche und Unfähigkeit – zudem konnte es sich auf die Note auswirken und großen Ärger verursachen. Außer bei Hong-Soon, die das für völligen Schwachsinn hielt. Sie wusste alles! Und sie schaute nach einem. Sie stellte Fragen und sie wies sanft, aber bestimmt, auf mögliche Probleme hin. Das tat sie nicht altruistisch, sondern weil sie rechtlich für alles verantwortlich war, was wir Auszubildenden anstellten: ob wir die Blutwerte der Patienten beachtet hatten, wie der Kaliumwert bei einem bestimmten Patienten war, ob wir an die Bestellungen gedacht hatten, was wir alles über die Medikamente wussten, die wir verabreichten. Man konnte sich sicher fühlen, wenn sie da war, und man lernte dazu.

Zur Besonderheit der Station gehörte es, dass sie ein Laborgerät hatte, mit dem wir selbst gewisse Blutwerte bestimmen konnten – ein Blutgasanalysegerät. Wenn es eng wurde, machten wir die Laborbestimmungen für die Intensivstationen mit und auch für unsere Patienten. Besser so, als dass ein Notfall aus der Situation entstehen würde. An einem Tag ging es einem meiner Patienten nicht so gut und ich entschloss mich, seine Laborwerte zu überprüfen, damit ich sie dem Arzt zeigen konnte. Hong-Soon stand wie aus dem Nichts neben mir und fragte, was ich da mache. Ich erklärte es ihr. Sie nickte nur sehr ernst. Dann brach es aus ihr heraus: „Du gehörst hier nicht her!" Ich war schockiert und wie vor den Kopf gestoßen, weil ich doch bislang alles richtig gemacht hatte. Aber sie blieb ganz ungerührt und fuhr in ihrem unnachahmlichen Akzent fort: „Das ist doch keine Arbeit für dich. Das kannst du später noch machen, wenn du alt bist und dich nicht mehr konzentrieren kannst. Du wirst morgen woanders arbeiten. Und dann sagst du mir, ob ich recht hatte!" Sprach's und sagte der Oberschwester Bescheid, und zu meinem

Erstaunen nickte die nur. Ich bekam einen Zettel mit der Hausnummer, wo ich mich anderntags einzufinden hatte, irgendwo im Keller dieser riesigen Klinik.

Ich fand mich am nächsten Morgen dort ein und wurde herzlich begrüßt. „Ah, Hong-Soon schickt dich!" Es war ein merkwürdiger Ort, überall summten Geräte, Menschen saßen hinter Scheiben und trugen dicke Röntgenmäntel, auf dem Monitor erschienen Herzgefäße und verblassten wieder, ein Patient bekam einen Herzkatheter. Ich hatte so etwas noch nie gesehen. Es stellte sich heraus, dass Ärzte und Pflegende diese anspruchsvolle Arbeit zusammen erledigten, und was die examinierten Kollegen alles wussten und konnten, war enorm. Tatsächlich hatte ich nie vermittelt bekommen, dass so etwas auch ich machen könnte. Alles, was ich bislang perfekt zu beherrschen hatte, waren das Waschen und die dazugehörige Planung. Das wurde halbjährlich in einer Waschprüfung bewertet.

Als ich wieder auf die Station zurückkam, fragte mich Hong-Soon, wie es gewesen sei. Keine Frage, es war toll gewesen! „Sie sagen euch nicht, was man alles machen kann. Sie lassen euch immer nur waschen, waschen, waschen. Das ist nichts für junge Menschen. Das ist doch nicht Pflege!" Hong-Soon hatte in mir eine wissensdurstige Auszubildende gesehen, sie wollte mich fordern und fördern. Nach dem Examen wurde ich tatsächlich Schwester im Herzkatheterlabor. Viel später erst verstand ich Hong-Soons verbalen Ausbruch, in dem sich der ganze pflegerische Culture-Clash entlud, der seit Jahren ihr Leben bestimmt haben muss, von dem wir aber nichts wussten, denn niemand sprach mit uns über Arbeitsmigration von Frauen.

Der Pflegenotstand in Deutschland ist ein Kontinuum. Schon in den 1960er-Jahren fehlten 30 000 Krankenschwestern in den bundesdeutschen Kliniken – vergleichsweise wenig also gegenüber den heutigen Zahlen –, und so kam es zu einer Initiative zur Beschäftigung koreanischer Krankenschwestern zwischen der Bundesrepublik und Südkorea. Am 31. Januar 1966 landete in

Frankfurt am Main eine Maschine mit den ersten 128 asiatischen Kolleginnen. Ein zweisprachiges Banner hieß sie willkommen. Es dürfte in großer Eile hergestellt worden sein, denn im Wort „Deutchland" fehlte das s. Die Ankömmlinge bekamen Blumensträuße, und der Frankfurter Oberbürgermeister Willi Brudert empfing sie persönlich im Kaisersaal. Er sprach die Hoffnung aus, sich in 50 Jahren hier wiederzusehen, doch von den 128 Krankenschwestern, denen noch mehr als 10 000 weitere folgen sollten, blieben nur zwölf. Was war geschehen?

Schon damals betrug die berufliche Verweildauer einer Krankenschwester lediglich fünf Jahre, zum eklatanten Pflegenotstand kam – und kommt noch heute – ein erbarmungsloses Hierarchieverständnis hinzu, das in die Arbeitssituation hineinspielt. Die Grundpflege, also das Waschen und das Betten, das Anreichen von Mahlzeiten, alle körpernahen Tätigkeiten am Patienten, galten als „niedere Arbeit" innerhalb der Hierarchie der Stationen. Sie wurde von Krankenpflegeschülerinnen übernommen. Je weiter sich das Tätigkeitsfeld vom Patienten wegbewegte, desto höherwertig galt man in diesen Gefügen. „Der Schreibtisch stellte in der Krankenpflege ein Statussymbol ersten Ranges dar", kritisierte der Sozialmediziner Thomas Elkeles in den 1970er-Jahren dieses Prinzip.

Die Kolleginnen aus Südkorea waren als Neulinge in den Teams ganz unten in diesen Strukturen angesiedelt, wurden also nah am Patienten eingesetzt. Doch eben diese Tätigkeiten wurden im Herkunftsland gar nicht von Krankenschwestern ausgeführt, sondern von den Familienmitgliedern der Patienten. Die koreanischen Frauen waren exzellent ausgebildet, sie begriffen sich als Assistentinnen der Ärzte, die vornehmlich die medikamentöse Versorgung regelten. Nun fühlten sie sich latent degradiert – zwei Welten des Pflegeverständnisses stießen aufeinander.

Die zur Schau gestellte Willkommenskultur zerbröselte in der Praxis. Die Koreanerinnen wurden von Station zu Station versetzt. „Mir wurde gesagt, dass ich die Kinder zu langsam bade", berichtete später eine der 128 Frauen. Dazu kam die Demütigung, den Beruf nicht so ausüben zu können, wie man ihn selbst verstand und gelernt hatte. „Ich habe mich gefühlt wie eine Putzfrau. Meine Arbeit bestand fast nur aus Putzen und Waschen."

Die Schultern der jungen Frauen sollten nun den ganzen Pflegenotstand tragen, die deutsche Sprache kam als Problem hinzu. Zwölf Stunden am Tag wurden die neuen Kolleginnen eingesetzt, von sechs Uhr am Morgen bis zum Abend. Nicht einmal zum Einkaufen reichte die Freizeit. Die Frauen bekamen brennendes Heimweh. Viele wollten bald nur noch eines: weg!

Doch vorerst waren die jungen Frauen zum Funktionieren verdammt. Die lähmende Routine bei den ewig gleichen Runden aus Waschen, Betten und Essen und die zeitliche Überlastung führten zu einer völlig unzureichenden Kommunikation mit den Patienten. Wer trotzdem mit den Patienten redete, lief Gefahr, einen Tadel wegen Schwatzhaftigkeit zu kassieren, denn die Arbeit hatte vorzugehen. Die Gesellschaft lobte die Koreanerinnen, weil „unter ihren pflegenden Händen die Kranken genesen". Über eine Integration dachte damals niemand nach, und ihre Probleme interessierten schon gar nicht.

Noch in den 1970ern zeigte das Cover einer Pflegefachzeitschrift, wie man sich das Leben der asiatischen Kolleginnen vorstellte. Eine asiatische Frau sitzt in Dienstkleidung und Schwesternhaube auf einem Balkon, der mit Stiefmütterchen bepflanzt ist, auf einem Gartenstuhl. Eine andere asiatische Frau, ebenfalls in Dienstkleidung und Haube, trägt ein Kaffeetablett herbei. Es ist eine Freizeitsituation, aber die Frauen sind im Dienst, und immer lächeln sie. Es ist die Szene einer menschlichen Transplantation, der Verpflanzung des anderen in das eigene, deutsche Bild der idealen, lieben und genügsamen Schwester. Erst als in den 1970ern Intensivstationen aufkamen und Pflegende auch in anderen Fachbereichen, der Anästhesie und den Operationssälen oder – wie Hong-Soon – in den Herzkatheterlaboren benötigt wurden, konnten die hochqualifizierten Frauen ihre Kompetenzen wieder einbringen.

Das Dramatische daran ist nicht nur das tausendfache Einzelschicksal junger Frauen, sondern auch die Tatsache, dass aus diesem Desaster im Kleinen keinerlei Lehren gezogen wurden, weder politisch noch arbeitgeberseitig. Der Versuch, beruflich Pflegende aus dem Ausland zu rekrutieren, läuft immer wieder nach dem Muster von vor 60 Jahren ab, und es besteht keine Aussicht, aus diesem Teufelskreis herauszukommen.

Der Pflegenotstand ist längst zu einem globalen Rekrutierungsmarkt geworden, auf dem reiche Länder meinen, sich der Ressource Pflegekraft aus ärmeren Ländern bedienen zu können. Deutschland steht mit seinen Versuchen nicht allein da, wenn es vor allem immer wieder asiatische Länder in den Blick nimmt. „Die Philippinen müssen halb leer sein – ihr seid alle hier in unseren Spitälern", scherzte noch im Jahr 2013 Prinz Philipp bei einem Besuch in einem Londoner Krankenhaus mit einer philippinischen Krankenschwester.

In den 2010er-Jahren sollten es chinesische Frauen richten. Rassistische Stereotype spielten dabei eine wenig verschleierte Rolle. „Denen ist die Pflege in die Wiege gelegt", sagte ein deutscher Heimleiter. Dahinter steckt die Vorstellung, chinesische Frauen seien immer höflich, nur dem Dienst verpflichtet und von Natur aus unterwürfig.

Dabei ist Pflege in China hoch entwickelt. Das 2008 herausgegebene „Nurse Bylaw" machte den Beruf zu einer der wichtigsten Fachrichtungen, es gibt eine breite Auswahl an Möglichkeiten, die Karriere zu planen. Auch China kennt eine Diensthierarchie. Diese teilt sich in fünf Stufen von Junior bis Senior. Forschungsleistungen sind ein wichtiger Baustein zum Erklimmen der hierarchischen Leiter. Pflege wird studiert, das Diplom ist nur ein Einstieg. Und das ist schon seit 1920 so. Das „Nurse Bylaw" regelt dabei den Zuständigkeitsbereich, die Verantwortlichkeiten und das Register, aber auch die Pflichten der medizinischen Institutionen. Der chinesische Pflegeverband hat die Aufgabe, politische Vorschläge zu machen und die Gesundheitsförderung der Menschen zu gestalten. Seit 2004 gibt es ein Doktoranden-programm für Absolventen der Pflege.

Da verwundert es nicht, dass in Deutschland arbeitende Chinesinnen es als Degradierung empfinden, plötzlich Mädchen für alles in der Pflege zu sein. Seit ihrer Gründung hinkt die Bundesrepublik Deutschland der internationalen Pflegeausbildung hinterher. Pflege ist hierzulande ein Ausbildungsberuf mit stark eingeschränkten Kompetenzen. Deutschland ist pflegerisch ein Entwicklungsland, kennt keine technischen Lösungen, traut seinen Pflegenden nichts zu und beschneidet sie in ihrem Können. Dieses veraltete Verständnis vom Engel am Krankenbett, das schon mit dem Selbstverständnis junger deutscher Frauen kollidiert, fährt bei ausländischen Pflegenden vollends gegen die Wand.

Umgekehrt führt es dazu, dass auch deutsche Pflegende unzufrieden sind, zuhauf migrieren, bevorzugt nach Skandinavien oder ins deutschsprachige Ausland, wo sie weniger Arbeitsbelastung, aber mehr Wertschätzung erfahren. Eine globale Pflegewanderung ist im Gange.

Eine vernünftige Politik sollte dafür sorgen, dieses pflegerische Ausbluten aufzuhalten, aber Pflegewissenschaft genießt keine Aufmerksamkeit seitens der Politik. Stattdessen holt man sich für das deutsche System überqualifizierte Pflegende aus dem Ausland. Doch das Problem, die unterschiedlichen Kompetenzen miteinander zu vereinen, wurde seit Hong-Soons Zeiten nicht gelöst.

Deutschland hat qualifizierten Fachkräften aus dem Ausland nichts zu bieten. Dazu kommt der international schlechteste Pflegeschlüssel. Wer soll sich unter solchen Bedingungen nach Deutschland begeben, um hier im Minutentakt wie eine Hochleistungsmaschine zu funktionieren, wenn andere Länder ihre Pflegenden viel weniger Patienten versorgen, sie forschen und sich entwickeln lassen? Und dazu kommt die schwere deutsche Sprache. Englisch sprechen viele, Deutsch muss extra gelernt werden.

Auch aus den europäischen Nachbarländern ist für Deutschland keine Hilfe in Sicht. 2014 gab es erstmals Versuche, spanische Pflegende zu rekrutieren.

Doch die hatten zu Hause studiert und sahen sich mit einer Abwertung ihrer Kompetenz konfrontiert. Was sie in Spanien an Kompetenzen einbringen dürfen, ist in Deutschland Ärzten vorbehalten, und obgleich die spanischen Fachleute einen akademischen Grad hatten, brüsteten sich deutsche Kliniken öffentlich noch damit, ihnen genauso viel zu zahlen wie den nichtstudierten deutschen Kollegen, obwohl die Akademiker ja nicht könnten, was nichtakademische Kollegen können. Das ist bizarr. Dabei gibt es sogar Tarifverträge, die die akademische Pflege besser entlohnen. Nicht jedoch für die Spanier. Deren Situation war im Jahr 2015 dieselbe wie 1966 die der Koreanerinnen: 12-Stunden-Dienste, keine sozialen Kontakte. „Du kennst keinen, du bist allein", formulierte es ein spanischer Kollege.

In einem fremden Land zu leben, muss man lernen. Wie eröffnet man ein Konto, wie bekommt man ein Monatsticket für den öffentlichen Nahverkehr, wie einen Telefonanschluss und wie eine Wohnung? Für all das, was Leben ausmacht, ist niemand da. 80 Prozent der aus Spanien rekrutierten Pflegenden haben inzwischen wieder gekündigt. Viele hatten Knebelverträge unterschrieben, die das Geld für die Sprachkurse in vierstelliger Höhe zurückforderten, obwohl der europäische Sozialfonds die Kurse finanziert hatte. All diese Menschen gingen also in ihre Länder zurück, und nicht unwahrscheinlich, dass sie dort berichteten, was für ein Desaster Deutschland ist.

Unser vormaliger Bundesgesundheitsminister reiste zu Coronazeiten verzweifelt durch die Welt, um die Löcher im deutschen Gesundheitswesen mit ausländischen Pflegenden zu stopfen. „Pflegeimperialismus" wird das Phänomen mittlerweile genannt, denn immer sind ärmere Länder das Ziel solcher Kampagnen: Mexiko, Kosovo, Philippinen. Die Bundesregierung bezeichnete das als „Triple-Win". Aber wieder sind es Knebelverträge, die den

Interessierten angeboten werden. Diesmal sollen sie die Anwerbekosten von bis zu 15 000 Euro zurückzahlen, wenn sie aus dem Pflege-Entwicklungsland Deutschland wieder wegwollen.

Große Erwartungen weckte die von Spahn und Giffey ins Leben gerufene „Konzertierte Aktion Pflege", in der eine Arbeitsgruppe sich mit der Gewinnung von Fachkräften außerhalb der Staaten des Europäischen Wirtschaftsraums befasste. Doch die Euphorie hat sich nicht in die Praxis übertragen. Die Kliniken sind mit einem Berg an nicht zu bewältigenden Bürokratieaufgaben konfrontiert. Der deutsche Amtsschimmel reitet alle Bemühungen tot.

Michael Weiß-Gehring, Diplom-Pflegewirt und Master in Organisationsentwicklung, weiß, wovon er redet. Seit Jahren ist der ehemalige Pflegedienstleiter als Integrationshelfer für ausländische Pflegende zuständig und sitzt mit mir im Vorstand des Europäischen Pflegerates. Neben seiner selbstständigen Tätigkeit in dem Bereich leitet er ein zweijähriges Projekt in einem Gesundheitsunternehmen, das aus zwei Krankenhäusern der Maximalversorgung, einer Altenpflegeeinrichtung und einer Rehabilitationseinrichtung besteht.

Die Zusammenarbeit mit Kollegen, die einen Migrationshintergrund haben, war für ihn immer selbstverständlich. „Sie waren halt da." Und so kam es, dass er die Rekrutierung ausländischer Kollegen voller Elan anging. „Meine Sichtweise auf das Thema Pflegefachleute aus dem Ausland war rosarot. Sie kommen, machen ein Praktikum, bekommen ihre Anerkennung und machen dann Karriere", dachte er. Doch alles kam anders.

Schon als er noch Pflegedienstleiter war, lag sein Fokus auf der Integration in den Teams. „Eines Tages bewarb sich ein syrischer Geflüchteter bei mir um eine Stelle auf der Intensivstation, er hatte 20 Jahre Berufserfahrung und zuletzt als Stationsleitung einer kleinen Intensivstation gearbeitet. Auf seiner Flucht war er auch als Pfleger in der Türkei tätig gewesen. Nach einem Praktikum stellte ich ihn als Pflegehelfer ein und machte mich daran, seinen Beruf anerkennen zu lassen. Er hatte nur seine Berufsurkunde über die Pflegeausbildung und seine Zusatzausbildung im Bereich der Anästhesiepflege mit nach Deutschland bringen können, samt amtlicher Übersetzung. Also stellte ich den Antrag im zuständigen Regierungspräsidium. Zurück bekam ich eine Antwort, die mich sprachlos machte. Man bräuchte da noch dieses und jenes Dokument von der Schule, die genaue Auflistung der Stunden in der Ausbildung, Theorie und Praxis, Berufserfahrungsnachweise und so weiter. Ich bedankte mich für die Belehrung und wies darauf hin, dass es sich hier um einen Geflüchteten handle, der vor seiner Flucht wahrscheinlich nicht das Informationsblatt der Berufsanerkennungsstelle gelesen hatte. Ich erwartete eine Beratung, wie man dieser erfahrenen Pflegefachperson helfen könne."

Doch die blieb aus. Zurück kam lediglich ein Schreiben, in dem man Herrn Weiß-Gehring riet, den Antrag zurückzuziehen, weil das billiger sei, als wenn die Behörde ihn ablehnen würde. Der Konflikt war nicht beizulegen. Einerseits braucht Deutschland qualifizierte Zuwanderung in der Pflege, andererseits sind die Hürden der Bürokratie zu hoch. Weiß-Gehring sagt heute: „Es ist keine Arbeit mit Mitarbeitenden und Teams, sondern das Verwalten von Ausländerinnen und Ausländern. Jede Minute meiner regulären Arbeitszeit wird durch Bürokratie beansprucht."

Wenn aber die Vermittlung gelingt, sind die Kolleginnen und Kollegen aus dem Ausland oft noch immer nicht an einem sicheren Ort. Das Gebäude wird selten ihre Arbeitsheimat, denn die Hierarchien in den Kliniken und Einrichtungen sind noch immer so toxisch wie eh und je. Eine Frau, die als Personalrätin damit Erfahrungen gesammelt hat und sich in der Gewerkschaft ver.di engagiert, ist die OP-Fachkrankenschwester Jana Langer: „Wir sind offensichtlich nicht fähig, gute Integration zu leben, obwohl wir händeringend auf Fachkräfte angewiesen sind. Die Politik hat es seit Jahrzehnten nicht geschafft, für Arbeitsbedingungen zu sorgen, die eine Eigenrekrutierung ermöglicht.

Jetzt holen wir junge Fachkräfte aus anderen Ländern, fangen sie mit leeren Versprechungen ein, und da sind sie dann auf weiter Flur verlassen", stellt sie ernüchtert fest.

Im Pandemiejahr erhielt sie den Hilferuf einer Kollegin, die aus den baltischen Staaten rekrutiert worden war. Jana Langer spricht voller Respekt von dieser Kollegin. „Sie fügte sich in alle Anforderungen, die man ihr gestellt hatte, allein, in einem fremden Land. Sie kannte ihre Rechte nicht und stand nur vor einem Berg an Pflichten und ihrem eigenen Anspruch. Weinend erzählte sie mir, nachdem sie endlich Vertrauen gefasst hatte, dass man ihr kündigen wolle. Das hatte man ihr mündlich in einem Tür-und-Angel-Gespräch während der Schicht gesagt. Sie wäre zu leise."

Langer hielt schon die Art und Weise der Kommunikation für abwegig, abgesehen davon, dass es auch bei Kündigungen gewisse Regeln einzuhalten gebe. „Keinerlei Verfehlungen, die es arbeitsrechtlich hergeben würden, waren hier die Grundlage einer Kündigung, lediglich die stille Art der jungen Frau war der Stein des Anstoßes."

Langer forschte nach bei Patienten und beim Ärzteteam. Dort war es genau die ruhige, besonnene Art der Kollegin, die sie zu einer geschätzten Mitarbeiterin machte. „Hier lag mehr im Argen, und das Problem war nicht die stille Art", sagt Langer.

Stationen funktionieren wie Biotope, gut zusammengewachsen bilden sich Symbiosen, und jeder profitiert vom anderen. Nehme man aber einen Baustein aus dem Biotop heraus, kündige also eine Kollegin, dann muss sich das Biotop zwangsläufig neu sortieren, im schlimmsten Fall kippt das ganze System.

In der Soziologie läuft das unter dem Begriff Gruppenfindungsphase. Doch auf die kann unter dem permanenten Leistungsdruck kaum noch jemand warten. Die Fluktuation ist hoch, die Stationen befinden sich immerwährend in neuen Zusammensetzungen. „Sie entsolidarisieren sich, kennen sich nicht mehr, Vertrauen fehlt", sagt Langer. „Im Fall meiner Klientin war es so, dass die Leitung ihre Machtposition ausgespielt hatte. Das machen viele Leitungen, vor allem bei Mitarbeitenden, die neu und unerfahren sind und ängstlich dastehen. Sie sind gute Opfer, um dem Rest zu zeigen, welche Macht man hat." Die Kollegin konnte bleiben. Wie sie sich dabei fühlt, können wir nur erahnen.

Seit Jahren, sagt Michael Weiß-Gehring, höre er dieselben Sätze. „Die kriegen das gleiche Geld wie wir, leisten aber nicht so viel. Um die wird sich ja mehr gekümmert als um uns. Die können ja nicht mal waschen, aber Hauptsache studiert."

„Die", das sind die anderen. Es wird wie eh und je eine Otherness konzipiert. Neue Mitarbeitende würden in die Teams aufgenommen, wenn sie sich anpassten, quasi gleich seien. „Und damit haben ausländische Mitarbeitende unweigerlich erst mal verloren, wenn sie die Sprache noch nicht fließend sprechen", sagt er.

In anderen Bereichen in den Kliniken, etwa in der IT oder unter der Ärzteschaft, gebe es diese Probleme weniger. Im Gegenteil seien diese Teams sogar stolz darauf, wenn sie aus vielen Nationen bestünden. Es ist eine Crux: „Irgendwas scheint in der Pflege anders zu sein. Man kann es nicht pauschal mit Rassismus erklären, obwohl das natürlich auch in Pflegeteams eine der Realitäten ist." Pflegende unterscheiden sich eben nicht von der Durchschnittsbevölkerung, auch wenn man das im Hinblick auf den Ethikkodex und das eigene Berufsethos erwarten würde. „Wegreden kann man es aber auch nicht", sagt Weiß-Gehring. „Ausländische Pflegefachleute erzählen mir häufig von Vorfällen, die sie selbst als rassistisch bewerten. Nicht jeder muslimische Mann freut sich am ersten Tag über den angeblichen Witz zur Begrüßung: Hast du deine Bombe im Rucksack dabei? Auch ‚Scheißtunesier' ist kein Ausdruck der Wertschätzung, die sich Pflegende wünschen."

Neben Mitarbeitenden, die offen oder verdeckt ein Problem mit Ausländerinnen und Ausländern haben, kollidieren aber auch die verschiedenen beruflichen Sozialisationen miteinander. Im

Rahmen seiner Tätigkeit hat Weiß-Gehring viele Pflegende zu der Frage interviewt, welche Motivation sie mit ihrem Beruf verbinden würden. Ausländische Mitarbeitende, so sagt er, verträten ihr Studium zur Pflegefachkraft selbstbewusst und seien sich ihrer daraus resultierenden besonderen Fähigkeiten bewusst. „Im Gegensatz dazu rechtfertigt sich die deutsche Pflegerin nahezu, warum sie den Beruf ergriffen hat, obwohl ihr jeder, sogar die Berufsberatung, von der Ausbildung abgeraten habe. Sie wolle aber unbedingt Menschen helfen."

Wie schon in den 1960er-Jahren stehen sich die hochqualifizierten Pflegenden aus dem Ausland und die sich zur Pflege berufen fühlenden aus Deutschland gegenüber, doch nun nehmen die zu uns kommenden Menschen die Abwertung nicht mehr still leidend hin, sondern verweisen stolz auf die Tatsache, dass sie akademisch ausgebildet sind. Die verschiedenen Normen- und Wertesysteme kollidieren. „Aus Sicht der Etablierten können die ausländischen Pflegerinnen nicht die einfachsten Tätigkeiten. Aus Sicht der Neuzugewanderten fehlen den Etablierten technische Kompetenzen und vor allem Selbstständigkeit", sagt Weiß-Gehring.

Und so kommt es zu Szenen, die Langer und Weiß-Gehring gut kennen. Bei ihm sollte nach zehn Tagen ein Pfleger gekündigt werden, weil er das Essen für die Station noch nicht richtig austeilen und die Fäkalienspüle nicht korrekt bedienen konnte. „Man tut keiner neu zugewanderten Pflegefachperson einen Gefallen, wenn man sie dann in dem Team lässt. Da ist Vertrauen zerstört", sagt er. Noch immer also werden Menschen in einem fremden Land auf den Stationen herumgereicht, die sie dringend bräuchten.

Eine Chance sähe Weiß-Gehring, wenn die Vorgesetzten sich bewusst machen würden, dass da nicht nur ein neuer Kopf in das Team kommt, sondern eine neue Fachperson, die ihr Wissen, ihre Fähigkeiten und Persönlichkeit mitbringt. Die Teams hingegen bräuchten jemanden, der diese Phasen professionell begleite und helfe, den Fokus weg von der Nationalität des anderen zu lenken. „Keine ausländische Fachperson kann irgendwas für die Situation der Pflege in Deutschland. Dafür sind die Politik, die Gesellschaft, der Arbeitgeber und die deutschen Pflegenden selbst verantwortlich", sagt er.

Doch die Organisationskultur zu ändern, ist nicht so einfach und vielfach von den Arbeitgebern auch nicht geplant. „Clevere Krankenhäuser könnten jetzt Stabsstellen in der Pflege installieren, die die Aufgabe annehmen." Aber bislang gibt es nur vereinzelt Qualifizierungsangebote für Integrationsbeauftragte.

Und dann ist da noch der offene Rassismus seitens der Angehörigen und Patienten, der den ausländischen Kollegen und denen mit Migrationshintergrund oft entgegenschlägt. Wir pflegen in Deutschland derzeit eine besondere Generation in den Altenheimen. Viele davon sind demenziell erkrankt. Wenn das Wollknäuel der eigenen Erinnerungen sich abrollt und der Faden der Kindheit aufgenommen wird, dann liegt der Beginn dieser Erinnerungen, die für den Erkrankten ja die Gegenwart bilden, in einer düsteren deutschen Zeit. Für den Erkrankten ist es dann Realität, dass er eine besondere Rasse darstelle, und es kann zu Fremdenhass kommen, wenn er von ausländischen Kollegen betreut wird.

Doch auch Angehörige beklagen offen, dass „hier ja gar keine Deutschen mehr arbeiten", und fordern Pflegekräfte dazu auf, „wieder dahin zu gehen, woher sie gekommen sind". Manche Patienten fragen unverhohlen nach „einer richtigen Krankenschwester", wenn sie die Pflegende als ausländisch ansehen. Davon berichtet auch Sun-Young Yang-Scharf. Die gebürtige Südkoreanerin ist Stationsleitung. Trotzdem werde sie oft nicht ernstgenommen, sagt sie. Der Rassismus, dem sie und ihre Kolleginnen begegnen, sei oft abhängig von äußeren Merkmalen. „Hat eine Kollegin eine andere Hautfarbe als weiß, ist nett, aber eher zurückhaltend in ihrem Auftreten und in manchen Situationen oder auch sprachlich nicht so souverän, dann ist sie fast ein gefundenes Fressen für Menschen mit einem, ich nenne es mal ausgeprägten nationalen Stolz. Sie erfährt Schikanen und Drangsalierungen, wird wie eine Art eigene Haushälterin behandelt, wie eine Leibeigene herumkommandiert." Das Phänomen Rassismus wird jedoch gern heruntergespielt, man meine es doch nicht so, wird denen gesagt, die sich beschweren.

Auch körperliche Gewalt aus rassistischen Motiven gegen beruflich Pflegende ist bekannt. Ugur Cetinkaya, der einen Masterabschluss in Pflegemanagement hat und Regionaldirektor einer Einrichtungskette ist, will die Gesellschaft für das Phänomen sensibilisieren. Als Sohn türkischer Einwanderer sagt er: „Meine Heimat ist Bayern!" Doch ihm begegnet Alltagsrassismus. „Häufig werde ich gefragt, woher ich *eigentlich* komme? Das ist eine Frage, die unbewusst oder bewusst andere Menschen ausschließt, denn *eigentlich* komme ich aus München." Doch nicht immer bleibt es bei verbalen Verletzungen. „Dass ich Opfer von ständigem Rassismus bin, ist kein Geheimnis. Ich wurde deshalb sogar schon von Bewohnern geschlagen", sagt er.

Auch hier klafft sie wieder, die Ethiklücke im Gesundheitssystem. Denn es ist äußerst herausfordernd, einen Menschen pflegerisch gut zu versorgen, dessen fremdenfeindliche Ideologie man am eigenen Leib aushalten muss. Die Ethik bewegt sich derzeit nur in eine Richtung, nämlich in die des zu Pflegenden. Das gibt ihm eine stärkere Position als dem Opfer rassistischer An- und Übergriffe. Ist die Würde des Menschen auch dann unantastbar, wenn es um die Würde Pflegender geht?

Ob rassistische Gewalt gegen Pflegende in der Mehrheit von Menschen mit „eingeschränkter Alltagskompetenz", also von Menschen mit Demenz ausgeht, dazu gibt es keine Untersuchungen. Überdurchschnittlich häufig sind jedoch osteuropäische Pflegende von Rassismus betroffen. Man erklärt das mit dem Trauma von Flucht und Vertreibung aus Pommern, Ostpreußen und Schlesien, das die Bewohner und Patienten nicht verarbeitet hätten. Diese Erklärung scheint einleuchtend, bedarf allerdings auch der Klärung durch die Wissenschaft, damit sie nicht nur eine willkommene Ausrede bleibt, die Mitleid mit dem Täter erheischt.

Das Phänomen macht auch noch einmal deutlich, wie wichtig Geschichtswissen und Biografiearbeit sind. Auch hier ist eine Pflegeverfügung, die die Biografie einschließt, von großem Nutzen, um Pflegende zu schützen. Auf der anderen Seite ist dieses Erklärungsmuster heikel, denn es müsste damit gerechnet werden, dass jeder Mensch, der in seinem Lebenslauf „Masuren" als Geburtsort angibt, potenziell rassistisch sei. Das ist natürlich nicht so.

Eine andere Strategie, Rassismus gegen Pflegende zu relativieren, ist der Whataboutismus. Die Thesen funktionieren nach dem gleichen Muster. Ja, es gebe Rassismus gegen Pflegende (der dann sofort auf Menschen mit Demenz reduziert wird und nur abseitig und sehr verschlankt Situationen und Sätze von Angehörigen und Patienten benennt, die eindeutig rassistisch sind), aber was wäre denn mit dem Rassismus gegenüber den zu Pflegenden? Entsprechende Beispiele sind dann wesentlich ausführlicher beschrieben. Die Intention ist klar. Der Rassismus gegen Pflegende wird kleingehalten, der Empörungsfokus liegt somit auf den nun als böse empfundenen Pflegenden, die vom Opfer zum Täter werden. Implizit erwecken solche Strategien den Eindruck, es könne dann ja nicht so schlimm sein, was den Pflegenden da widerfahre. Das marginalisiert die Opfer, denn es ist unstrittig, dass es keine gute Gewalt gibt. Und es nimmt denen, die sich dahingehend reflektieren wollen, nämlich rassistischen Patienten und Angehörigen, die Möglichkeit zur Scham, so die Chance darauf überhaupt bestanden hätte. „Die machen das ja auch", ist die bewusste oder unbewusste Botschaft und: „Was die dürfen, dürfen wir ja wohl auch." Auch das ist eine Otherness-Konstruktion, denn den wenigsten Lesern wird dabei klar sein, dass die Aufteilung in „Patient und Pflege" hier nicht funktioniert.

Beim rassistisch angegangenen Pflegenden ist es ein sich als deutsch empfindender Mensch, der einen als ausländisch gelesenen Menschen beleidigt oder schlägt. Auch beim rassistisch angegangenen Patienten ist es ein sich als deutsch empfindender Mensch, der einen als ausländisch gelesenen Menschen beleidigt oder gar schlägt. Zweimal ist also der rassistische Deutsche das Problem, und nicht, ob er Patient ist oder Pfleger. Die Aufteilung in andere Kategorien vertuscht, was sichtbar sein sollte. Hier sind die Medien deutlich in der Pflicht, das Tatsächliche zu kommunizieren und sprachlich sauberer zu arbeiten.

Rassistische Probleme werden in der Unternehmenskultur selten benannt. Kein Wunder, denn die Betriebe sind an einer positiven Außenwirkung interessiert. Das öffentliche Bild von der medizinischen Einrichtung, wo sich Pflege mit Herz finden lässt, passt so gar nicht zu dieser heiklen Thematik. Weder möchte man Patienten und Bewohner noch Pflegende abschrecken.

Es ist auffällig, dass die Unternehmen in ihren Bewältigungsstrategien immer auf interne Prozesse abzielen. Man setzt darauf, dass Leitung und Täter ein klärendes Gespräch führen, oder erhofft sich Hilfe seitens der behandelnden Ärzte, die im Extremfall schon mal Patienten vorzeitig entlassen. Es scheint, als sei das Gesundheitswesen in dieser Frage vom Rechtssystem ausgenommen. Täter haben so nie rechtliche Konsequenzen zu befürchten, da sie nie wegen Beleidigung oder Körperverletzung angezeigt werden. Die Taten tauchen in keiner Gewaltstatistik auf, Kliniken und Einrichtungen werden zum rechtsfreien Raum. Das suggeriert den Pflegenden letztlich, beleidigt oder gar geschlagen zu werden, weil man als anders empfunden werde, gehöre irgendwie dazu. Doch auf diese Art und Weise wird öffentliche und somit politische Arbeit be- und verhindert. Es finden keine Gerichtsverhandlungen statt, über die die Medien berichten könnten und die der Öffentlichkeit signalisieren, dass diese Grenzüberschreitungen vollumfänglich und mit aller Konsequenz aufgeklärt werden. Ein Lern- und Veränderungsprozess kann so natürlich nicht in Gang kommen.

Mehr noch: Der Pflegende kann nicht juristisch gestärkt aus der Situation hervorgehen, indem er erlebt, dass es keinen Unterschied macht, ob jemand auf der einen oder anderen Seite des Bettes steht. Das Recht schützt ihn, und der Täter wird verurteilt. Statistiken in dem Bereich müssten die Politik längst zum Handeln bringen. Doch die internen Mechanismen mit ihrer sanften Selbstjustiz des bittenden Gespräches reproduzieren nur die weitere Abhängigkeit. Der Mensch, der rassistisch angegriffen wurde, erlebt sich im Abhängigkeitsverhältnis zu den Vorgesetzten. Erst wenn jene die Situation als nicht mehr tragbar einschätzen und handlungswillig sind, kommt es überhaupt zu einem Gespräch. Das eigene Gefühl, das eigene Rechtsempfinden dessen, der die Situation erlebt hat, wird also abhängig von einer Bewertung durch andere und schneidet ihn von einem selbstbewussten Handeln ab. Wie zuträglich kann das für den Menschen in seiner beruflichen Rolle sein? Was macht das mit seiner mentalen Gesundheit? Wie steht es um sein Trauma? Wie kann er nachweisen, dass es diese Situation gab, wenn er sich in Behandlung begibt, und wie steht es um die Durchsetzung von Schadensersatz und Schmerzensgeld? Die permanente Nichtkonsequenz hat Konsequenzen für den Betroffenen. Arbeitgeberfürsorgepflicht sieht anders aus.

Gesundheit und Migration stehen aber auch noch in einem anderen Missverhältnis in diesem Land, das weitreichende Konsequenzen für diejenigen hat, die zu uns kommen oder deren Familien einst zu uns kamen. Ob es nun die indische Pflegefachperson ist, die sich extra auf den kostspieligen Weg gemacht hat, um die Menschen in Deutschland zu pflegen, oder ob es Menschen betrifft, die hier geboren sind: Vom pflegerischen und medizinischen Standpunkt aus sind sie keineswegs genauso sicher wie der als europäisch gelesene Mensch, denn es gibt einen eklatanten blinden Fleck in den Gesundheitsberufen, der Menschen rassistisch benachteiligt.

Die Präambel des Ethikkodex ist auch hier eindeutig, postuliert aber nur ein Versprechen, keine gelebte Wirklichkeit: „Pflege wird mit Respekt und ohne Wertung des Alters, der Hautfarbe [ ] durchgeführt", steht da. Vom moralisch ethischen Standpunkt aus scheint uns das selbstverständlich. Doch die Realität sieht anders aus, sie stellt eine gesundheitliche Gefahr für Menschen mit nichtweißer Haut dar. Und zwar medizinisch und pflegerisch. Warum?

Es sind die Pflegenden, die am nächsten am Patienten sind, sie sehen sie die meiste Zeit, wenn sie körpernah arbeiten. Sie sind es, die ein beginnendes Druckgeschwür beurteilen, die Schwellungen deuten, Mykosen, die Wundheilung beobachten, schon den kleinsten Schorf entdecken, Blässe bei Schock, Beläge auf der Haut erspähen und die Unterversorgung mit Sauerstoff anhand der Lippen und Fingernägel erkennen müssen. Schaffen sie das nicht, entstehen mitunter schwere Wunden, Verletzungen, Einblutungen, eine verzögerte Wundheilung. Eine schwere Infektion oder eine eklatante behandlungspflichtige Luftnot wird gegebenenfalls nicht erkannt, um nur einige Punkte zu nennen. Und natürlich können das beruflich Pflegende hervorragend.

Das Problem ist, die meisten von ihnen können all das nur an weißer Haut erkennen. Alle Waschpuppen, Demonstrationstafeln, alle Bildwerke, alle Anschauungen zur Dermatologie, Chirurgie, zu Prophylaxen, kurz: Alles, was Pflege ausmacht, wird anhand weißer Menschen gelernt. Was bei Pflegenden Alarm auslöst, sie zum Handeln bewegt, sind Kontraste des Hautbildes zwischen Weiß und Rot als Zeichen von Entzündung oder Weiß und Schwarz als Zeichen von Nekrosen. Das alles sind in der Ausbildung und im Berufsleben antrainierte Sehgewohnheiten, die ihren Sinn und Zweck komplett verlieren, wenn sie ohne diesen Kontrast gedacht werden müssen.

Wie alarmiert ist die Pflegefachperson also bei dunklem Belag auf dunkler Haut? Wie sieht eine Zyanose bei dunklen Lippen aus? Wie eine Blässe bei einem Schockzeichen? Und wie der Beginn eines Druckgeschwürs, eine Rötung, wenn die Hautumgebung dunkel ist und man nicht durch die Kontrastierung gewarnt wird? Es gibt keine Skalen, keine Dummys, keine visuellen Hilfen. Dies bedeutet eine Riesengefahr bei der Versorgung von Menschen mit dunkler Haut. Die Medizin im englischsprachigen Raum ist da einen großen Schritt weiter. Dort hat der damalige Medizinstudent Malone Mukwende in mühevoller Arbeit den Symptombildatlas „Mind The Gap" erstellt, der im Netz frei erhältlich ist. In ihm sind Symptombeispiele an verschiedenen Schattierungen der Haut bildlich dargestellt. Doch die wenigsten Pflegenden sprechen Fachenglisch. Pflege ist ein Beruf mit speziellen Bedürfnissen, gerade jetzt, wo er generalistisch ausgebildet wird. Pflege sieht die Symptome oft weit vor der ärztlichen Beurteilung, sie hat eigene Skalen und Pflegediagnosen. Und das Problem zieht sich ja nicht nur durch die verschiedenen Hautfarben, sondern auch durch die verschiedenen Altersstufen. Wie ist es in der Pädiatrie, bei den Neugeborenen, wenn sie keine weiße Haut haben? Wie sieht trockene, nichtweiße Haut aus? Wo ist die Grenze zwischen Norm im Senium, also bei alter Haut, und einem Alarmzeichen? Wie kann die Pflege all das unterscheiden lernen, was sie im Praxisalltag durch jahrelanges Anschauen, Visualisieren und bildliches Merken trainiert hat? Es gibt darauf keine Antwort, und damit auch keine Antwort darauf, wie die qualitativen Standards in der pflegerischen Versorgung für alle Menschen gleich sein könnten. Schon gar nicht, wenn der Pflegenotstand weiter eskaliert. Wir sind somit angewiesen auf die Expertise von Kolleginnen und Kollegen, die sich damit besser auskennen, die bereit sind, uns zu schulen und geeignetes Lehrmaterial zu erstellen.

Es gibt viel zu tun, wenn Deutschland sich als Einwanderungsland für beruflich Pflegende qualifizieren möchte. Die Arbeitsbelastung ist höher als in anderen Ländern, die Wertschätzung geringer, man erlebt Ausgrenzung im Team, steht unter dem Dauerfeuer der Kritik und wird noch härter belastet als Kollegen, die nicht als fremd betrachtet werden. Man erlebt Rassismus und körperliche Gewalt. Die eigene Versorgung ist schlechter als die derjenigen, die man pflegt.

Menschen, vor allem Frauen, die bereit sind, diesen Schritt zu gehen, um uns dabei zu helfen, unsere Gesundheitsversorgung stabil zu halten, kommen schon vor ihrem Arbeitsbeginn an die Grenzen der Belastbarkeit. Sie werden monetär ausgebeutet, um überhaupt herkommen zu können, sie erleben ein bürokratisches Desaster, und wir tun so, als ob sie auf uns angewiesen seien und nicht wir auf sie. Es sind dies schlechte Voraussetzungen, um Menschen auf der Welt zu signalisieren, dass sie hier willkommen sind.

Was tut not? Der Bund muss die Voraussetzungen endlich vereinheitlichen und den Systemzugang wesentlich vereinfachen. Das Land tut sich keinen Gefallen damit, an seinen überkommenen Pflegevorstellungen festzuhalten. Jeder einzelne Mensch muss sich überdies fragen, woher er das Recht nimmt, Pflegende, von denen er abhängt, zu beleidigen oder zu schlagen.

Ich möchte nicht, dass die Skylines unserer Städte und die Betonpfeiler unserer Gesundheitseinrichtungen auf ewig unsichtbar die Verzweiflung, die Demütigungen und die Herabsetzung derer an sich haften haben, die herkamen, um uns zu helfen. Das würde unser Land beschmutzen. Beschmutzen durch die ewige Erinnerung, hier nicht willkommen gewesen zu sein. 60 Jahre nach Hong-Soons Ankunft muss sich endlich etwas ändern.

KAPITEL 8

Nisha aus Indien und ihr Kampf mit der deutschen Bürokratie

Weibliche Pflegekräfte sind globale Handelsware, ihre Wege durch den Bürokratiedschungel weit und gefährlich. Die jungen Frauen werden oft betrogen, denn es lässt sich viel Geld mit Hoffnung verdienen. Diplom-Pflegewirt Michael Weiß-Gehring erzählt von Nisha, einer Pflegerin aus Indien, die in ihrer Heimat eine dreijährige Ausbildung abgeschlossen hat. In Indien wäre sie nun befähigt, ein vierjähriges Studium zu absolvieren, aber das kann ihre Familie nicht finanzieren. In Indien verdient sie in ihrem Job monatlich 300 Euro. Die Arbeitsbedingungen sind schlecht, die Verhältnisse im Krankenhaus ebenso. Wird ein Familienmitglied krank, kann sich die Familie keine medizinische Versorgung leisten. Nisha selbst sagt zynisch: „Wir sind eh genug Menschen hier. Wenn einer stirbt, machen wir zwei neue."

Nishas Familie erwartet, dass sie die Familie unterstützt. Nisha sieht keine Perspektive in Indien, und so tut sie das, was so viele Menschen in ihrem Land tun: Sie geht. Sie findet eine Vermittlungsagentur und landet in einem Altenheim in Italien. Ihr Leben dort besteht aus Arbeit und sozialer Isolation. Ihr Verdienst ist gering, und davon schickt sie noch Geld nach Indien.

Von Freundinnen hört sie, dass man in Deutschland mehr verdiene und eine bessere Gesundheitsfürsorge habe. Auch Weiterbildungen gebe es dort. Also fasst sie den Entschluss, nach Deutschland zu gehen. Sie fragt Bekannte und sucht im Internet. Schnell findet sie eine Agentur. Nach einem kurzen Gespräch unterschreibt sie einen Vertrag und zahlt 1000 Euro dafür, dass sie bald einen sicheren Job in Deutschland hat. Dass sie gerade über den Tisch gezogen wird, weiß sie nicht. Die Agentur verlangt nun von ihr, mit dem Deutschlernen zu beginnen. Wie das geht, weiß die Agentur auch schon. Sie bietet nämlich entweder selbst Kurse an oder kennt jemanden, der welche anbietet. Deutsch zu lernen ist mühsam und teuer. Die Agentur gewährt ihr einen Kredit, mit dem sie die 4000 Euro für den Kurs bezahlen kann. Nisha hat nun Schulden.

Sie lernt also neben der Arbeit im Altenheim die deutsche Sprache. Mit Mühe schafft sie die A2-Prüfung. Doch das Visum nach Deutschland gibt es erst ab Sprachstufe B1. Die Sprachschule hat aber ein Spezialangebot. „Nur 350 Euro, Nisha, dann hast du ein B1-Zertifikat statt ein A2-Zertifikat." Sie weiß, dass das nicht richtig ist, aber sie kennt das schon aus der Heimat. Noch mehr Geld für Sprachkurse kann sie sich nicht leisten. Also zahlt sie für das Zertifikat, dessen Anforderungen sie nicht erfüllt.

Doch viele Arbeitgeber und Bildungsträger für Anerkennungskurse erwarten sogar ein B2-Zertifikat. Weiß-Gehring hält diese Erwartung für unrealistisch. „Mein Verhältnis dazu ist ambivalent. Auf der einen Seite ist die deutsche Sprache essentiell für die Arbeit in der Pflege." Allerdings könnten Monate vergehen, bis das Visum überhaupt ausgestellt wird. Er spricht sich deshalb dafür aus, dass die Einreise ab B1 geplant und der B2-Kurs anschließend in Deutschland abgeschlossen wird. „Die Möglichkeiten, im Ausland Termine für telc-, ÖSD- oder Goethe-Zertifikat zu erhalten, ziehen sich zum Teil hin."

Aber arbeiten darf Nisha in Deutschland noch lange nicht. Denn jetzt geht es erst richtig los. Alle Dokumente müssen der Agentur als beglaubigte Kopie vorliegen und auch übersetzt sein. Weil das in Italien zu teuer ist, macht das ihre Familie bei einem Notar in Indien und bei einem in Indien vereidigten Übersetzer. Dann muss sie noch ihren Ausweis auf einer Behörde in Italien kopieren und beglaubigen lassen. Der Stempel muss übersetzt werden, natürlich von einem vereidigten Übersetzer. Der Agentur gibt sie eine Vollmacht für das Anerkennungsverfahren. Die muss den deutschen Behörden im Original vorgelegt werden.

Ständig wandern Zettel von einer Behörde zur nächsten. Während Nisha ihre Dokumente an die Agentur schickt, schickt diese wiederum alles an das Landesamt für Soziales in Rheinland-Pfalz. Aber das weiß Nisha nicht. Wo in Deutschland sie ankommen wird, das weiß sie auch nicht. Man sagt ihr, alles ginge schneller, wenn sie in die Altenpflege ginge. Das ist eigentlich nicht ihr Beruf. Sie hat in Indien auf einer Intensivstation für Frühgeborene gearbeitet und nur kurz im Altenheim in Italien. Aber lieber Altenpflege in Deutschland als in Italien. Doch es ist noch immer nicht geschafft.

Nach vier Monaten hat die Behörde einen sogenannten Defizitbescheid ausgestellt. Dieser Bescheid besagt, dass ihre Ausbildung in Indien nicht gleichwertig zur deutschen Ausbildung sei. Nisha könne aber die Gleichwertigkeit erreichen, wenn sie entweder eine sogenannte Anpassungsmaßnahme oder eine Kenntnisprüfung absolviere. Den Bescheid darüber bekommt sie nie zu sehen. Aber die Rechnung über 250 Euro, die sie innerhalb von vier Wochen zahlen muss, schon.

Nisha braucht jetzt nur noch einen Arbeitgeber. Doch die Agentur nennt ihr keinen. Wie kann das sein? Weshalb gibt es schnellere und langsamere Agenturen? Michael Weiß-Gehring wird ernst. „Wenn ich es ganz hart ausdrücke: Geiz ist geil. Und die ausländischen Pflegerinnen werden für den Arbeitgeber zur Billigware. Nisha hat alles allein finanziert und sich verschuldet. Sachkosten hatte die Agentur keine. Also kann sie Nisha schon mal für unter 5000 Euro anbieten." Ein gutes Geschäft für die Agentur, die jetzt nicht nur Geld von Nisha, sondern auch von einem deutschen Arbeitgeber bekommen wird.

Nisha wird unruhig. Sie kontaktiert andere Agenturen, und dort wird ihr viel versprochen. Dass sie alles Geld zurückerhält, wenn sie nach Deutschland kommt. Dass sie sofort eine Anerkennung als Pflegefachfrau erhält, auch ohne Anpassungsmaßnahme und Kenntnisprüfung. Aber dafür müsste sie die Dokumente noch mal vorlegen. Oder den Defizitbescheid. Aber das kann sie nicht, denn alle Papiere liegen bei der ersten Agentur. Und dann müsste sie der auch ihren „Kredit" zurückzahlen. Einen Termin bei der Botschaft hat sie auch noch nicht. Sie hat sich dafür vor acht Monaten angemeldet, aber nichts gehört. Lange kann es nicht mehr dauern. Die Agentur bittet um Geduld.

Nach einem Jahr endlich kommt die Nachricht, dass sie einen Arbeitgeber hat. Irgendein Altenheim in einem kleinen Dorf mitten in Deutschland, aber das ist Nisha egal. Endlich geht es voran. Sie hat davon gehört, dass es jetzt ein beschleunigtes Visaverfahren im Rahmen des Fachkräfteeinwanderungsgesetzes gebe. Aber das müsste der Arbeitgeber für sie einleiten. Außerdem kostet es 411 Euro, die sie selbst zahlen müsste. Nisha hat Glück, der Arbeitgeber ist dazu bereit, das beschleunigte Verfahren einzuleiten. Das kommt nicht oft vor. Das entschädigt sie dafür, dass sie vom Arbeitgeber selbst noch nichts gehört hat, nie ein Vorstellungsgespräch hatte und scheinbar nur anhand ihres Lebenslaufes ausgewählt wurde. Es geht los mit Vollmachten, Untervollmachten und vielen Dokumenten. Dann hört sie erst mal sechs Wochen nichts. Sie fragt mehrmals bei der Agentur nach. Die teilt ihr mit, dass das jetzt alles beim Ausländeramt im Landkreis des Arbeitgebers liege. Nisha versteht nicht, warum man es in den Internetforen als Express-Visum bezeichnet. Der Arbeitgeber besteht wohl beim Ausländeramt darauf, dass das Verfahren durchgeführt wird. Nach weiteren vier Wochen erhält sie die Rechnung für das beschleunigte Verfahren.

Jetzt kann es losgehen. Die Agentur hat einen Vorbereitungskurs auf die Kenntnisprüfung in der Nähe gefunden. Der Kurs beginnt in acht Wochen. Es gibt ja schon ein B1-Zertifikat und einen Defizitbescheid. Aber leider wurde der Defizitbescheid in Rheinland-Pfalz ausgestellt, und der Anbieter verlangt, dass es einen Defizitbescheid im Zuständigkeitsbereich Bayerns gibt, wo Nishas Arbeitgeber sitzt. Die Agentur sagt, dass das erfahrungsgemäß kein Problem sei, da die Bewertung sowieso anhand von Bundesgesetzen erfolge. Nishas Zuständigkeitsbezirk ist im bayerischen Unterfranken. Zuständig ist dort das Amt für „Rechtsfragen, Gesundheit und Verbraucherschutz, Weinprüfstelle". Also scheinbar kann nicht nur jeder pflegen, sondern auch jeder die Gleichwertigkeit der Pflegeausbildung bewerten. Prost!

Ordnungsgemäß reicht Nishas Agentur den Antrag auf Beurteilung ihrer Ausbildung als Pflegefachperson bei der Regierung von Unterfranken ein. Die Dokumente sind alle schon geprüft, es sollte eigentlich schnell gehen. Die Frist im beschleunigten Verfahren ist ja von vier auf zwei Monate verkürzt. Die Agentur ruft bei der Sachbearbeiterin an und sagt, dass man den Defizitbescheid brauche, um die Anmeldung für die Qualifikationsmaßnahme abzuschließen. Die beginnt in acht Wochen, wie wir wissen. Doch die Sachbearbeiterin verweist auf einen Stapel an Anträgen und sagt: „Hier geht es der Reihe nach!" Die Zeit vergeht. In einer Woche schon beginnt die Qualifizierungsmaßnahme. Endlich kommt Post aus Bayern: „Ihr Antrag konnte nicht bearbeitet werden, da die Dokumente nicht in ordnungsgemäßer Form vorliegen."

Unterfranken hat andere Anforderungen an die Dokumente als Rheinland-Pfalz. Beglaubigungen aus dem Ausland werden nicht per se anerkannt, außer von der deutschen Botschaft. Es werden auch nur in Deutschland vereidigte Übersetzer zugelassen. Das steht auch so auf dem Antragsblatt der Behörde. Jetzt hat Nisha ein echtes Problem. Ihre Originale hatte sie nach Indien geschickt. Die müssen jetzt zur deutschen Botschaft. Sie schickt eine Vollmacht für ihre Familie nach Indien, damit sie die Dokumente von der Botschaft beglaubigen lässt. Es dauert eine Weile, bis die Familie einen Termin hat. Doch die Botschaft erklärt, dass sie nur noch Personenstandsurkunden beglaubigt, aber keine Berufsurkunden und Zeugnisse. Mit dieser Information wird Nisha erst mal wieder allein gelassen. Es gibt nur eine Lösung. Sie lässt alle Originaldokumente nach Deutschland zur Agentur schicken, auch wenn sie weiß, dass sie damit endgültig in deren Händen ist.

Die Agentur lässt die Dokumente bei einem Notar beglaubigen, nachdem die Stadtverwaltung diesen Service ablehnte. Die Rechnung bekommt Nisha geschickt. Etwas Glück hat sie, dass der Notar alle Dokumente in eine einzige Beglaubigung gepackt hat. Sie hört von anderen, dass manche Notare jedes Blatt als einzelnes Dokument abrechnen.

Die Beglaubigungen werden nun an eine vereidigte Übersetzerin in Deutschland geschickt. Nach einer Woche sind die Dokumente fertig. Die Übersetzerin verlangt über 1000 Euro dafür. Nisha versteht die Welt nicht mehr. Ihrer Familie kann sie schon seit Wochen kein Geld mehr schicken. Aber jetzt gibt es kein Zurück mehr, die Dokumente werden alle in „ordnungsgemäßer Form" an die Regierung geschickt. Dann dauert es wieder ein paar Wochen, bis ein Brief der Behörde eingeht. „Die Dokumente konnten nur zum Teil verwendet werden, da die Übersetzungen und Originale nicht zugeordnet werden konnten."

Die Agentur kann das nicht nachvollziehen und bittet, die Dokumente zurückzuschicken, damit sie der Übersetzerin noch mal vorgelegt werden können. Doch die Antwort lautet, das sei nicht möglich. Die Dokumente seien nun Teil der behördlichen Akte. Keine Chance. Die Sachbearbeiterin äußert sogar, dass es einfacher sei, die Dokumente neu zu beschaffen, als wenn sie sie zurückschicken müsste.

Michael Weiß-Gehring findet das ungeheuerlich. „Wenn man den leisesten Schimmer von den Prozessen hat, einen Funken Empathie besitzt und sich mehr darauf konzentriert als auf die Weinprüfung, könnte man selbst erkennen, was für eine verachtende Aussage das ist. Eine Behörde, die Geld für diese Bearbeitung erhebt, hilft dabei, dass die gesuchte Fachkraft sich Monat für Monat mehr verschuldet. Ich habe zwar auch schon mit Behörden zusammengearbeitet, wo das wirklich problemlos lief und wo man sogar eine Antwort auf eine E-Mail bekommt. Aber es gibt eben auch andere, deren Willkür man sich ausgeliefert fühlt."

Die Übersetzerin hatte – Glück im Unglück – Kopien gemacht und schickt noch mal eine Beglaubigung, die der Behörde mittlerweile dreimal vorliegt. Die Sachbearbeiterin will jetzt aber noch eine Übersetzung der Geburtsurkunde. Da die Forderung lediglich ein Versuch ist, die Bearbeitung erneut zu verschieben, schickt die Agentur nichts. Und dann kommt er trotzdem endlich, der ersehnte Defizitbescheid. Pech für Nisha, dass die Bildungsmaßnahme nun schon ohne sie begonnen hat.

Der Kurs findet im Ort nur einmal im Jahr statt, also wird eine andere Maßnahme gesucht und auch gefunden. Doch der Arbeitgeber will die Kurskosten von 2000 Euro nicht tragen. Der andere Kurs ist nämlich AZAV-zertifiziert und damit zu 100 Prozent über einen Bildungsgutschein der Arbeitsagentur förderbar. Außerdem übernimmt die Arbeitsagentur einen Großteil der Lohnkosten während der Maßnahme. Die neue Maßnahme muss Nisha selbst zahlen. Sie hat Glück und darf die 2000 Euro in monatlichen Raten zusätzlich zu ihrem Kredit abzahlen, wenn sie in Deutschland ist.

Nun hat Nisha auch einen Termin bei der Botschaft. Deren Aufgabe ist es unter anderem, die Arbeitserlaubnis bei der Bundesagentur für Arbeit zu beantragen. Die Bundesagentur hat für die Bearbeitung zwei Wochen Zeit, im beschleunigten Verfahren eine Woche. Bereits drei Tage später nimmt der Arbeitgeber Kontakt mit der Agentur auf, weil es Nachfragen der Bundesagentur gibt. So fordert die Bundesagentur für Arbeit Dokumente, die Nisha alle bereits bei der Botschaft abgegeben hatte. Also schickt man noch mal alles direkt an die Bundesagentur für Arbeit.

Die Behörde will auch wissen, ob Nisha von einer Agentur angeworben wurde. Es gibt nämlich Länder, aus denen von Agenturen kein Gesundheitspersonal angeworben und vermittelt werden darf. Das sind Länder, die nach dem WHO-Ethik-Kodex selbst ein gravierendes Pflegeproblem haben. Deutschland hat den Ethik-Kodex zum Gesetz gemacht und die entsprechenden Länder als Anhang in die Beschäftigungsverordnung aufgenommen. Indien gehört dazu. Aber kein Weg ohne Ausweg. Das Vermittlungs-verbot bezieht sich nämlich nicht auf die Nationalität, sondern auf den Wohnort. Nisha stellte ihren Antrag von Italien aus. Damit fällt sie nicht unter das Verbot und kann vermittelt werden.

Das „Triple-Win", das Spahn und Giffey beschworen, meint Menschen wie Nisha nicht mit. Sie und andere verschulden sich und geraten in die Fänge dubioser Agenturen, und auch die Be-hörden bekommen von den Ärmsten der Armen noch Geld dafür, damit sie hier arbeiten können. Die Assoziation zu Menschen-handel drängt sich auf.

In einem Segment, in dem wir dringend Einwanderung be-nötigen, interagieren Bundesländer nicht miteinander, haben verschiedene Verordnungen, und am Ende finanziert der Steuer-zahler die Arbeitskräfte von Gesundheitsbetrieben, die Milliar-den einfahren.

Wie steht es allgemein um das Phänomen Pflegeimperialis-mus? Ist es moralisch verwerflich, armen Ländern die Pflegen-den zu nehmen? Weiß-Gehring sieht die Angelegenheit in einem größeren Kontext: „Ich denke da, ehrlich gesagt, weniger kollek-tivistisch. Jeder Mensch hat doch das Recht, selbst sein Glück zu suchen. Andere Länder müssen sich auch um ihre Fachkräfte be-mühen, wenn sie sie behalten wollen. Das würde aber Geld kos-ten, das diese Länder nicht haben. Und da beginnt meine Kritik an unserer Regierung. Wir lassen uns in Drittländern, in armen Systemen, Pflegefachleute überwiegend akademisch ausbilden, die das auch noch selbst finanzieren müssen. Dann bedienen wir uns bei dem Land. Eigentlich müssten wir für jede abgeworbene Fachkraft aus dem Gesundheitswesen Gelder für die Studien-gebühren für die nächste Fachkräftegeneration bereitstellen. Das hätte mehr mit Ethik zu tun, als zu erschweren, dass sich irgend-wer individuell entscheidet, das Land zu verlassen. Es gibt ja auch genügend Länder, die dem Ethik-Kodex nicht folgen."

Nisha indes ist noch lange nicht am Ende ihrer Reise in die Arbeitswelt. Das Datum des Visums muss nicht zwangsläufig mit einer Arbeitserlaubnis einhergehen. Die Ausländerbehörde verweist darauf. In der Praxis würde das bedeuten, dass jede Fachkraft aus einem Drittstaat zusätzlich zum Visum noch ein Papier der Bundesagentur für Arbeit bräuchte. Doch das gibt es nicht. Man wird an die Botschaft verwiesen oder ans Ausländeramt, wenn man bereits in Deutschland ist. Urlaub nehmen kann der Arbeitnehmer nicht, der mit einem Berg Schulden auf die erste Lohnzahlung wartet. Das Ganze widerspricht auch § 5 AufenthG, wonach der Lebensunterhalt gesichert sein muss. Eine digitale Lösung, eine Anerkennungs-Cloud, in die Dokumente hochgeladen werden könnten und so für die Behörden abrufbar wären, könnte die Prozesse dynamisieren. Aber so weit ist Deutschland noch lange nicht.

Die Person der Nisha ist erfunden, ihr Schicksal ist es nicht. Wie Nisha geht es Hunderten, die Michael Weiß-Gehring betreut.

KAPITEL 9
Pflexit versus Gesundheit

Normalerweise ist es simpel: Gesunde pflegen Kranke. Aber so einfach ist es nicht. Denn längst stehen Kranke an den Betten von Kranken. Pflegekräfte, die nicht mehr können, ausgebrannt sind, erst innerlich und dann real kündigen. Viele bekommen Depressionen, manche bringen sich sogar um. „Pflexit" wird die Kündigung im Gesundheitswesen genannt – ein Wort, das den Ausstieg, den Exit, aus der Pflege bezeichnet.

Eine wütende Nachricht auf Twitter unter dem Hashtag #pflegteuchdochselbst bezeugt, dass wieder eine Stelle frei geworden und eine neue Lücke entstanden ist, die schwer oder gar nicht zu schließen ist – es sei denn, dass die verbliebenen Kollegen einspringen, was sie meistens auch tun, auch wenn es Mehrarbeit bedeutet.

„Das Problem des Schwesternmangels", sagte einst der oberpfälzische Augenarzt Otto Blum aus eigener Erfahrung, „ist hauptsächlich ein Problem der vernünftigen Behandlung der Schwestern." Sein Befund stammt aus dem Jahr 1963. Gehandelt wurde schon damals nicht, obwohl in Kliniken massenhaft Pflegepersonal kündigte, was den Betrieb faktisch lahmlegte. Jedes Jahr gaben 9000 Krankenschwestern ihren Beruf auf, weil sie unzufrieden mit der Belastung, der Bezahlung und dem Betriebsklima waren.

Die Nöte der Angestellten in den Krankenhäusern, die den Patienten nicht verborgen bleiben konnten, seien „mit Gotteslohn" nicht mehr zu lindern, schrieb 1970 der *Spiegel*. „Ich sah schon Schwestern auf den Stationen, die geheult haben, weil sie einfach nicht mehr konnten", zitierte das Magazin die Oberin Ingeborg Hoffstadt vom Hamburger St.-Georg-Krankenhaus. Doch thematisiert wurden vor allem die Folgen in der Versorgung der Patienten.

Dass auch die Pflegenden litten, sahen nur die wenigsten. 1974 wurde der Begriff des Burnouts eingeführt, der die psychische Zerrüttung körperlich gesunder Menschen bezeichnet, die sich erschöpft und wertlos fühlen. Auffällig war, dass vor allem „helfende Berufe" von Burnout betroffen waren. Der Gesundheitsreport 2020 der Techniker Krankenkasse stellte fest, dass trotz Corona der Krankenstand Erwerbstätiger im Vergleich zum Vorjahr gesunken war. Außer in den Pflegeberufen. Die waren im Schnitt zehn Tage länger krankgeschrieben als die restlichen Erwerbstätigen. Das heißt: Pflege macht krank. Ein Blick in Internetforen ihres Fachs verrät das Ausmaß des Frusts. Dabei können sie von der Situation der 60er-Jahre nur träumen. Damals hatte eine Krankenschwester sechs Patienten zu versorgen – knapp ein Drittel des aktuellen Pensums. Und die Medizin war damals längst nicht so komplex wie heute.

Burnout-Symptome können sehr verschieden sein. An erster Stelle stehen Erschöpfung und das Gefühl, nicht mehr runterzukommen. Die Begeisterung für den Beruf weicht Zynismus, Aggression, Gleichgültigkeit gegenüber Kollegen und Patienten. Neue Anforderungen im Job werden als Stress wahrgenommen, es kommt zu psychosomatischen Störungen. Man kann nicht mehr schlafen, leidet unter Muskelverspannungen und Schmerzen – oft im Rücken – und unter zu hohem Blutdruck.

Wie diesem Wahnsinn entkommen? Laut einer Umfrage des Pflegewissenschaftlers Professor Jürgen Osterbrink greifen 60 Prozent der deutschen und 40 Prozent der österreichischen Pflegenden zu Suchtmitteln. Alkohol und Cannabis stehen dabei ganz vorne auf der Liste, gefolgt von verschreibungspflichtiger Arznei, die sie aus dem Medikamentenschrank nehmen. Der Dienst ist irgendwie zu überstehen, der moralische Druck ist zu groß, um sich dem Dienstplan zu entziehen, obwohl man vielleicht selbst in Behandlung müsste. Dass sich das auf die Patientensicherheit auswirkt, ist klar.

Dass gerade die Gesundheitsberufe überproportional mit Burnout zu tun haben, hängt mit ihren Inhalten zusammen: eine starke Identifikation mit dem Beruf, ein überdurchschnittliches Engagement mit hohen ethischen Zielen und der Erwartung, dafür wertgeschätzt zu werden. Von außen wirken sich die fehlende Selbstständigkeit, das starre Korsett von Standards und Strukturen, die Bürokratie, der Konflikt zwischen eigenem Anspruch und der Unmöglichkeit, den Beruf so auszuüben, wie er gelernt wurde und wie ihn die allermeisten Pflegekräfte gerne praktizieren würden, aus. Hinzu kommen die stete Überlastung und relativ geringe Entlohnung für den Knochenjob.

Nicht alle Pflegenden brennen aus. Manche kühlen aus. Sie schützen sich vor der Unmöglichkeit, den Anforderungen gerecht zu werden, durch Gleichgültigkeit und Abstumpfung.

Leidtragende sind dabei auch Patienten und Bewohner von Seniorenresidenzen, die es immer wieder und wohl immer häufiger mit gleichgültigem Personal zu tun kriegen. Karin Kesting, Professorin für Pflegewissenschaft an der Hochschule für Wirtschaft und Gesellschaft Ludwigsburg, verweist auf den Philosophen und Soziologen Theodor W. Adorno, demzufolge „Menschen das Spannungsfeld von normativen Ansprüchen und gesellschaftlichen Funktionen, die diesen Ansprüchen entgegenstehen, so aushalten, dass sie ihre moralische Integrität wahren und handlungsfähig bleiben können".

Nur durch das eigene Erkalten lässt sich für Pflegende in der überbürokratisierten Welt des Gesundheitswesens die Tatsache aushalten, dass es kein richtiges Pflegen im Falschen gibt. Betroffene wechseln fortwährend den Arbeitgeber, um sich Erleichterung zu verschaffen. Aber das System ändert sich nicht. Am Ende steht im Zweifelsfall die Depression. Die Zahlen sind erschreckend. Um den Job auszuhalten, greifen Pflegekräfte häufiger und in höheren Rationen zu Antidepressiva als andere Berufsgruppen. Nach einer Erhebung der Techniker Krankenkasse von

2019 liegt der Durchschnitt bei 14 Tagesrationen pro Betroffenen im Jahr. Mitarbeitende der Pflege benötigen hingen 22 Dosen, um sich zu stabilisieren. Schaut man sich die Zahlen näher an, fällt auf, dass Altenpfleger/-innen besonders schwer von Depression betroffen sind. Wobei hier darauf hingewiesen werden muss: Die TK-Analyse stammt aus dem letzten Jahr vor Beginn der Coronapandemie, die negative Trends gefestigt, wenn nicht beschleunigt haben dürfte.

2021 untersuchte die Universität von Michigan Suizide von Ärzten und Krankenschwestern und fand heraus, dass die Wahrscheinlichkeit, durch Selbstmord zu sterben, bei amerikanischen Pflegerinnen doppelt so hoch ist wie bei Amerikanerinnen allgemein. Dabei ist in den USA die Arbeitsbelastung in der Pflege mit durchschnittlich 5,3 Patienten fast um zwei Drittel niedriger als in Deutschland. Matthew Davis, Professor für Krankenpflege und Hauptautor der Arbeit, warnte die Gesellschaft davor, wie bisher viel zu „sehr auf das Wohlergehen von Ärzten" zu schauen und die Krankenschwestern zu vergessen.

Der Befund sollte in Deutschland die Alarmglocken schrillen lassen. Aber bisher erklingt noch nicht mal ein Glöckchen. Hierzulande wird das Pflegepersonal ermuntert, die Arbeitssituation zu verändern, soziale Kontakte zu stärken, besser auf Erholungspausen zu achten und sich mehr zu entspannen. Diese Ratschläge dürften schon gesunden Pflegekräften recht seltsam erscheinen. Aber wie schaut es dann erst bei Depressiven aus? Der Rat, sie sollten sich bemühen, ihre Situation zu verbessern, und Freunde treffen, ist grotesk bis zynisch.

Der Bundesverband privater Anbieter sozialer Dienste schlägt vor, Entspannungskurse anzubieten, statt höhere Löhne zu zahlen. Dass auf diese Weise gleich zwei Fliegen mit einer Klappe geschlagen werden könnten, ist dem Verband vermutlich bewusst: Gesunde Mitarbeiterinnen und Mitarbeiter bedeuten weniger Fehltage und weniger Fluktuation. Also Wellness statt mehr Geld? So einfach ist es nicht.

Innerhalb der Berufsgruppe hat sich Ernüchterung bis hin zu Schicksalsergebenheit breitgemacht. Tenor: Alles, was einem geschieht, alles, was man mit ansehen und miterleben muss, gehöre eben dazu. Wer das nicht aushalte, sei im falschen Beruf. In einem Forum klagt jemand nach sieben Nachtschichten in Folge: „Ich bin so leer an Energie. Das war schon mal so, und ich habe mit meiner PDL geredet, dass ich so was einfach nicht schaffe, weil ich einen 63-Stunden-Block oder eine Woche nicht schaffe. Als Antwort habe ich nur bekommen, dass sie sogar die Möglichkeit hat, mich zwölf Tage so arbeiten zu lassen."

Die Antwort der Pflegedienstleitung (PDL) zeugt von Mangel an Führungskompetenz, Verständnis – und Personal. Aus meiner Sicht ist es grundfalsch, die Lücken mit Druck zu schließen und damit das Risiko einzugehen, dass eine weitere Fachkraft verschlissen wird, was die personellen Engpässe nur vergrößert.

Viele betrachten Teilzeit als einzige Möglichkeit, der Knochenmühle zu entgehen. Auch wenn das immer wieder bedeutet, für weniger Stunden bezahlt zu werden, aber so viel zu arbeiten wie vormals. Weniger Stunden heißt auch weniger Rente. Gerade Ältere beklagen, den Anforderungen nicht mehr gerecht werden zu können, reduzieren ihre Stunden und nehmen dafür weniger Altersruhegeld in Kauf – was prinzipiell besser ist als Depression oder körperliche Schäden. Wäre da nicht die damit verbundene Existenzangst. Wer da noch eine Erhöhung des Renteneintrittsalters fordert und glaubt, Pflegearbeit ginge problemlos bis 73, irrt gewaltig.

Auf Twitter beschreibt @hospitalporter die Auswirkungen seines Berufsalltags auf die Psyche. Seinen echten Namen mag er nicht nennen, wahrscheinlich um keinen Ärger zu bekommen. Er sagt: „Die psychische Gesundheit ist vielen Arbeitgebern oft egal. Man geht davon aus, dass man das schon irgendwie verarbeitet." Seine Erfahrung benennt er auf meine Anfrage so: „Man lässt uns auch nach traumatischen Erlebnissen allein. Man geht häufig davon aus, dass wir das schon wegstecken, es zum Beruf gehöre und man nur ein dickes Fell braucht." Und schließlich: „Muss ja weitergehen, irgendwie."

Sicher, eine Krankmeldung wäre eine Option. Ist es aber vielfach nur dann, wenn es gar nicht mehr geht. Obwohl es keine Statistik gibt, muss man davon ausgehen, dass sich sehr viele Angestellte der Pflege zum Dienst schleppen. Jedem Einzelnen ist bewusst, dass ein Daheimbleiben das restliche Team belastet. „Solange man den Kopf nicht unterm Arm trägt", lautet ein geflügeltes Wort innerhalb der Gesundheitsberufe.

Das eigene Wohlbefinden mit anderen Maßstäben zu bemessen, ist Teil der Sozialisierung, die schon während der Ausbildung vermittelt wird. Wer die anrechenbare Fehlzeit von maximal zwölf Wochen aufgrund Krankheit überschreitet, wird nicht zur Abschlussprüfung zugelassen. Das hat auch damit zu tun, dass die Schülerinnen und Schüler möglichst wenig Unterricht verpassen sollen. Aber es bedeutet auch: Du hast zu funktionieren. Vom ersten Tag an überlegen die jungen Leute zweimal, ob sie es nicht doch zum Dienst schaffen, aus Druck und Angst.

In der Coronapandemie geriet die Idee des Immer-können-Müssens besonders zum Problem, denn es erschienen Krankenschwestern und Pfleger mit COVID-Symptomen zum Dienst. Der Beruf birgt ein natürliches Risiko – das ist völlig klar und nicht abzuwenden. Wir müssen uns als Gesellschaft eingestehen, dass wir es nicht konsequent schaffen, die körperliche Unversehrtheit und in Einzelfällen sogar das Leben von Pflegekräften zu schützen. Das ist die bittere Realität.

Politiker verharmlosen dies bisweilen. Auf die Angst einer Pflegefachperson, sich im Dienst mit COVID-19 zu infizieren und daran eventuell zu sterben, reagierte Bodo Ramelow, Ministerpräsident von Thüringen, wie folgt: „Kennen Sie den Unterschied zwischen der Infektion mit SARS-CoV-2 und der Erkrankung an COVID-19 nicht? Sie sind Mitarbeiter in einem Pflegeheim? 80 Prozent der infizierten Menschen werden leichte oder gar keine Symptome haben." Damit fegt Ramelow das Risiko einfach leichtfertig weg.

Seit Jahrzehnten ist bekannt, dass Pflegeberufe Gesundheitsgefahren mit sich bringen. Auch wenn es boshaft klingt, ist die bittere Wahrheit: Die Gesundheit der Patienten wird getauscht gegen die Gesundheit derer, die pflegen. Wie traurig! Erst recht, wenn wir uns vor Augen führen, dass insbesondere Frauen in Pflegeberufen arbeiten. Hier vermisse ich den Aufschrei von Feministinnen.

Lösungen müssen her. Zum einen, weil es sich für eine moderne Gesellschaft wie unserer verbietet, so mit Frauen umzugehen, sie zu verschleißen. Zum anderen, weil wir das System unnötig belasten. 200 000 Profi-Pflegende haben den Job hingeschmissen – während deutsche Politiker über den Globus reisen, damit andere Menschen zu uns kommen, um sich hier ihrerseits verschleißen zu lassen. Es sind dieselben Politiker, die das Klinikpersonal bei nächster Gelegenheit als „Helden" bezeichnen.

Ich verweise auf die – völlig richtige – staatliche Fürsorge, die Soldaten der Bundeswehr, die Schreckliches erlebt haben und die an einer posttraumatischen Belastungsstörung leiden, zuteilwird. Der unterschiedliche Umgang wird deutlich, wenn wir uns vorstellen, dass ein Offizier zu einem Soldaten sagt: „Sie müssen einfach lernen, sich zu entspannen! Suchen Sie sich neue Freunde!" Ist es gar so, dass für überwiegend von Frauen ausgeübte Berufe andere Maßstäbe und Regeln gelten? Das Stereotyp von den „weichen" Frauen- und „harten" Männerberufen ist hier auf den Kopf gestellt. Sowohl die Krankenschwester als auch der Infanterist können während ihres Dienstes Grausames erleben – und beide brauchen Hilfe.

Auch innerhalb von Berufen, die vor allem von Frauen ausgeübt werden, gibt es Unterschiede. Flugbegleiterinnen haben das Recht und die Pflicht, in regelmäßigen Abständen medizinisch beurteilt zu werden, ob sie ihren Beruf ausüben können. Das ist sogar in einem EU-Beschluss festgehalten. Warum kann das kein Vorbild für die Gesundheitsberufe sein?

Prävention wäre auch hier das A und O. Sie würde allerdings eine zukunftsorientierte Planung in der Politik erfordern. Die aber verspricht sich Entlastung vor allem durch Digitalisierung – ein neues Heilsversprechen, das den Pflegenden Arbeit abnehmen soll, damit sie mehr Zeit für ihre eigentliche Tätigkeit haben. Eigentlich ein vernünftiger Ansatz. Er darf nur nicht zum Selbstzweck werden und er birgt Gefahren in sich.

Das Bundesministerium für Arbeit und Soziales hat dafür bei der Initiative Neue Qualität in der Arbeit (INQA) eine Studie in Auftrag gegeben. Sie kam zu dem Schluss, dass Pflegekräfte technikaffin und neugierig auf neue Technologien seien. (Das verwundert mich nicht, da sie ständig mit neuester Medizintechnik zu tun haben.) Die Initiative rief – richtig und berechtigt – dazu auf, die Befürchtung zu berücksichtigen, dass die Beziehungsarbeit mit und am Menschen durch digitale Technologie leide.

Doch Berücksichtigt werden müssen auch die Auswirkungen auf die mentale Gesundheit des Personals durch technischen Fortschritt. Die Entstehung des menschlichen Selbst beruht auf Resonanz, also dem Zusammenspiel zwischen dem Du und dem Ich, das sich ab dem Säuglingsalter in der Interaktion zwischen dem Individuum und der Außenwelt zeigt. Gerade der Job steht in einem besonderen Verhältnis zum Selbst.

Der Neurowissenschaftler Joachim Bauer ist überzeugt: Durch gesellschaftliche Wertschätzung erfährt der Arbeitende Anerkennung, die im Gehirn Motivations- und Belohnungssysteme anspricht. Bleibe diese positive Resonanz aus, komme es zu einem psychischen und physischen Zusammenbruch des Arbeitenden. Burnouts oder Depressionen sind also Folgen ausbleibender Resonanz. Besonders gefährdet sieht Bauer dabei „Arbeitssüchtige", die bereit sind, über ihre Grenzen zu gehen. Workaholics, die immer einspringen und freiwillige Zusatzdienste schieben, erhoffen sich positive Resonanz vom Team oder von Führungskräften – und merken nicht, wie sie dabei erkranken.

Laut Bauer geht eine große Gefahr von der zunehmenden Arbeitsverdichtung und dem Einzug digitaler Technologien in die Berufswelt aus. Der Wissenschaftler meint damit nicht explizit Pflegende, doch Parallelen sind deutlich. Die zunehmende Arbeitsstraffung im Gesundheitssystem wird seit Jahren beklagt, ebenso die mangelnde gesellschaftliche Wertschätzung. Positive Resonanz, das zeigte nicht erst Corona, scheinen Pflegende in ihrer Arbeitswelt selten zu erleben.

Die Schlussfolgerung daraus: Digitalisierung birgt sowohl Möglichkeiten als auch Gefahren, die untersucht und ins Arbeitsschutzgesetz integriert werden müssen. Technischer Fortschritt kann helfen, den Tsunami zu bremsen, darf aber nicht zu einer größeren Distanz zum Patienten führen, um die Motivation der Beschäftigten zu gefährden. (Das Fass mit den Robotern will ich hier gar nicht erst aufmachen, zumal das Thema vor allem Patienten und Pflegebedürftige betrifft.)

Ich will aber auch meine Kolleginnen und Kollegen nicht frei von jeder Verantwortung sprechen. Sie täten sich einen Gefallen, gemeinsam mit Medizinpädagogen die in den vorherigen Kapiteln beschriebenen Klischees ihres Berufsstandes kritischer zu hinterfragen. Diese führen nämlich zu einer Überemotionalisierung. Da sich Menschen kurz vor oder mit Burnout schon überdurchschnittlich mit ihrer Tätigkeit identifizieren, wäre es die beste Prävention, ihnen sanft, aber bestimmt auszureden, mit dieser gefühlsbetonten Erwartungshaltung in den Beruf zu gehen. Ich weiß, nicht wenige wollen dieses Bild aufrechterhalten. Die Idealisierung des eigenen Jobs dient der Selbstmotivation, was per se nicht schlecht ist. Mir geht es darum, dass sich jede Krankenschwester und jeder Pfleger klarmachen sollte, was alles daran hängt.

Populären Influencern aus dem Gesundheitswesen wie Franziska Böhler kommt die Aufgabe zu, ein modernes Berufsbild zu vermitteln, jungen Pflegekräften Orientierung und Halt zu geben. Das ist wunderbar, weil der Zugriff auf die sozialen Medien schnell und komplikationslos funktioniert und auch dort oft die Botschaft zu sehen ist: Ich kann nicht mehr!

Die junge Generation soll es richten. Es stellt sich nämlich die Frage, wer eigentlich der Schwächste ist in unserem Gesundheitswesen. Sicherlich die Patienten auf den Intensivstationen und Schwerstpflegebedürftige. Aber als Kollektiv sind es die Pflegenden. Der Beruf ist Stress pur. Ihm mag man entkommen, nicht aber der Erfahrung, dass man selbst Gesundheitsgefahren ausgesetzt war.

Im Coronajahr tröstete der nunmehrige bayerische Gesundheitsminister Klaus Holetschek die Pflegenden mit dem Hinweis, „vergelt's Gott", sei auch keine schlechte Währung. Vielleicht wird mit diesem Satz klar, wo wir uns bezüglich Feminismus und Gesundheitsberufen befinden. Es muss deutlich vor 1970 sein. Pflegende, meistens Frauen, werden auf dem wirtschaftlichen Altar der Gesundheit geopfert – und die deutsche Gesellschaft wehrt sich nicht dagegen.

Ein Anfang könnte sein, Arbeitnehmer/-innen in der Pflege – ähnlich wie Flugbegleiter/-innen – zu regelmäßigen ärztlichen Untersuchungen zu schicken, die den Beginn einer mentalen oder Stresserkrankung rechtzeitig diagnostizieren und dadurch den Schutz der Arbeitenden und zeitgleich auch der zu Pflegenden gewährleisten würden. Die Sicherheit am OP-Tisch, am Beatmungsgerät und im Management einer riesigen Station darf für beide Seiten doch nicht geringer sein als ein Flug in zehn Kilometern Höhe.

KAPITEL 10

Moralische Verletzung oder Schwester Stefanie muss sterben

In der Coronapandemie trat zutage, was seit Jahrzehnten den Hauptgrund dafür liefert, dass Pflegende kündigen und sagen: „Nicht mit mir!"

Als der bayerische Ministerpräsident Markus Söder sagte: „Nehmen Sie etwa die Pflegekräfte, die zu wenig verdienen, sich in dieser Krise aber trotzdem klaglos über das erwartbare Maß einbringen – an ihnen können sich viele ein Beispiel nehmen", ignorierte er geflissentlich, dass die Pflegekräfte, anders, als er behauptete, sehr wohl über die unzumutbaren Bedingungen klagten, und das seit Monaten. Niemand kann mir erzählen, dass der CSU-Politiker bis dato nichts von den massenweisen Beschwerden aus Krankenhäusern und anderen Einrichtungen des Gesundheitssektors gehört hatte.

Obwohl längst bekannt war, dass die Hymnen auf die „Coronahelden" bei den Hochgelobten gar nicht gut ankamen und Pflegewissenschaftler sogar davor warnten, die Leistung der Pflegenden lediglich einem Heldentum zuzurechnen, weil das den Beruf mit seinen Kompetenzen marginalisiere und sich Pflegende nicht ausgesucht hatten, Heldinnen und Helden zu sein, bediente Söder den Mythos. Sein Lob ist vergiftet, denn es impliziert, dass Pflegekräfte dann gute Pflegekräfte sind, wenn sie sich willig und klaglos für das Wohl der anderen aufopfern und auf Arbeitnehmerrechte verzichten, wie sie es während der Pandemie löblicherweise getan hätten.

Der hohe Einsatz der Pflegekräfte (der ihnen nicht genug anzurechnen ist) beruhte auf dem bekannten Trick, ihre große Motivation auszunutzen. Der Gesetzgeber pfiff nicht nur auf Klagen über zu hohe Belastungen, sondern verschärfte diese sogar (wieder). So wurde die Arbeitszeitbegrenzung aufgehoben und das begrüßenswerte und erst kurz vor Beginn der Pandemie in Kraft getretene Gesetz von Ex-Gesundheitsminister Jens Spahn, das die Zahl der Patienten, die eine Krankenschwester oder ein Pfleger auf gewissen Stationen maximal zu betreuen hat, reduzierte, kurzerhand ausgesetzt.

Im Ausland ging man wesentlich differenzierter vor und untersuchte, wie sich die Pandemie auf die Psyche der Angestellten in Gesundheitseinrichtungen auswirkte. Der Psychiater Neil Greenberg vom Londoner King's College und sein Team entdeckten Symptome aus dem Militärbereich in der Pflege. Ihr Fazit: „Sie werden Helden sein, aber wir brauchen sie auch noch morgen." Die Gehuldigten seien vor dem, was momentan passiere und noch käme, zu schützen. Ihre Situation berge die Gefahr einer moralischen Verletzung, die zu einem psychischen Trauma führen könne.

Ein solches tritt ein, wenn der moralische oder ethische Kodex eines Menschen durch Handlungen oder Unterlassungen angegriffen wird. Die dadurch entstehende Verletzung ist formal keine psychische Erkrankung. Doch diejenigen, die sie erleben, entwickeln negative Gedanken über sich selbst oder andere. Das drückt sich aus in Sätzen wie „Ich bin ein schrecklicher Mensch!" oder „Meinem Chef ist das Leben der Menschen egal." Zusätzlich treten intensive Gefühle wie Scham, Schuld oder Abscheu auf. Diese Symptome, so Greenberg, könnten zur Entwicklung psychischer Probleme beitragen, einschließlich Depressionen, posttraumatischer Belastungsstörungen oder Selbstmordgedanken.

Es gibt aber eine Einschränkung: Ob jemand tatsächlich eine psychische Verletzung entwickelt oder das Gegenteil erlebt, also an geistiger Stärke gewinnt, wird sehr wahrscheinlich von der Art und Weise beeinflusst, wie er vor, bei und nach dem Ereignis von außen unterstützt wird. Greenberg verwies explizit auf die Pandemiesituation und empfahl eine Präventionsstrategie.

Doch von einer solchen wollte man in Deutschland nichts wissen. Ohnehin lassen sich die verletzungsauslösenden Faktoren auch generell auf den Arbeitsalltag von beruflich Pflegenden übertragen, weshalb es geboten ist, sich mit der Thematik auseinanderzusetzen, wenn wir die Menschen in ihrem Beruf halten wollen.

Das Gefühl der Betroffenen, im Stich gelassen zu werden, weil sie mit unzureichenden Ressourcen oder zu wenig Kollegen arbeiten, ist der erste und wichtigste Punkt in Greenbergs Katalog. Deutschland schneidet in beiden Kategorien schlecht ab. Somit wird das Leben der in der Pflege arbeitenden Menschen zum Kollateralschaden der Gesellschaft. Es trifft – Sie ahnen es sicher schon – zumeist Frauen. Auch das hat unrühmliche „Tradition". „Frauen werden zur Wiedergutmachung gesellschaftlicher Schäden eingesetzt, als Hausfrauen, Krankenschwestern und Sozialarbeiterinnen. Die Gesellschaft verweigert ihnen aber nicht nur die Anerkennung, sondern sorgt auch durch permanente ideologische Beeinflussung dafür, dass Frauen selbst ihre Leistungen und die potenzielle Macht, die gerade in der Basis- und Versorgungsarbeit liegt, nicht als solche erkennen können", konstatierte Claudia Bischoff-Wanner, emeritierte Professorin an der Hochschule Esslingen, schon 1984.

Das Ringen um Verbesserungen, etwa bei der Rente für Frauen, die zu Hause blieben, um den Haushalt zu schmeißen und/oder weil sie Kinder bekamen, hat in den vergangenen Jahrzehnten Erfolge gebracht. Aber sie sind nicht genug, schon gar nicht im Gesundheitswesen, wo nach wie vor ein romantisch verklärtes Bild von DER Krankenschwester vorherrscht. Durch die Köpfe geistern elfenhaft durch die Gänge huschende – offenkundig viel Zeit habende – „Schwestern" mit Namen wie Ina, Stefanie und Betty, die vorzugsweise in Schwarzwaldkliniken in stets frisch gestrichenen Krankenzimmern Patienten betreuen, nebenbei deren Ehen retten und andere Probleme aller Art linker Hand lösen.

Diese TV-Pflegewelt ist aber so weit von der Realität entfernt wie die Erde vom Mars.

Ihr halte ich meine Forderung entgegen: „Schwester Ina", Schwester Stefanie" und „Schwester Betty" müssen sterben. Ja, genau, richtig gehört: Sie müssen verschwinden aus unserer Vorstellungswelt, damit die echten Kolleginnen (und Kollegen) überleben können und gesellschaftliche Wertschätzung und Respekt erfahren.

Vorabendserien wie die Schwarzwaldklinik prägen das Denken von weiten Teilen der Bevölkerung ebenso wie Bilder aus PR-Kampagnen. Bei bezahlter Werbung zur Rekrutierung von Personal, die Bundesregierung, Konzerne und Firmen bei Agenturen bestellen, setzen sich die Macher nicht genug damit auseinander, was Pflege tatsächlich ist. In den Filmen lässt so mancher Kreativer seinen eigenen Projektionen auf die Berufsgruppe freien Lauf. Das Produkt, das dabei herauskommt, verfestigt in der Öffentlichkeit das falsche Bild vom Pflegeberuf.

Die Bundesregierung hat auf diese Weise schon hunderttausende Euro mehr oder weniger sinnlos für Kampagnen ausgegeben. In einem der Videos, die das Gesundheitsministerium bestellt hat, bekommt eine junge, bildschöne Pflegerin mit, dass ihr Patient in Erinnerungen eines lange vergangenen Winters schwelgt. Daraufhin fährt die bildschöne Pflegerin kilometerweit eine Alpenpassstraße hinauf, um dem Patienten, der übrigens eher depressiv als pflegebedürftig wirkt, echten Schnee zu beschaffen. Als die Pflegerin dem Mann den Schneeball in die Hand drückt, ist er glücklich. Die Werbebotschaft: „Pflege ist mehr als ein Beruf."

Es ist der Versuch, Menschen für die Branche über Emotionen zu ködern. „Wenn wir junge Leute gewinnen wollen, diesen Beruf zu ergreifen, dann können wir den Leuten nicht erzählen, wie schwierig das alles ist", sagte die damalige Bundesfamilienministerin Franziska Giffey im Herbst 2020, als sie ihre Kampagne „Ehrenpflegas" vorstellte. Die bei Youtube veröffentlichte „Miniserie" war der Gipfel der Peinlichkeit. „Pflegas" sollte wohl so was wie Rapper-Sprache sein, um sich bei den jungen Leute anzubiedern. „Mit Alten chillen" sei „voll systemrelevant und so". Die Aufgaben und der Kern des Berufs, um was es wirklich geht und was er in der Ausübung konkret bedeutet, spielten keine Rolle.

Kein Wunder, dass es so viele enttäuschte Abbrecher gibt, wenn ihnen so etwas vorgegaukelt wird. Die Realität ist weit weg von „mit Alten chillen". Besonders kritikwürdig: Weibliche Auszubildende sind in der „Miniserie" schön und wissbegierig, männliche tumb und ziemlich blöd, dazu noch aus Einwandererfamilien. Wer es sah, musste zwangsläufig hoffen, nie pflegebedürftig zu werden, um nicht Deppen wie diesen ausgeliefert zu sein.

Auch private Firmen stehen dem in nichts nach – aber immerhin ist es deren und kein Steuergeld, das dabei draufgeht. Auf dem Bild einer Werbung, mit der ein Unternehmen Personal, vielleicht aber auch Patienten anlocken wollte, war ein korpulenter Mann mit Bart und Halbglatze zu sehen, der ein Tortenstück in der Hand hält, von dem er gerade abgebissen hat – die Sahne lief ihm noch den Bart hinunter. „Nie wieder Hunger" war auf dem Header zu lesen. Ein Rätsel, warum niemand der Zynismus aufgefallen ist.

Das Narrativ von den Helden am Krankenbett hat ebenfalls Einzug gehalten in die Pflege-Werbung und wird auf verschiedenste Arten ausgespielt. Auffällig ist, dass die „Medhelden" in PR-Kampagnen gerne von Männern verkörpert werden.

Sowohl Bild- als auch gesprochene Sprache manifestieren seit Jahrzehnten Klischees und falsche Vorstellungen der Berufe. Ursula Immenschuh, Professorin für Pflegewissenschaft an der Katholischen Hochschule in Freiburg, und der Sozialpädagoge Stephan Marks forschen seit langer Zeit dazu. 2012 sagte Marks: „Viele Pflegekräfte leiden unter geringer gesellschaftlicher Anerkennung und fühlen sich als Arschabwischer." Und Internist Professor Erich Grond, der tausenden Pflegekräften den Job beibrachte, erzählte in einem Interview, er sei gefragt worden, warum er „Arschwischer" ausbilde.

Ein Symbol dieser abwertenden Sprache ist das Steckbecken, vulgo Bettpfanne. Schon 1965 empörte sich Antje Grauhan, Vorreiterin der Professionalisierung im Bereich der Pflege, in einer Fachzeitschrift über eine Überschrift eines Artikels, in dem sie ausgiebig vorkam. Sie lautete „Nachttopf als Berufssymbol". Ihr „gefror fast das Blut in den Adern", als sie sie erstmals sah, beklagte sie sich zu Recht.

Mehr als ein halbes Jahrhundert später suchte der Helios-Konzern Auszubildende mit einem Bild, auf dem eine Pflegende ein frisch gespültes Steckbecken wie einen Spiegel betrachtete. Der Nachttopf wird hier als Berufssymbol XXL benutzt. Die Kampagne spart nicht mit Kalauern: „Aussicht beschissen? Perspektive top!" Oder: „Bei uns trägst du Verantwortung und nicht nur die Pfanne." Das Unternehmen lobte die Werbung als „authentisch, mutig und emotional" und hob das Bemühen hervor, mit Vorurteilen aufräumen zu wollen.

Nichts geht in der Werbung ohne Händchenhalten. Die bittere Wahrheit ist, dass Pflegekräfte dafür keine Zeit haben. Beliebt sind auch Hunde, die in Schwesternkleidung gesteckt werden und eine Haube tragen. Vermutlich soll es „niedlich" wirken, man kann es aber auch so deuten: Die Vierbeiner stehen als Symbol für Gehorsamkeit und bedingungslose Treue – also genau so, wie sich Männer Frauen vor mehr als 50 Jahren wünschten.

Wohltuend für die Seele der Pflegenden ist es, wenn es einmal anders kommt. Die Uniklinik Magdeburg zeigte eine OP-Krankenschwester im gleißenden Licht der Operationsleuchte. Was sie dort tut, bleibt im Verborgenen. Es spielt aber auch nicht die entscheidende Rolle. Die Bildunterschrift bringt es auf den Punkt: „Gemeinsam. Besser. Machen." Es ist leider eine der ganz wenigen positiven Ausnahmen.

Ich kann Ihnen in diesem Zusammenhang leider nicht das neuste Phänomen ersparen, das in der Öffentlichkeit bisher kaum Beachtung fand: Bodyshaming, Sexismus, Vernachlässigung und Gewalt gegenüber Patienten stehen im Mittelpunkt kurzer Videos.

Motiv der Akteure ist offenbar der Wunsch nach Aufmerksamkeit – auch jenseits des Berufes –, die die Pflegenden in sozialen Medien erhalten. Die Protagonisten demonstrieren in den Filmen, die im Dienst gedreht werden und die Szenen aus dem Berufsleben nachstellen, ein inhumanes Verhalten und Denken. Zu sehen ist etwa, wie ein Pfleger seinem Hund Tabletten ins Maul schiebt und darüber phantasiert, dass er dasselbe mit seinen Patienten machen könne. Das ist eine vergleichsweise harmlose Variante des Trends. Es geht weitaus schlimmer. Eine Kollegin, die Utensilien für einen Dauerkatheter (DK) in der Hand hält, überschreibt die Szenerie mit dem Satz: „Wie ich meinen Bewohnerinnen mitteile, dass sie einen DK bekommen." Dazu läuft ein Song mit dem Text: „Spreiz deine Beine, zeig die Fotze, lass dich gehen." Das bringt Tausende sogenannter Likes, also Signale der Zustimmung.

Wieder andere Videos machen sich über Dicke und kleine Penisse lustig, Menschen mit Demenz werden verhöhnt. Selbst Gewalt an Bettlägerigen wird gezeigt. Eine Pflegefachfrau – die diese Berufsbezeichnung nicht mehr verdient – reißt dem fiktiven Bewohner einer Seniorenresidenz die Bettdecke weg, Danach flößt sie ihm – dabei eine Zigarette rauchend – mit einem Trichter ein Getränk ein, während man das Opfer dieser sadistischen Tat röcheln hört.

Zu den Inhalten der kurzen Filme gehört auch die Verächtlichmachung des eigenen Berufes durch demonstrativ zur Schau gestellte Gleichgültigkeit und Verrohung. Jemand fragt seine „Fans", ob er einen Mann, dessen Inkontinenzmaterial dringend gewechselt werden müsste, versorgen soll oder nicht. Die Mehrheit antwortet mit „Wegsehen".

Es gibt tausende Videos mit derlei Inhalten. Dieses hässliche Phänomen ist bislang kaum öffentlich diskutiert worden. Das verwundert kaum. Denn wenn ein solches Video, das physische und psychische Gewalt in einem Altersheim zeigt, in den klassischen Medien auftauchen würde, zöge das einen Skandal und eine Berichterstattung sondergleichen nach sich, dass dagegen sogar die

Aufnahmen von Team Wallraff, die man der Öffentlichkeit aus einem Altenheim im Jahr 2022 präsentierte, verblassen würden. All diejenigen, die Angst haben, eines Tages auf einen Platz im Pflegeheim angewiesen zu sein, werden sich angesichts solcher widerwärtigen Aufnahmen nur bestätigt sehen.

Auch hier kann ich der Politik, den Unternehmen und Trägern der Einrichtungen den Vorwurf der Mitschuld nicht ersparen. Wegen des personellen Notstands spielt die charakterliche Eignung offensichtlich kaum mehr eine Rolle bei der Einstellung. So stehen Menschen mit einem fragwürdigen, menschenverachtenden und asozialen Denk- und Verhaltensmuster an den Betten von Schutzbefohlenen und haben ihre fragwürdigen Auftritte in den sozialen Medien. Nicht immer sind dabei die vermeintlichen Pflegefachkräfte tatsächlich ausgebildete Profis. Nicht selten stecken auch Menschen aus Pflegehilfsberufen hinter den Profilen.

Der Trend der öffentlichen Zurschaustellung des eigenen Lebens, um Aufmerksamkeit und Zustimmung zu generieren, ist ein allgemeiner. Aber hier handelt es sich um einen besonders schlimmen Fall von Egomanie. Der Ethik-Kodex sieht vor, dass die Integrität des Berufes von Pflegenden in den sozialen Medien zu wahren sei. Klar ist: Diese Videos lösen bei einem Großteil beruflich Pflegender Abscheu, Ekel und Entsetzen aus. Nur ein Bruchteil beteiligt sich, stellt sie ins Netz oder bejubelt sie. Bekannte Gesichter der Branche wie die populäre Influencerin Franziska Böhler und der nicht weniger populäre Jim sprechen sich explizit für saubere Inhalte aus. Aber auch sie haben nicht genug Einfluss, solche Bilder zu verhindern. Die Reaktionen im Netz in der Kollegenschaft sprechen Bände. Wer solche Machwerke kritisiert, gilt als humorlos. Tatsächlich, die Macher dieser Filme wollen als lustig, witzig und sogar kritisch verstanden werden.

Die Möglichkeiten, gegen solche Aktivitäten vorzugehen, sind eingeschränkt, was auch damit zu tun hat, dass es sich oft um anonymisierte Kanäle handelt. Umso erschreckender, dass sich die Einrichtungen, aus denen heraus agiert wird, trotzdem anhand von Logos oder Farben erkennen lassen. Trotzdem müssen Vorgesetzte in Gesundheitseinrichtungen und auch Ermittlungsbehörden entschlossen dagegen vorgehen. Beizukommen wäre den Tätern durch Abmahnung oder Entlassung. Doch Arbeitgeber sehen gerne darüber hinweg und drücken ein Auge zu, denn noch mehr Personalnot kann sich kein einziger Betreiber leisten. Deshalb wird das Phänomen vielerorts ignoriert.

Der Kunsthistoriker Horst Bredekamp bezeichnet Kunst als Medium sozialer Konflikte, und so lassen sich diese Videos mit ihren Grenzüberschreitungen, ihrer Imitation von Gewalt und ihrer Menschenfeindlichkeit auch als ein Bildersturm auf das klebrig süßliche Kampagnen-Image lesen, als überzeichneter Gegenpol zu den anderen Liebesdienstlügen, die ebenfalls keinem Wahrheitsanspruch gerecht werden. Das soll keine Verniedlichung oder Inschutznahme der Täter sein.

Als ich prognostizierte, es dürfte nur eine Frage der Zeit sein, dass auch aus den allerhässlichsten Andeutungen in den Filmchen Realität wird, hatte ich das kaum geschrieben, da hatte uns die Realität auch schon überholt. Das Internet verlangt nach immer neuen Sensationen, und so kann es nicht verwundern, dass es zu reeller Gewalt kommt. Im Sommer 2022 wurden zwei Pflegende verurteilt, die in einem Wohnheim in Sachsen eine wehrlose 89-jährige Frau mit Demenz erniedrigt und mit einem Vibrator sexuell missbraucht haben. Die Verurteilten bezeichneten das als „Scherz". Ich habe tatsächlich Angst vor der nächsten Steigerungsstufe und muss gestehen, dass ich nicht sicher bin, ob man ihr nicht irgendwo im Darknet schon begegnen kann.

Die klassischen Medien haben während der Coronazeit viel über Unzulänglichkeiten im Gesundheitssektor berichtet und für viel Aufmerksamkeit gesorgt. Aber auch sie leisten dem Ansehen der Pflege mitunter einen Bärendienst. Ich wünschte mir mehr Fachwissen, Differenziertheit und Korrektheit. Selbst Journalisten, die ansonsten komplizierteste Sachzusammenhänge aufzeigen, verwenden falsche Berufsbezeichnungen. Eine „Pflegerin" kann eine Pflegehelferin, eine Altenpflegerin, eine Betreuerin oder eine Pflegefachfrau sein. Das mag für Außenstehende eine Lappalie sein. Aber wenn man liest „Pflegerin bringt xx Patienten um", dann ist es von Interesse, als was genau die Frau in einer Einrichtung gearbeitet hat, denn es geht letztlich bei Fachwissen auch immer um das Wissen um die Wichtigkeit der eigenen professionellen Distanz und Copingstrategien, die im Ausbildungsberuf vermittelt werden, bei den Hilfskursen aber nicht Bestandteil sind. Auch das gehört zur professionellen Pflege. Doch so tief gehen diese Kurse nicht. Zu verschweigen, wer bei einer solchen Tat in welcher Funktion gehandelt hat, legt ein Milchglas über die gesundheitspolitische Lupe, unter der diese Taten vor dem Hintergrund der Ausbildung zu betrachten wären.

Pflegewissenschaftlerinnen kommen ohnehin nie vor. Dass Medien noch immer von „Schwester XY" sprechen, ist mehr als antiquiert. Der Vorname eines Menschen ist ein Detail, das für Familie und Freunde reserviert ist. 1997 versuchte die Klinik der Maximalversorgung, in der ich tätig war, das generelle Nennen des Nachnamens einzuführen. Dies sollte helfen, professionelle Distanz zu wahren – auch zum Schutz vor der eigenen psychischen Verausgabung, damit das gesunde Nähe-Distanz-Verhältnis intakt bleibt. Es konnte nicht durchgesetzt werden, und die Branche tut sich bis heute schwer damit.

Claudia Bischoff-Wanner schrieb 1997: „Die Krankenpflege ist heute ein anerkannter bürgerlicher (Frauen-)Beruf mittlerer Qualifikation und auskömmlicher Bezahlung, der auch für Männer attraktiv geworden ist. Es wurde – mit unterschiedlichem Erfolg – versucht, überkommene Traditionen, deren sichtbarster Ausdruck die Haube und die Anrede ‚Schwester‘ ist, zu überwinden." Noch 2004 war in einem Forum zu lesen: „Warum kann sich die Pflege von der anachronistischen Anrede

‚Schwester' nicht trennen? Wieso ist das so? Unsicherheit? Oder die Angst, etwas weggenommen zu bekommen?"

Es ist wohl beides. Auf der einen Seite war die Veränderung im Gesundheitsberuf Pflege nicht sichtbar, und auch das Beharren auf der tradierten Anrede kann als ein Symptom der Gesellschaft gesehen werden, an überkommenen Vorstellungen festhalten zu wollen. Auf der anderen Seite steht das Gefühl der Pflegenden, mit dieser Art Pseudotitel aufgewertet zu werden.

2004 war es dann endlich so weit: Die Berufsbezeichnung „Schwester" wurde offiziell abgeschafft. Man hatte eingesehen, dass mit dem Schwesternbegriff historisch die Klosterpflege verbunden ist. Bis 2021 galt die Bezeichnung Gesundheits- und Krankenpflegerin. Inzwischen ist von Pflegefachfrau, -mann oder -person die Rede. Der Vorname ist tabu, es gilt der Familienname. Leider aber ist der Begriff der Schwester nicht totzukriegen. Das hat wohl auch damit zu tun, dass die (Kranken-)Schwester sozusagen sexuell aufgeladen ist. Noch immer kommen insbesondere Männer, aber auch Frauen nicht damit klar, dass ihre Vorstellung der reinen, jungfräulichen Schwester nichts mit der Realität zu tun hat. In den klassischen Schwester-Stefanie-Sendungen ist Privatheit nicht vorgesehen, und schon gar keine Sexualität. „Ich kann dir in meiner Schicht den Arsch retten und in meiner Freizeit machen, was ich will. Zum Beispiel meinen selbigen in die Timeline halten", bekannte sich eine real existierende Pflegefachfrau im Internet zu ihrer Weiblichkeit und Lust am Sex – gehüllt war sie in Dessous.

Nach meinen Ausführungen – das Kapitel liegt mir besonders am Herzen – werden Sie sich nicht (mehr) wundern, dass weit mehr als 100 Jahre nach Beginn der beruflichen Pflege Frauen eine Erwartungshaltung entgegengebracht wird, die aus einer unschönen Tradition herrührt, mit der noch lange nicht gebrochen ist. Im Gegenteil nutzen sie Vorgesetzte bis heute aus. Sie rufen Angestellte wie selbstverständlich rund um die Uhr an, ob sie nicht einspringen und auf den freien Tag verzichten könnten.

Obwohl keinerlei Rufbereitschaft besteht, für die der Arbeitgeber ja bezahlen müsste, wird eine ständige Verfügbarkeit vorausgesetzt. Dass darunter das Familienleben und die Gesundheit leiden, habe ich schon dargestellt.

Auf ein Thema muss in diesem Zusammenhang noch eingegangen werden. Die Mehrbelastung und der elterliche Schichtdienst beeinträchtigen die Erziehung der Kinder. Der Nachweis ist wissenschaftlich erbracht. Ein Forscherteam des Berliner Wissenschaftszentrums für Sozialforschung fand heraus: „Arbeit außerhalb der üblichen Zeiten wirkt sich nachteilig auf die soziale und emotionale Situation der Kinder aus. Verhaltensauffälligkeiten, schlechtere kognitive Leistungen (Sprechen, Lesen und Rechnen) und Fettleibigkeit sind unter Kindern, deren Eltern zu diesen Zeiten arbeiten, weit verbreitet."

Auch die Arbeitszeiten im Klinikalltag benachteiligen Kinder von Pflegenden eklatant. Die nämlich beginnen oft zu Zeiten, die an die Stundengebete (Horen) der christlichen Liturgie in mittelalterlichen Klöstern angelehnt sind. Jungen und Mädchen von Mitarbeiterinnen und Mitarbeitern des Gesundheitswesens sind oft die ersten, die schon um 6.00 Uhr vor dem Kindergarten stehen. Und nicht alle Kitas machen so früh auf.

Andernorts macht man sich inzwischen Gedanken darüber, ob ein Schulbeginn um 8.00 Uhr sich nachteilig auf die Lernenden auswirke, weil diese zu wenig Schlaf bekämen und ihr Biorhythmus gestört werde. Das Problem wird komplett an die Eltern delegiert, Betriebskitas mit Sonderöffnungszeiten gibt es nicht.

Töchter und Söhne von Pflegekräften beschreiben als Erwachsene die für sie nahezu unaushaltbare Diskrepanz zwischen ihren kindlichen Bedürfnissen und der Rücksicht auf die Rolle der Mutter oder des Vaters im Beruf. Eine Frau berichtete mir einmal vom Gefühl innerer Zerrissenheit als Kind und vom dauerhaft schlechten Gewissen, die Mama zu stören, die nach dem Nachtdienst müde war oder völlig fertig nach dem Frühdienst. „Ich habe mich als Tochter oft schlecht gefühlt, wenn ich den Feierabend oder den Schlaf meiner Mutter unterbrochen oder gestört habe. Ich hatte häufig ein schlechtes Gewissen, wenn sie von der Arbeit kaputt und ausgelaugt nach Hause kam."

Auch die Worte der damals Zehnjährigen sind überliefert, als sie davon erfuhr, dass ihre Mutter den Job aufgeben wird: „Dann sind wir jetzt wie eine richtige Familie. Und ihr (*gemeint sind die Eltern – die Autorin*) habt auch mal am Wochenende für uns Zeit."

Betroffenen wird immer wieder vorgehalten, dass man es sich ja so ausgesucht habe, wenn man diesen Beruf wähle. Das wirft die Frage auf, ob sich eine Berufseinsteigerin den Spagat zwischen einer Familie, die sie noch nicht hat, und dem neuen Job wirklich aussucht. Normalerweise wollen viele Kinder das werden, was die Eltern machen. Bei Kindern Pflegender mag das mitunter auch so sein. Aber ich vermute, dass weit mehr Töchter und Söhne sagen: Danke, nein!

KAPITEL 11

Gewalt oder „Schwestern" sind nicht zum Anfassen da

In John Irvings Roman „Garp und wie er die Welt sah" beschließt Jenny, die Mama der Titelfigur, in jungen Jahren, Krankenschwester zu werden. Deren Mutter schickt ihr noch während der Ausbildung Spülflaschen, mit denen sie sich die Vagina reinigen soll, um eine Geschlechtskrankheit zu vermeiden. Oder, was noch schlimmer wäre, eine Schwangerschaft. Als Krankenschwester wird die junge Frau zu „so einer", weiß ihre Mutter wie alle anderen auch. Weil sie selbstständig lebt, unabhängig von einem Mann. Das stellte das damals herrschende Weltbild mehrfach auf den Kopf. Es ist „Schwester Jenny", die einen Patienten sexuell missbraucht, weil sie ein Kind, aber keinen Mann will. Der Soldat, der das Kind zeugt, stirbt an seinen Verletzungen. Sie sieht das Ganze eher als pragmatische Entscheidung – und hat nie wieder in ihrem Leben Sex. Für den Leser ist die Irritation perfekt, weil in Irvings Roman das passiert, wovon viele Männer träumen: Sex mit einer Krankenschwester. Aber das Machtgefüge wie das Weltbild werden auf den Kopf gestellt. Der Patient – ein Mann – wird zum wehrlosen Objekt, die Krankenschwester – eine Frau! – zur kaltblütigen Täterin.

In der Realität ist das meistens andersherum. Und war es, historisch betrachtet, schon immer. In der Antike pflegten zumeist Sklavinnen. Zu ihren Pflichten gehörten auch sexuelle Dienstleistungen, die die ein Herr einfordern konnte, wann immer er wollte. Die stationäre Krankenpflege wurde von Anfang an sexualisiert, vor allem durch Männer des 19. Jahrhunderts, die das Bild von der „perfekten Krankenschwester" als liebendes, sich aufopferndes Frauchen entwarfen und ihr die Muttergottes als leuchtendes Vorbild oktroyierten, sie quasi dazu zwangen, eine Heilige zu werden. So vermischten sich Heilige und Hure zur Traumfrau in Sachen Liebe und Dienst.

Von vornherein brachte die Welt den Frauen, die mit diesem „Liebesdienst" ihren Lebensunterhalt bestritten, Argwohn oder gar Verachtung entgegen. „Wilde Schwestern" nannte man diejenigen, die nicht in den angestammten Mutterhäusern dienten, sondern sich aus den Traditionen der Kirchen lösten. Deren Reinheit schien äußerst fraglich, ihr Tun wurde immer wieder mit Prostitution in Verbindung gebracht.

Pflegenotstand gab es schon zu dieser Zeit. Deshalb wurde in Zeitschriften für Krankenschwestern darum gebeten, Mädchen, die vom Land in die Stadt abwandern wollten, in die Pflege zu holen. Die Stadt – die gerade in den 1920er-Jahren neben einer Fülle beruflicher Möglichkeiten auch mehr sexuelle Freiheit bot – sei einfach zu gefährlich für die unbedarften jungen Frauen.

Ein Autor fragte 1927 in der Zeitschrift „Krankendienst" nach den Folgen und antwortete selbst: „Sehr viele junge Mädchen werden den religiösen und sittlichen Grundsätzen, die man ihnen in der Heimat eingepflanzt zu haben glaubte, untreu und kommen auf Abwege." Man schlussfolgerte, dies liege daran, dass die Frauen einen anderen Beruf als den der kirchlichen Krankenschwester ergriffen. Aus Sicht des Autors waren vor allem Dienstmädchen betroffen, die „die Hauptmasse der öffentlichen Dirnen" ausmachten. Schutz vor einem solchen Schicksal boten angeblich nur die Krankenhäuser.

Dass dem nicht so war und es immer wieder zu sexualisierter Gewalt gegen Frauen in der Pflege kam, bezeugt ein Artikel sieben Jahre zuvor. Gepriesen wurde darin die Keuschheit der Schwestern als höchste Tugend. Das Gegenteil davon war „zu freies Benehmen". Der männliche Patient trug nie Schuld, was immer geschah. Tadel traf zwar auch den Mann, der „gar durch Wort oder Gebärde bewusst unanständig wurde", doch erst wenn eine Ermahnung oder Zurückweisung durch die Krankenschwester nichts half, durfte sie sich Hilfe suchen – die sich dann gerne in der Klärung der Frage erschöpfte, welchen Anlass sie ihm zu seinem Handeln gegeben hatte.

Sexualisierte Gewalt sollte am besten einfach hingenommen werden, denn, so die Zeitschrift „Krankendienst": „Wem Gott ein Amt gibt, dem gibt er auch seine Gnade. In dieser Wahrheit möge jede Schwester Trost finden, wenn der Beruf sie in peinliche Lage versetzt und Opfer fordert, die zu den schwersten gehören. Den Reinen ist alles rein." Zur Täter-Opfer-Umkehr gesellte sich das Mantra, so etwas habe man als Krankenschwester auszuhalten.

Fast 100 Jahre später brachte die Caritas eine Broschüre für ihre Mitarbeitenden im Bereich der ambulanten Pflege heraus. Das Thema: „Sexualisierte Gewalt in der ambulanten Pflege". Das eigentlich progressive Informationsheft, erschienen 2018, erklärte: „Ihre Rolle als Pflegende/Pflegender schützt Sie, wenn Sie professionell auftreten." Und: „Ein professionelles Arbeiten drückt sich in einer respektvollen Haltung gegenüber den pflegebedürftigen Menschen aus." Fehldeutungen seitens des Patienten, schreiben die Verfasser, könne man durch einen achtsamen Umgang mit Sprache und kluge Wortwahl vermeiden. Man solle nicht: „Wir gehen nun zu Bett, Herr Meyer", sondern: „Herr Meyer, ich begleite Sie nun zu Ihrem Bett" sagen. Das schütze davor, dass der Patient die Frau an seiner Bettseite und sich als eine Art Paar erlebe.

Hoffen wir einmal für die Caritas, dass all das nur schlecht oder unbedacht formuliert worden ist. Polemisch könnte man nämlich sagen: Wem sexualisierte Gewalt widerfährt, der hat dieser Broschüre zufolge etwas falsch gemacht, so wie es die Frauen vor hundert Jahren schon taten. Während man sich in der Gesellschaft längst darüber verständigt hat, dass absolut nichts sexualisierte Gewalt rechtfertigt, wird hier angeblich falsches Verhalten zu einem Äquivalent für: „Sie hat einen zu kurzen Rock getragen."

Wie tief die Vorstellung sitzt, dass Pflegerinnen schuld an ihrer eigenen Sexualisierung seien, ja, der sexualisierten Gewalt geradezu Vorschub leisteten, zeigte sich 2021, als die schon erwähnte Pflegerin Franziska Böhler für ihr vorbildhaftes Handeln im Pandemiejahr den ICONISTA Award bekam, ein Preis, den die Zeitung *Welt* und der „Barbie"-Hersteller Mattel gemeinsam jährlich an eine „inspirierende Frau" vergeben. Ein Foto in einem Artikel, der die Preisvergabe ankündigte, zeigte Böhler in einem weißen T-Shirt. Um ihren Hals trägt sie ein rotes Stethoskop – ich gebe zu, man hätte auch ein anderes Foto auswählen können, dass weniger nach Krankenschwester aussah. Ein Mann kommentierte: „Die Preisträgerin wird als deutsches Role-Model ein ihr nachempfundenes Barbie-Unikat von Mattel erhalten. Dazu ein Foto, bei dem ich mich frage, in welchem Krankenhaus Schwestern im hautengen T-Shirt rumlaufen. Das ist jetzt kein MeToo-Satirebeitrag, oder?"

Hier bleibt festzustellen, dass Frauen inner- und außerhalb von Kliniken völlig frei bestimmen können, wie sie rumlaufen. Die MeToo-Bewegung mit einem hautengen T-Shirt zu verknüpfen und das dann als Satire zu bezeichnen, zeigt, wie rasch Männer Krankenschwestern als Sexobjekt wahrnehmen, selbst wenn Frauen noch so neutral gekleidet sind. Dabei ist es doch leicht, auf die Idee zu kommen, dass Franziska Böhler den Preis für ihre Leistung bekommen hat und nicht dafür, ein weißes T-Shirt zu tragen.

Erstaunlich ist, dass die Toleranzgrenze in Bezug auf sexualisierte Gewalt außerhalb von Klinikmauern – vor allem in der jungen Generation – deutlich enger gezogen wird.

Antonia Quell initiierte als Medienmanagement-Studentin an der Hochschule für angewandte Wissenschaften Würzburg-Schweinfurt im August 2020 die Petition „Es ist 2020. Verbale sexuelle Belästigung sollte strafbar sein." Eine solche Initiative aus der Pflege heraus ist derzeit kaum vorstellbar. Pflegerinnen bleiben im feministischen Diskurs außen vor. Das hat offenbar damit zu tun, dass sie schweigen oder zumindest nicht klagen, weil ihnen durch das Mantra der Aufopferung die Grenzziehung zum eigenen Selbst und Körper genommen wurde. Viel zu vielen Frauen in der Pflege fehlt es an Selbstbewusstsein, scharfe Grenzen in den Kliniken zu ziehen, wie es etwa Antonia Quell und ihre feministischen Mitstreiterinnen für die Frauen insgesamt anstreben. Wie so oft im Gesundheitswesen gibt es stattdessen Selbstanklagen: „In keinem anderen Job wäre das okay. Wir reden uns aber ein, dass der Mensch in einer Ausnahmesituation ist, und lassen ihm das durchgehen", schrieb eine Pflegekraft auf Twitter.

Gehen wir noch einmal einige Jahrzehnte zurück. Als Pinups aufkamen, wurden Krankenschwestern in knapper Kleidung selbstverständlich zur Projektionsfläche sexueller Phantasien. Es schlug die Stunde des Sozialdemokraten Karl Weßling, der 1965 als Senator für das Gesundheitswesen in Bremen eine Schauspielerin für eine Werbekampagne suchte und mit Maria Brockerhoff ein Playboy-Bunny fand. Er steckte sie in ein Kostüm und präsentierte sie als „Schwester Karin, 22 Jahre, verlobt, verdient gut". Brockerhoff lächelte den Fake hinweg – auf Werbebroschüren, in Anzeigen, vor ihrem angeblichen Auto. „Eine Fünf-Tage-Woche voll interessanter Aufgaben liegt wieder hinter ihr. Wieder zwei freie Tage! Herrlich!" Gleichzeitig hatte „Schwester Karin" auch gut lachen, denn „ihr Beruf ist eine ideale Grundlage für die Ehe", versprach die Kampagne.

Dass die echten Berufsanfänger/-innen sich Mitte der 60er-Jahre niemals ein Auto leisten konnten, war Weßling egal. Es ging ihm um das Berufsimage und nicht um die Berufswahrheit. Er ging noch einen Schritt weiter. Weil ihm die Kleidung der realen Krankenschwestern „zum Halse raushing", setzte er ein knappes Kleidchen durch.

Gemessen daran sind wir heute ein Stück weiter – aber ob alle Männergehirne schon im 21. Jahrhundert angekommen sind, wage ich zu bezweifeln. In Pornofilmen ist „die Krankenschwester" eine Standardrolle. Der Link vom Pflege- zum Liebesdienst ist schnell hergestellt. Dass Pflege nichts mit Dienen und bezahlter Liebe zu tun hat, ist der Pornoindustrie egal. Désirée Nick brachte es mit der für sie typischen Ironie auf den Punkt: „Wir Frauen lassen uns flachlegen, weil wir die einzig hübsche Krankenschwester auf der Männerstation sind, wir ein Helfersyndrom haben."

Aber da ist noch ein zweites Klischee. Die Krankenschwester, so weiß es jeder Arztroman, will nämlich: einen Arzt! Der Chef der Mannheimer Akademie für soziale Berufe, Wolfgang Hahl, glaubt zu wissen, dass dieses Ansinnen nach wie vor in den Köpfen von Berufsanfängerinnen spukt. Der Arbeitsplatz im Krankenhaus habe durch TV-Serien ein ganz anderes Image als der in der Altenpflege, sagte er im Februar 2020 dem Redaktionsnetzwerk Deutschland. Vor allem ältere Frauen wechselten aus Kliniken in Senioreneinrichtungen. Warum sie zunächst in Kliniken anfingen, begründete er wie folgt: „Der Aspekt, dass Krankenschwestern dort zumindest in der Vorstellung Ärzte kennen lernen können, ist bei jungen Frauen nicht zu unterschätzen." Dr. Nicolas Krämer, früher Geschäftsführer des Rheinland-Klinikums Neuss, erklärte, wer den Beruf des Krankenpflegers oder der Krankenschwester ergreife, wolle kein „Einkommensmillionär" werden. Allerdings: „Vielleicht träumt die eine oder andere Krankenschwester davon, mal einen reichen Chefarzt kennenzulernen und zu heiraten."

Ob Hehl und Krämer es so gemeint haben oder nicht: Hier schwingt die befremdliche Unterstellung mit, Frauen würden sich – nur oder auch – deshalb für einen Beruf entscheiden, um sich einen Mediziner zu angeln und somit ihren sozialen Aufstieg zu beschleunigen oder überhaupt erst einmal zu schaffen, was aus meiner Sicht frech und grotesk ist. Frauen in der Pflege sind heute nicht mehr darauf angewiesen, einen Doktor zu heiraten – sie können selbst in der Pflege promovieren und Doktor werden.

Krämer wurde seines Postens in Neuss enthoben, erhielt eine Abfindung und machte danach weiter Karriere. In seinem neuen Job begleitete er das niederländische Unternehmen Bergman

Clinics beim „Eintritt in den deutschen Markt". Übrigens publizierte er ein Buch, in dem er die Leistungen der Pflegenden in der Coronapandemie lobte.

Noch zu Beginn des 21. Jahrhunderts wurden Pflege und Prostitution sogar von Frauen als nah beieinander betrachtet. Zu Beginn der 2000er-Jahre wurden in einem Projekt in Nordrhein-Westfalen Sexarbeiterinnen zu Pflegerinnen ausgebildet. „In der Pflege muss man gut mit Menschen umgehen können, man hat oft mit nackten Menschen zu tun, man kümmert sich um Menschen – es ist der nächste logische Schritt", sagte eine damals Beteiligte, die selbst einst als Sexarbeiterin unterwegs war. Über diese Logik kann man streiten, meine ich. Dabei ist nicht der Berufswechsel per se problematisch, sondern die damit verknüpfte Vorstellung: nackt, kümmern, zu Diensten sein und dass Pflege automatisch mit Ekel und Geschlechtsteilen zu tun habe.

Das Krankenhaus ist ohnehin sexueller Sehnsuchtsort der Fetischszene. Eine ehemalige Krankenschwester, die zur Bordellbetreiberin wurde, sagte: „Das Personal bleibt stets bekleidet und darf nicht angefasst werden." Eine Regel, von denen Frauen in echten Kliniken nur träumen können.

Die Misere hat teilweise auch (Gesundheits-)System. Manch Patient, dem Körperpflege als Leistung zusteht, will die Deutungshoheit darüber, was genau das bedeutet. Die Ansicht, dass man ja für den Heimplatz sehr viel Geld zahle, schwingt mit. Ein älterer Herr forderte bei der Intimpflege „fester waschen", ihm gefalle das sehr. „Ich würde ja schließlich dafür bezahlt, damit es ihm gut geht." Das Zitat und viele andere in ähnlicher Tonlage sind auf Twitter unter dem Hashtag „#RespectNurses" verbreitet worden und keine Einzelfälle, eher die Spitze des Eisbergs.

Eine Umfrage der Berufsgenossenschaft für Gesundheitsdienst und Wohlfahrtspflege förderte 2017 zutage, dass über die Hälfte aller Pflegekräfte schon einmal sexuell belästigt wurden. Täter sind Patienten, Heimbewohner, Angehörige. Auch männliche Kollegen sind von sexualisierter Gewalt nicht ausgenommen. Obwohl klar ist, dass viele dieser Fälle strafrechtlich relevante Taten sind, bleiben Konsequenzen für Täter meist aus.

Tatsächlich wird sexualisierte Gewalt gegen Pflegende immer wieder relativiert. Den Tätern fehle es einfach nur an menschlichem Austausch, sagt die Psychologin Silke Bauschmann, die ein Präventionsprogramm zur sexualisierten Gewalt der Malteser mitkonzipiert hat: „Ihre Bedürfnisse nach Nähe und Zuwendung können letzten Endes nur gestillt werden über den pflegerischen Kontakt. Und da kann dann die alltägliche pflegerische Handlung auch missdeutet werden als Beziehungsangebot."

Selbst Heimleitungen empfehlen allen Ernstes Gelassenheit. Dass dies eine enorme mentale Belastung für die Opfer ist, spielt in der Diskussion nach meiner Wahrnehmung und Kenntnis keine Rolle. Vorrang hat das Geschäft: Pflegekräfte haben zu dienen. Wenn Vorfälle zur Sprache kommen, wird meist ein Beratungsangebot gemacht. Täter kommen ungeschoren davon. An einer juristischen Aufarbeitung besteht seitens der Betreiber kaum Interesse – das würde das Image der Einrichtung beschädigen. Wo kein Kläger, da kein Richter. Besonders traurig: Es sind Männer in den Führungsetagen, die dafür sorgen, dass stillgehalten wird.

Es wundert also nicht, dass über das Thema mehr geschwiegen denn geredet wird. Die Pflegewissenschaftlerin Corinna Mäurer von der Charité schrieb in ihrer Bachelorarbeit: „Es war mehr als schwierig, für dieses Thema Betreuerinnen zu finden, auch wenn ich zu diesem Zeitpunkt schon erschlagende Datensätze dazu gefunden hatte. Es wird als Teil des Jobs eingeordnet, und zudem werden die Opfer noch weiter angegangen von Vorgesetzten und Kollegen. ,Da hättest du halt deeskalierend/validierend arbeiten müssen', ,Also ich komme mit dem Patienten gut klar', ,Wer weiß, was du vorher gesagt/getan hast'."

Gewalt gegen Pflegekräfte beschränkt sich nicht auf sexuelle Übergriffe. Auch verbal und körperlich kriegen sie einiges von Patienten oder deren Angehörigen ab: Tritte, Faustschläge, Ohrfeigen. Auch Angriffe mit Gegenständen sind bekannt.

Die bereits erwähnte Umfrage der Berufsgenossenschaft für Gesundheitsdienst und Wohlfahrtspflege von 2017 offenbarte das Ausmaß: 79,5 Prozent der Teilnehmenden hatten in den zwölf Monaten vor der Erhebung Gewalt erfahren, 69,1 Prozent körperliche. 58 Prozent hatten sichtbare Verletzungen, 19 Prozent mussten ärztlich versorgt werden. Andere Umfragen erbrachten ähnlich schlimme Ergebnisse.

Über Tätlichkeiten wird in der Branche zwar eher gesprochen als über sexuelle An- und Übergriffe, zugleich werden sie aber auch heruntergespielt. „Was als aggressiv empfunden wird, wird vom Betroffenen subjektiv bewertet. Verschiedene Menschen können ein und dieselbe Situation ganz unterschiedlich empfinden. Was für manche bedrohlich erscheint, nehmen andere vielleicht als harmlos wahr. Was die einen als beleidigend empfinden, berührt andere möglicherweise nicht persönlich", heißt es in einem Artikel des Magazins *Die Schwester / Der Pfleger*.

Das ist nichts weiter als eine Binse und hilft demjenigen nicht, der sich als Opfer sieht. Die Aussage unterstellt zudem, dass womöglich etwas mit der Wahrnehmung nicht stimme. Umfragen wie die eben genannte belegen glasklar, dass es sich nicht um Halluzinationen handelt – bei so vielen Menschen kann die Wahrnehmung nicht defekt sein. Auch hier kommt es zur Täter-Opfer-Umkehr. Wer angegriffen wird, habe nicht gut genug deeskaliert, heißt es gerne. Dass Deeskalationsstrategien viel Zeit und Geduld erfordern, Ressourcen also, die in einem auf Minuten getakteten Gesundheitssystem nicht vorhanden sind, wird übersehen. In der Klinik, in der ich vor 20 Jahren gearbeitet habe, war es verboten, die Polizei zu holen, wenn in der Notaufnahme Patienten zuschlugen. Begründung: Das schade dem Image.

In einer psychiatrischen Klinik nahm die Gewalt gegen Mitarbeitende während der Pandemie zu. Das Management versprach, die „Anzahl der Gewaltereignisse zu reduzieren". Zugleich sorgte es dafür, dass nichts nach außen drang. In einem internen Schreiben bezeichnete es die Geschäftsleitung als „wenig hilfreich" und „beschämend", wenn der Betriebsrat mit der Aufsichtsbehörde drohe. „Damit ist letztlich niemandem geholfen. Im Gegenteil, es verhindert, dass wir uns mit der wirklichen Lösung der Situation beschäftigen können." Und weiter: „Würden Sie sich bei einem Unternehmen bewerben, das von Ihrem Betriebsrat so in der Öffentlichkeit dargestellt wird?"

Die (dünne) Personaldecke ist für alles Mögliche der Maßstab. Dabei ist es der Mangel an Fachkräften, der die Gefahr aufziehen lässt. Wer das öffentlich machen will, wird als Nestbeschmutzer oder Blockierer von Neueinstellungen gebrandmarkt. Für die scharfe Zurechtweisung gibt es gute Gründe: Die Klinik stand schon wegen Missständen am Pranger, die der Aktivist Günter Wallraff aufgedeckt hatte.

Erstaunlich sind manche Reaktionen aus der Bevölkerung. „Natürlich können die Schwester und der Pfleger nichts dafür, aber sie stehen eben da und müssen den Mist, den diese Gesellschaft verbockt hat, ausbaden", kommentierte ein Leser einen Respect-Nurses-Artikel. Ein anderer sah eine Mitschuld an den Übergriffen auf Seiten des Personals: „Auch bei Krankenpflegern mussten wir leider schon beobachten, dass sie sich lieber im Aufenthaltsraum verstecken und Kaffee trinken, als sich für die Patienten einzusetzen." Das klingt wie eine Rechtfertigung von Gewalt.

Corinna Mäurer fand heraus, dass Pflegekräften bewusst ist, dass die Gewalt gegen sie marginalisiert wird. Eine Interviewpartnerin für ihre Bachelorarbeit erklärte, Gewalt gehe „von beiden Seiten" aus. In den Medien heiße es aber so gut wie immer, „dass Pflegekräfte Gewalt ausüben gegenüber zu Pflegenden". Die Frau sprach auch über die Schwierigkeit im Umgang mit Menschen mit Demenz. „Da ist es ja ganz oft so, dass sie das nicht wollen oder nicht verstehen und dass man versucht, immer ruhig zu bleiben und sie sich dann trotzdem wehren. Sie hauen, sie spucken, sie beißen, sie kratzen."

Die Gründe dafür sieht die Pflegekraft in der unguten Melange von Krankheit und Institutionalisierung. Weil Patienten mit Demenz „einfach nicht mehr verstehen, was gemacht wird. Ganz oft ist es aber auch, denke ich, Frustration. Es ist ja manchmal so, dass die älteren Leute einfach nur da abgegeben werden, und dann kommt kein Besuch mehr, die sind aus ihrem gewohnten Umfeld rausgerissen worden, oder eben auch dieser strukturierte Tagesablauf, den viele einfach nicht mehr kennen. Struktur ist manchmal schon zu viel." Die Wut kriegen Pflegekräfte ab – verbal und körperlich. Die Personalnot lässt keine Änderungen am Tagesablauf zu, es fehlt an Zeit. Ein anderer Interviewpartner Mäurers, der im Nachtdienst von einem Bewohner mit einem Messer angegriffen wurde, nannte Stresssituationen und Hektik als einen Auslöser von Gewalt – er meint, dass „sich das auch auf die Bewohner überträgt".

Auch Bodyshaming ist zum Problem geworden. Hinter diesem Begriff verbergen sich Diskriminierung, Beleidigung und Demütigung aufgrund des äußeren Erscheinungsbildes eines Menschen, der nicht dem gängigen Schönheitsideal entspricht. Auch Mobbing ist damit verbunden. „Es gab Patienten, die mich ‚dickes Schwein' nannten und mich in die Seite kniffen, um zu testen, wie dick ich wirklich bin", berichtet eine Pflegende, die auch von Kollegen wegen ihres Übergewichtes über Jahre hinweg gehänselt worden ist.

Sie werden verstehen, wenn ich fordere: Es ist an der Zeit für eine Entsexualisierung der Pflegeberufe. Eine Mammutaufgabe. Ein Fortschritt wäre es schon, wenn Gesundheitseinrichtungen auf die sexy Krankenschwester in der Werbung verzichten würden, um Kundschaft zu akquirieren. Begriffe wie „liebevolle Pflege" oder „Pflege mit Herz" gehören auf den Index.

Wenn sexualisierter Gewalt durch zweideutige Formulierungen Vorschub geleistet wird, dann stellt sich die Frage, inwieweit die Kliniken und Betreiber an den Straftaten mitschuldig sind. Dann benötigt es Sanktionen und eine entsprechende Schadensersatzregelung zugunsten der Opfer durch die Arbeitgeber, um diese Praxis zu beenden. Der Werberat und das Bundesministerium für Familien, Senioren, Frauen und Jugend sind hier gefordert. Denn erst wenn die Strukturen dafür gegeben sind, sexuelle, körperliche und verbale Gewalt zu verhindern, und Täter vor Gerichten landen, wird sich etwas ändern.

KAPITEL 12
Das ewige Problem mit der Ausbildung

Der Begriff des Pflegenotstandes ist zum Synonym für Personal-mangel in Krankenhäusern und Senioreneinrichtungen geworden. Aber der Missstand hat längst alle Bereiche des Gesundheitswesens erfasst, auch die Ausbildung. Wer in einer Pflegeschule lehrt, muss Medizinpädagogik studiert haben oder einen vergleichbaren Hochschulabschluss besitzen. Um wiederum einen der vielen spe-ziellen Pflegeberufe zu studieren, muss man fertig ausgebildete Fachkraft mit drei Jahren Berufserfahrung sein oder in der Regel eine einjährige Fachweiterbildung in einem Spezialbereich als Äquivalent zum Abitur vorweisen können. Das macht insgesamt neun Jahre Lernen und Forschen, bevor man sein Wissen an den Nachwuchs vermitteln kann.

Zum Glück für Deutschland gibt es nach wie vor Leute in der Pflege, die Lust darauf haben, sich fortzubilden und ihre beruf-liche Karriere im Gesundheitswesen sehen. Der Staat macht es ihnen allerdings nicht einfach. Nicht ohne Grund fehlt es an Leh-rern, erst recht an Professoren, und an genügend Möglichkeiten für ein Studium auf allerhöchstem Niveau. Nur acht Bundes-länder bieten überhaupt einen der rund 50 verschiedenen Pflege-Studiengänge an Universitäten an. Dort sind die Gebühren mit circa 40 Euro pro Monat erschwinglich. Fachhochschulen ver-langen 400 Euro. Da die Studierenden aus der Praxis kommen und meistens neben der Uni oder der Hochschule weiterhin arbeiten gehen, um ihr Leben zu finanzieren, müssen sie ihre Stunden im Job reduzieren, was zu Einkommenseinbußen führt. Den Bildungswilligen bleibt die Wahl zwischen Verzicht oder Verzicht. Denn knapp die Hälfte ihrer Studienzeit müssen sie in Praxiseinsätzen außerhalb ihres angestammten Arbeitsplatzes verbringen – das ist Pflicht. Die Tage und Wochen werden nicht bezahlt und sind ohne arbeitsrechtlichen Schutz. Ein Sturz auf dem Weg zur Klinik im Rahmen eines Studiums ist kein Arbeitsunfall, um ein einziges Beispiel zu nennen. Ach ja, nicht zu vergessen: Nebenbei geht jede Menge Freizeit fürs Lernen drauf. Kurzum: Studierende der Pflege nehmen weniger Einkommen und weniger Zeit im Kreise von Freunden und Familie im Interesse der Gesellschaft hin, ohne zu wissen, ob sie eines Tages in einer besser bezahlten Stelle landen werden oder eine eigene Firma gründen können (darüber mehr im nächsten Kapitel).

Ugur Cetinkaya hat es eisern durchgezogen. Er hat sich von der Hilfskraft mit Hauptschulabschluss zum Pflegewissenschaftler und Leiter einer Einrichtung mit etwa 100 Mitarbeitenden hochgerackert. Die Hamburger Fern-Hochschule zitiert ihn auf ihrer Website wie folgt: „Ich habe zwar keine finanzielle Unterstützung (vom Arbeitgeber – MS) erhalten, konnte mir aber während der Präsenzphasen frei nehmen." Das hatte er sich rausgehandelt. Sein Rat an Studierende: „Selbstbewusst sein und so etwas einfordern. Arbeitgeber, die ihre Mitarbeiter in ihrer Weiterentwicklung nicht unterstützen, sind meines Erachtens schlechte Arbeitgeber." Andere sind weniger durchsetzungsfähig als Ugur Cetinkaya. Oder haben schlichtweg geizige und an der Bildung ihrer Mitarbeitenden desinteressierte Arbeitgeber. Die ganze Misere wird sehr vielen erst während des Studiums klar – die Abbruchrate ist enorm. Fast die Hälfte gibt das Studium auf.

Ebenfalls erwähnt werden muss: Die Qualität des Studiums ist vielerorts ein schlechter Witz und definitiv keine 400 Euro Gebühr wert. Es existieren jede Menge private, kostenpflichtige Schulen, deren Angebot oftmals dünner ist als das der staatlichen Konkurrenz. Jedem muss das Paradox auffallen: Von Männern dominierte Politik hat jahrzehntelang verhindert, dass Pflege an Unis und Hochschulen gelehrt wird. Nun gibt es endlich Studiengänge, die dem Gesundheitswesen neue Wege eröffnen können (auch dazu mehr im nächsten Kapitel). Aber zugleich werden die Qualifikationen, die der Gesetzgeber vorschreibt, damit jemand als Pflegekraft arbeiten darf, immer wieder und weiter gesenkt, um genügend Leute anzuheuern, und immer mehr Hilfsberufe kreiert. Es scheint, als habe die Politik an qualifizierter und professionalisierter Pflege kein Interesse.

Das Lehren beruflicher Pflege ist komplex: Lernlabore müssen funktionieren, Lehrpläne und Praxistests fortlaufend an den Fortschritt angepasst, neue digitale Konzepte berücksichtigt werden. Es gibt nur wenige Wissenschaftler, die ein hohes Maß an Wissensvermittlung garantieren. Carsten Drude, Vorsitzender des Bundesverbandes Lehrende Gesundheits- und Sozialberufe, sagt: „Die Mehrheit der Bundesländer vernachlässigt die Lehrerbildung seit Jahrzehnten systematisch, übrigens nicht nur für die Pflege, sondern für alle Gesundheitsfachberufe." Es fehlt also nicht nur an Auszubildenden, sondern auch an Lehrenden, die jungen Menschen auf hohem Niveau beibringen, was sie später im Beruf brauchen. Die hohe Abbruchquote betrifft nicht nur die Ausbildung. Auch Weiterbildungs- und Fortbildungskurse sind davon betroffen. Obendrein gibt es an den Schulen ebenfalls eine hohe Fluktuation, nämlich an Lehrkräften. Stabilität sieht anders aus.

An einem schönen Sommertag 2018 klingelte mein Telefon. Am anderen Ende der Leitung war jemand von der Schule, an der ich meine Fachweiterbildung zur Fachpflegekraft für Leitungsaufgaben gemacht hatte. Der Anruf war ein Hilferuf: Der private Träger der Bildungseinrichtung hatte seinen Rückzug erklärt, weil die Arbeits- und Lehrbedingungen so schlecht geworden seien, dass zahlreiche Dozenten gekündigt hätten. Die Übriggebliebenen konnten den Betrieb nicht aufrechterhalten. Ich wurde gebeten, „ein paar Wochen einzuspringen", bis neue Pädagogen angeheuert seien – was ich tat. Es wurden drei Monate. Von jetzt auf gleich war ich zuständig für einen Kurs, deren Teilnehmende im folgenden Jahr Examensprüfung machen oder zu Leitungsaufgaben im Gesundheitswesen qualifiziert werden sollten. Ich traf auf genervte Pflegefachpersonen, die nach der

Arbeit zur Fachweiterbildung kamen. Die Schule konnte man nicht mehr als solche bezeichnen, sie war am Ende. Ihr gelang es nicht, neue Dozenten zu gewinnen, stattdessen flüchteten nach und nach die Führungskräfte und restlichen Pädagogen, am Ende sogar die Schulleitung – auch sie war nur die Vertretung für wen gewesen, an dessen Namen sich schon niemand mehr erinnerte. Die Einrichtung setzte nun auch auf andere Bildungsangebote außerhalb der Pflege. Das Arbeitsamt fördert diese Maßnahmen.

Der Examenskurs, in dem ich Dozentin war, war gerade im Modul für die Pflege neurologischer Erkrankungen. Das ist ein wunderbares Feld als Lehrstoff, weil die therapeutischen Möglichkeiten vielfältig und unkonventionell sind. Gelehrt wird ein Mix aus Anatomie, Krankheitsbildern und spezieller Pflege. Ein Beispiel: Einem an Parkinson erkrankten Menschen kann es passieren, dass seine Bewegungen von jetzt auf sofort einfrieren. Es gibt Optionen, diese Starre ohne Medikamente zu lösen. Aber das muss geübt werden, es braucht hierfür Empathie und ein bisschen Mut. Eine Möglichkeit ist, den Rhythmus des Ganges durch den Rhythmus von Musik zu unterstützen. Dafür muss man allerdings die Schrittfolge eines Patienten sehr gut kennen und den passenden Takt auswählen. Also ließ ich Auszubildende laufen und andere einschätzen, welche Musik jeweils passen könnte. Der Kurs hatte Spaß.

Die andere Möglichkeit ist, ein lautes Geräusch zu machen. Man kann in die Hände klatschen oder einen Gegenstand auf den Boden werfen. Einen alten Menschen bewusst erschrecken? Das fiel nicht allen leicht. Manche müssen sich tatsächlich überwinden, einen Schlüsselbund auf die Erde zu werfen. Jeder war dran. Wir übten das auf dem Schulflur, und schnell zeigte sich, wer ein bisschen schüchtern war oder seine Kraft nicht richtig einschätzen konnte. In der lockeren Atmosphäre kamen wir ins Plaudern, redeten über Gott und die Welt der Pflege. Eine junge Frau offenbarte sich: „Und da sagen die Leute immer, wir sind doof." Bitte was?! Ich fragte: „Wer sagt denn so etwas Unsinniges?"

Die Antwort: „Ganz viele. Auch Lehrer." Mir wurde klar, dass hier etwas grundsätzlich grundfalsch lief. Das Selbstbewusstsein der jungen Leute schien jedenfalls arg angeknackst.

Ich wollte den Grund herausfinden und beschloss, den Unterricht aufzubrechen, nicht nur die reine Lehre zu vermitteln, und gab den Studierenden einige Seiten aus „Wahnsinn und Gesellschaft" von Michel Foucault mit. Foucault sieht Wahn als eine besondere Form der Vernunft, das eigene Dasein auszuhalten. Wir diskutierten darüber, sprachen über Gebrechen aller Art und besuchten eine Ausstellung über die NS-Verbrechen in der Psychiatrie. Ich folgte dem Gedanken: Die Welt ist groß, und groß ist die Verantwortung, die die Auszubildenden tragen.

Dann kam der Tag, an dem ich einen Patientenfall konstruierte, zu dem sie einen ausführlichen Pflegeplan ausarbeiten sollten, was zu tun und zu lassen wäre. Wie würden sie vorgehen, was festlegen, den Patienten in seinem alltäglichen Leben zu unterstützen? Als ich die Aufgabenstellung verkündete, herrschte Stille: 26 Augenpaare schauten mich verschreckt bis entsetzt an. Nun war ich es, die verblüfft war. Es stellte sich heraus, dass die jungen Leute noch nie selbstständig ihr Instrument „Pflegeplanung" benutzt hatten, nicht wussten, was die einzelnen Kategorien bedeuteten. Und das wenige Monate vor dem Examen. „Aber das haben Sie doch schon tausendmal am PC auf den Stationen gesehen", ermunterte ich die Kursteilnehmenden. Ein junger Mann sagte: „Ich habe bislang noch nie jemanden gepflegt oder die Pflege geplant. Ich hatte immer Küchendienst." Anderen schien es ähnlich ergangen zu sein, besagten die Reaktionen aus dem Kurs. Eine Frau gab an: „Man lässt mich doch nicht an die Planung." Mit anderen Worten: Was ihnen in zwei Jahren an Theorie mitgegeben worden war, konnten sie im Alltag nie erproben. Ich erkundigte mich und hörte aus der Schulleitung, den Auszubildenden fehle es an Lernwillen und Leistungsfähigkeit. Die Wahrheit sah anders aus: Lehrende in Theorie und Praxis hatten sich nie getroffen, um den Lehrplan abzustimmen, die

Auszubildenden wurden auf den Stationen als Hilfspersonal verheizt. Aus Angst vor schlechten Praxisnoten sagten sie lieber nichts.

Bitte halten Sie meinen Bericht nicht für Eigenlob oder gar Selbstbeweihräucherung. Ich, die sich seit Jahrzehnten mit dem Thema befasst, wollte Ihnen unbedingt aus eigener Erfahrung einen Einblick in die Defizite der Pflegeausbildung geben, damit Sie verstehen, dass weder das Niveau der Ausbildung noch die hohen Abbruchquoten von ungefähr kommen. Das, was ich geschildert habe, spielt sich so oder ähnlich Tag für Tag irgendwo in Deutschland ab.

Ausbildung in der Pflege ist eben weit mehr als zu trainieren, wie man Händchen hält und Schneebälle aus einer Alpenlandschaft holt. Wie jede andere Lehre ist sie eine Zeit der Herausforderung. In Pflegeberufen gelangt man aber schon früh in emotional harte Situationen, die mit der erfundenen Welt der PR-Strategen nichts zu tun hat. Plötzlich müssen Ängste bewältigt werden, wie etwa die vor dem Umgang mit Toten und Ekelgefühlen. „Gerade die scham- und ekelbesetzte Begegnung mit alten und kranken Menschen, mit deren psychischen Nöten, mit dem Tod, sind emotionale Herausforderungen, an denen die Ausbildung oft scheitert", erläutert Claudia Winter, Professorin für Gesundheits- und Pflegepädagogik an der Evangelischen Hochschule Nürnberg. Ekel zu verbergen, gilt in der Pflege als Zeichen von Stärke – ihn zuzulassen, wird in der Belegschaft als Respektlosigkeit und abgelehnter Beistand gegenüber Patienten betrachtet. Das Unterdrücken der eigenen Gefühle und Reflexe wirkt sich allerdings auf einen selbst aus. Vor allem dann, wenn die Überwindung von Ekel vor Stuhlgang, Erbrochenem oder offenen Wunden zur Respektsprobe verklärt wird.

Mein Opa hatte dazu einen überaus pragmatischen Tipp: „Atme durch den Mund, lächle dabei, sonst wischst du zweimal. Erst seins, dann deins. Das spart Arbeit." Aber ganz so einfach ist es eben für viele Menschen nicht. Meiner Meinung nach wird auch der Umstand unterschätzt, dass in klassischen und sozialen Medien – nicht nur der Werbung – stets „genormte", schöne Körper zu sehen sind. Wer mit solchen Idealen im Kopf erstmals einem Opfer eines schweren Unfalls begegnet, kann völlig überfordert reagieren. Manche Kliniken stellen – ein echter Fortschritt – Sozialarbeiter bereit, um Berufsanfänger zu unterstützen. Doch die Regel ist das nicht.

Nach alledem werden Sie kaum verwundert sein, wenn Sie den nächsten Satz lesen: Rund 30 Prozent aller jungen Leute schmeißen ihre Ausbildung hin. Die Ursache wurzelt in den Bedingungen des Berufsalltags, die sich aus gesetzlichen, unternehmerischen sowie zwischenmenschlichen Strukturen ergeben. Die Gewerkschaft ver.di legte einen Report vor, der auf der Teilnahme von mehr als 3000 Auszubildenden in verschiedenen Pflegeberufen beruht. Er zeigt immer wieder, was wir sowieso schon wissen: Von Anbeginn ihrer Arbeit werden die jungen Leute verheizt, sie sind schlecht bezahlte Lückenfüller. 41 Prozent der Befragten in der Alten- und 25 Prozent in der Krankenpflege machen der Umfrage des Jahres 2015 zufolge regelmäßig Überstunden, vielfach ohne finanziellen oder Zeitausgleich. Den Urlaub planen, wie es ihnen zusteht, kann fast ein Viertel nicht, nicht mal einzelne Tage.

Zugleich wird den Auszubildenden hohe Verantwortung aufgebürdet. Etwa jeder Zehnte im ambulanten Dienst musste allein Patienten versorgen, obwohl das dem Gesetz widerspricht. Viele von ihnen klagten, nicht die dafür nötigen Arbeitsmaterialien wie Desinfektionsmittel erhalten zu haben. Ganz zu schweigen von einem Diensthandy, mit dem sie sich Hilfe rufen könnten, wenn eine Situation für sie nicht beherrschbar ist oder sie gar Gewalt ausgesetzt sind.

Das alles wirkt sich auf die mentale und körperliche Gesundheit aus. Schon in der Ausbildung haben sage und schreibe 86 Prozent der jungen Frauen und Männer das Gefühl, sich nicht mehr richtig erholen zu können.

Rücksicht nimmt darauf niemand – es ist systemimmanent. Auszubildende werden nach dem ersten Jahr mit in den Stellenplan einbezogen. Der besagt, wie viel Personal eine Einrichtung einstellen beziehungsweise sich leisten kann. 9,5 Auszubildende werden als eine Vollzeitstelle im stationären, 14 als eine im ambulanten Betrieb gewertet. Ein Krankenhaus mit 19 Lernenden hat im gesamten Haus also zwei Vollzeitstellen weniger. Soweit die Theorie. In der Praxis sieht es anders aus, wie Diskussionen der Szene in Internetforen zu entnehmen ist. Die Zahlen 9,5 und 14 stehen nur auf dem Papier. Im Alltag sind sie Makulatur. Die angespannte Lage führt dazu, dass Schülerinnen und Schüler für ganze Zimmer voller Schwerstpflegebedürftiger verantwortlich sind. Mitunter wird eine einzige Auszubildende als Vollzeitkraft eingesetzt und so auch im Dienstplan eingetragen. In den allerschlimmsten Fällen müssen junge Leute sogar allein Nachtdienste fahren, in denen sie je nach Einsatzgebiet 35 bis 60 Patienten betreuen müssen. Eine Führungskraft, die anonym bleiben wollte, gibt unumwunden zu: „Wenn du Vollzeit die Ausbildung machst, dann stehst du auch Vollzeit auf dem Dienstplan. Allerdings grundsätzlich nur mit einer Schülerin, die kurz vor dem Examen steht."

Ein anderes Problem ist der Missbrauch der Auszubildenden, indem man sie die besonders unliebsamen Arbeiten verrichten lässt. In viel zu vielen Kliniken und Senioreneinrichtungen werden sie nicht nur als billige Arbeitskräfte betrachtet. Fast schlimmer ist, dass einfach vergessen wird, warum sie da sind, was ihnen rechtmäßig zusteht: etwas zu lernen. Iris Oltmanns ging damit an die Öffentlichkeit, was vielleicht damit zu tun hat, dass sie eine gestandene Frau ist und keine 18-Jährige. Mit Anfang 50 begann sie eine Ausbildung zur Altenpflegerin, die sie fast hingeschmissen hätte. Wie Oltmanns dem NDR sagte, wurde sie nicht als Lernende behandelt, sondern als Fachkraft mit Erfahrung, die sofort „nur als Arbeitstier, als Waschkraft" behandelt wurde. „Das war nicht schön. Aber da ich das von meinen Mitschülerinnen auch schon kannte und die sehr ähnliche Geschichten erzählt haben, war ich der Meinung, das muss so sein", erzählte Iris Oltmanns. Nach nur vier Monaten wäre sie „fast zusammengebrochen". Sie hielt durch, wechselte allerdings den Ausbildungsbetrieb.

Vorschrift ist, dass der Einsatz der Schülerinnen und Schüler grundsätzlich von Praxisanleitern begleitet wird, die selbst eine 300-stündige Ausbildung absolviert haben müssen. Sie leisten eine für die Gesellschaft enorm wichtige Arbeit. Und dennoch handelt es sich, wenn man so will, um ein professionelles Ehrenamt ohne öffentliche Anerkennung und jedweden finanziellen Vorteil, da Praxisanleiter keinen Zuschlag erhalten. Die dünnen Personaldecken und der fehlende Anreiz vergrätzen vielen die Lust auf das „Ehrenamt". Logische Folge: Es gibt zu wenige. Das wirkt sich folgenreich aus – nicht nur auf die Wissensvermittlung.

Manche Auszubildende sehen ihre Praxislehrkräfte oft oder wenigstens öfters, andere hingegen selten bis nie. Die schon erwähnte Untersuchung der Gewerkschaft ver.di ergab, dass fast ein Viertel aller Schülerinnen und Schüler nicht von einem fest zugeteilten Anleiter begleitet werden – meist sind die ohnehin für mehrere Stationen zuständig. In vielen Fällen hängt das Mit- oder Nebeneinander von dem Zufall ab, ob Lehrende und Lernende in ein und derselben Schicht tätig sind. Schülerinnen und Schüler gehen bisweilen auf YouTube und holen sich dort Informationen für den Job. Ob das Video fachlich und sachlich korrekt ist, zeigt sich im allerschlimmsten Fall Tage später am Gesundheitszustand eines Patienten. Aber auch wenn Praxislehrkräfte anwesend sind, muss es nichts heißen. In Foren werden Klagen laut wie: „Die examinierten Kräfte sind oft weder willens noch fachlich und zeitlich in der Lage, anzuleiten."

Jedes System auf wackligen Füßen ist anfällig für Mauscheleien. Getrickst wird gerne bei der Mindestanzahl an Arbeitsstunden, die erreicht sein muss, um zur Prüfung zugelassen zu werden. Auf dem Papier steht, was angeblich gemacht worden ist. Entscheidend sind die Unterschriften der Vorgesetzten. Wer meckert, riskiert eine schlechte Note oder ihm wird die Unterschrift verwehrt – das kann es dann mit dem Traumberuf gewesen sein. Also lassen sich Auszubildende wochen-, wenn nicht sogar monatelang in die Küche stecken, um Tee zu kochen, das Essen auszuteilen, dreckiges Geschirr einzusammeln und zu putzen. Wer das mitmacht, bekommt später bestätigt, dass er sämtliche Praxisbereiche bestmöglich absolviert habe.

Dass solche Abhängigkeiten, die es gar nicht geben dürfte, zu Reibereien, Zoff, Frustration und Demotivation führen, ist sonnenklar. Fast 40 Prozent der Auszubildenden des ver.di-Reports berichteten von Schwierigkeiten im Team. Aus solchen Erhebungen geht nie eigenes Zutun eines Befragten hervor. Man muss trotzdem kein Zyniker sein, um festzustellen, dass hier Hierarchien (aus)genutzt werden, um ein Mangelsystem vor dem Zusammenbruch zu bewahren. Wobei es sich eher um eine Hackordnung handelt, in der Macht, ob strukturell abgesichert oder nicht, missbraucht wird. Im englischsprachigen Raum gibt es die Wendung: *Nurses Eat Their Young,* was etwa mit „Krankenschwestern essen ihren Nachwuchs auf" übersetzt werden kann. Sie geht zurück auf die Überschrift eines Fachartikels der früheren US-Professorin und Beraterin für die Ausbildung von Krankenschwestern, Judith Meissner, der 1986 erschien und die potenziellen Folgen dieser Hackordnung erstmals zum öffentlichen Thema machte.

Leidtragende sind auch Fachkräfte in den ersten Berufsjahren nach dem Abschluss, vor allem aber Auszubildende. Gerade die stehen schon genug unter Leistungsdruck. Stress und Angst vor Versagen nehmen durch den von Kollegen ausgehenden Psychoterror weiter zu. Pflegewissenschaftler im angloamerikanischen Raum beschreiben die Erscheinung als eine „Infektion, die sich in der Pflegebelegschaft ausbreitet und künftige Generationen von Krankenschwestern und -pflegern infiziert".

In Deutschland wird das Phänomen meinem Eindruck nach sträflich vernachlässigt.

Hierzulande hat es bisher eine einzige Untersuchung zur Nurses-Eat-Their-Young-Problematik gegeben mit sechs Auszubildenden, die von Beschimpfungen, Einschüchterungsversuchen, Demütigungen und Lästereien aus der Kollegenschaft berichteten. Obwohl die Studie wissenschaftlich als dünn betrachtet werden kann, gibt sie Aufschluss über Wirkmechanismen: „Nach unten hacken ist immer einfach, wir (Auszubildende – MS) sind dann die Blitzableiter für irgendwas, was sich da angestaut hat", resümierte eine der Interviewpartnerinnen. Das zeigt nicht nur, dass die Betroffenen es hinnehmen – sie arrangieren sich auch damit und verinnerlichen es als Teil ihrer beruflichen Sozialisierung. Das wiederum ist Voraussetzung dafür, dieses inhumane System am Leben zu halten – ein Teufelskreis.

Im schlimmsten Fall handelt es sich um kollektives Mobbing gegen ein und dieselbe Person. Es äußert sich durch verbales Runtermachen, Schikane oder durch optische Abbildung der Hackordnung. Zum Beispiel müssen Schülerinnen und Schüler am Katzentisch Platz nehmen. Klingelt ein Patient während der Pausenzeit, muss eine Nachwuchskraft ran – die examinierten Kolleginnen und Kollegen bleiben selbstredend sitzen. Auszubildende berichten, dass sie an Dienstbesprechungen nicht teilnehmen dürfen und sich auch sonst ausgestoßen fühlen wie Kinder, die nicht mitspielen dürfen, ohne den Grund dafür zu kennen. Jeder noch so winzige Fehler in der Praxis wird lautstark angekreidet („Bist du blöd?!"), sodass es die halbe Klinik mitbekommt. Wer lernwillig ist, aber sich derlei Beschimpfungen anhören muss, entwickelt Ängste vor dem nächsten Einsatz. So etwas erzeugt Druck, der zu echten Fehlern führt – ebenfalls ein Teufelskreis. Deutsche Kolleginnen machten in diesem Jahr noch dazu erschreckende Beobachtungen: Immer mehr Auszubildende erscheinen mit frischen oder vernarbten Wunden und die Medizinpädagogen vermuten, dass es aufgrund des zu hohen Drucks in der Ausbildung mittlerweile auch zu Selbstverletzungen kommt, um die Belastungssituationen auszuhalten.

Gerechtfertigt wird diese Form seelischer Unterdrückung von denen, die die Macht haben, mit der (angeblichen) Notwendigkeit, Teamgeist zu erzeugen. Auch Alltagsrassismus spielt eine Rolle. Auszubildende mit Vornamen, die in Deutschland selten und/oder schwer auszusprechen sind, werden gerne mit falschen oder Phantasienamen bedacht. Aus Gulkaja wird Katja, Katrin, „Schülerin" oder „Du da!" Wer sich beschwert, muss sich schon mal anhören, sie sei zum Arbeiten und nicht zum Diskutieren da. So etwas als Lappalie abzutun, wäre grundfalsch. Wer sich in einem Team nicht wohlfühlt und ständig Angst hat, etwas falsch zu machen, kann sich nicht entwickeln.

All das sorgt für Frust, der die jungen Leute aus dem Job treibt. Viele beschließen während der Ausbildung, niemals in dem Beruf, den sie lernen, zu arbeiten. „Das Einzige, was ich gelernt hab in diesem Beruf, ist, was ich nicht machen möchte" – eine Aussage von vielen, die zeigt, wie das Gesundheitswesen erodiert oder sich zu einem erheblichen Teil selbst zerstört. Der andere Weg ist auch nicht besser: zu resignieren und sich an ein System anzupassen, das man eigentlich ablehnt. Dass es nicht gut für die Psyche ist, einen solch inneren Spagat zu leben, ist bekannt. Paradoxerweise schützen Betroffene Täter durch (falsches) Verständnis für deren Situation. „Die können nicht anders", heißt es da. Oder: „So wird man eben." Hinter solchen Sätzen steckt Resignation. Und das sind junge Menschen und keine Krankenschwestern kurz vor dem Renteneintritt.

Wir könnten sagen, dass es uns nichts angeht, wenn sich Teams in Kliniken in die Wolle kriegen. Wozu gibt es Mediationen? Falsch! Folgen des Nurses-Eat-Their-Young-Phänomens sind nicht allein eine weitere Verschärfung des Pflegenotstandes. Auch die Qualität der Pflege leidet darunter. Das Phänomen führt zu einem Mangel an Zusammenhalt und -arbeit in den Behandlungsteams sowie zu sinkendem beruflichem Engagement. Opfer sind ganz klar auch die Patienten.

Andere Länder haben Programme entwickelt, das Nurses-Eat-Their-Young-Phänomen anzugehen: durch Offenheit, Aufklärung, Anleitungen für Führungskräfte und Rat an junge Menschen, wie sie sich wehren können. Anders in Deutschland: Da Gehorsam und Funktionieren bis zur Selbstaufgabe hierzulande Teil der jahrhundertelang tradierten Berufsrolle sind, ist Aufbegehren etwas, was dem Verständnis von Pflegenden zuwiderläuft. Hierzulande wird das Problem beharrlich ignoriert, was wohl vor allem damit zu tun hat, dass die Opfer stillhalten. Ihr Schweigen hat vielleicht auch damit zu tun, dass ihnen niemand zuhört, wenn nicht gerade ein Virus die Welt lahmlegt. Ich selbst bin mit einem Versuch, die Politik – immerhin habe ich mit einem ehemaligen Pflegebeauftragten der Bundesregierung darüber gesprochen – für das Thema zu sensibilisieren, kläglich gescheitert. Es fand schlicht und einfach keinen Widerhall. Die neue Pflegebeauftragte der Bundesregierung, Claudia Moll, zitierte 2022 zu den Problemen in der Ausbildung ihre eigene Mutter: „Lehrjahre sind keine Herrenjahre."

Das erweckt den Eindruck, Auszubildende würden es wagen, sich etwas herauszunehmen, was ihnen nicht zustünde. Das sehe ich völlig anders: Eine qualifizierende Ausbildung steht ihnen zu. Und auch, dass das Schuldgeld für diese Form der Ausbildung nun entfällt, wie Franziska Giffey immer wieder betonte, ändert nichts an den Problemen, die dort herrschen.

Mein Rat an die Bundesregierung ist, wissenschaftliche Studien erarbeiten zu lassen, die alle Formen von Gewalt in Pflegeberufen untersuchen, um gezielt dagegen vorzugehen. Die Gefahr ist nämlich groß, dass das Problem an die nächste Generation weitergegeben wird und sich verschärft, weil der Druck in der Gesellschaft allgemein zunimmt.

Es ist paradox, dass die Politik Jahr für Jahr Millionen in Anwerbung lernwilliger Jugendlicher investiert, aber viel zu wenig tut, sie nach dem Ende der Ausbildung im Job zu halten. In

Einrichtungen für Seniorinnen und Senioren ist nur noch die Hälfte der Menschen, die dort arbeiten, eine gelernte Pflegefachkraft – die übrigen Mitarbeitenden sind ungelernte Helfer. Auch das hat natürlich schwerwiegende Konsequenzen, die – Sie ahnen es schon – nicht bei uns, sondern im angloamerikanischen Raum seit vielen Jahren wissenschaftlich untersucht werden. Das Phänomen wird „Missed Nursing Care" genannt, frei übersetzt: „unterlassene Pflege". Gemeint sind Maßnahmen, die hätten sein müssen, aber nicht durchgeführt wurden, weil sie im allgemeinen Stress hinten runterfielen oder weil es an Fachkräften fehlte, die befähigt sind, sie am Patienten vorzunehmen.

Das Problem ist komplex, da die unterlassenen Tätigkeiten sich für einen Nichtkundigen wenig dramatisch anhören. Aber die Folgen sind es. Ich wage zu behaupten, dass der Verzicht auf das Mobilisieren von Patienten oder Bewohnern Alltag in deutschen Gesundheitseinrichtungen ist. Bewegungsarmut aber kann weitreichende Folgen haben, zum Beispiel das irreversible Versteifen der Gelenke, Lungenentzündungen, Druckgeschwüre, aus denen wiederum schwere Infektionen resultieren können, Stürze, weiterer Abbau von Muskelmasse, verlängerte Hilfebedürftigkeit und vieles andere mehr. Die Liste der unterlassenen Tätigkeiten ist lang. „Missed Nursing Care" tritt US-Forschungsergebnissen zufolge dann auf, wenn eine ausgebildete Pflegefachperson mehr als sechs Patienten zu unterstützen hat. Da das gesetzliche Verhältnis zwischen Pflegefachkraft und Zahl der zu Betreuenden hierzulande aber je nach Station bis zu 18 Patienten zulässt, ist die Gefahr von vornherein etwa dreimal so hoch.

Vermutlich ist der entscheidende Grund, warum viele junge Leute, die die Ausbildung durchgestanden haben, aber wenige Monate danach dann doch hinwerfen, das stete Aufeinandertreffen von Wunsch und Realität, also Theorie und Praxis. Was in den Berufsschulen richtigerweise gelernt wird, lässt sich in Einrichtungen des Gesundheitswesens nur schwer umsetzen. Auch dafür möchte ich ein im Grunde banales, aber eklatantes Beispiel anführen. In Deutschland gibt es nach seriösen Berechnungen, an denen die Berliner Charité beteiligt war, jährlich bis zu 600 000 Infektionen in Kliniken durch Keime, die nicht mehr auf Antibiotika anspringen, also multiresistent sind. Sie kosten 10 000 bis 20 000 Menschen das Leben. Die Deutsche Gesellschaft für Krankenhaushygiene geht sogar von 900 000 Infektionen und bis zu 40 000 Toten aus.

Zu einer guten Pflege gehört die Vermeidung einer Ausbreitung von Keimen mittels Hygienevorschriften und entsprechend geeigneter Maßnahmen. Händedesinfizieren aber kostet Zeit. Zeit, die Pflegende einfach nicht haben. 30 Sekunden soll ein Mittel pro Desinfektionsgang einwirken. Doch eine halbe Minute ist eine kleine Ewigkeit, wenn man ihn nach jedem Patienten und jeder Tätigkeit verrichten soll. Also wird es zu häufig husch, husch oder gar nicht gemacht, mal absichtlich, um Zeit zu sparen, dann wieder im Stress vergessen. Das Robert Koch-Institut ermittelte eine Zahl, die die Konsequenzen ausdrückt: Jedes Jahr werden – statistisch betrachtet – 250 000 Menschenlebensjahre Opfer von Infektionskrankheiten durch Krankenhauskeime. Wenn Sie mich fragen: eine Horrorzahl, die sich im Grunde so leicht eindämmen ließe.

KAPITEL 13

Neuer Mut zu alten Konzepten

Zwei Drittel der Menschen in Deutschland wohnen in Dörfern. Aber das Leben auf dem Land hat sich in den vergangenen Jahrzehnten rasant verändert. Die Straßen, auf denen einst Kinder spielten, sind heute verwaist. Die Jungen und Mädchen von einst sind Erwachsene, die zwar vielleicht selbst schon Nachwuchs haben – aber in der Stadt. Zurück blieben die Eltern, die zu Oma und Opa wurden. In den Dörfern mangelt es zunehmend an Ärzten, Pfarrern, Infrastruktur, Einkaufsmöglichkeiten und Freizeiteinrichtungen. Viele Einwohner kommen gar nicht mehr aus dem Haus – weil sie es körperlich nicht mehr schaffen, aber auch, weil sie nicht wissen, wohin sie gehen sollen. Die kleinen Supermärkte haben aufgegeben, als die großen Einkaufszentren in der Umgebung öffneten, und auch die Bäcker sind verschwunden, wo man das Allernötigste kaufen, sich treffen und Neuigkeiten austauschen konnte.

Auto fahren viele aus Altersgründen nicht mehr – und einen Bus, den sie nehmen könnten, wenn sie es schaffen würden, in ihn einzusteigen, gibt es schon lange nicht mehr. Das schafft Abhängigkeiten. Zuerst kommen die Kinder einmal die Woche und fahren mit der Mutter zum Supermarkt. Doch bald wird klar, dass das doppelte Wege sind, zuerst die Mama abholen, dann zum Einkaufszentrum fahren, danach die Mama zurück. Alles ginge schneller und einfacher, wenn die alte Dame eine Einkaufsliste erstellen würde. Und das tut sie, denn sie will ja niemandem zur Last fallen. Rücksichtsvoll ist sie auch, also beschränkt sie sich. Es muss nichts Frisches sein, es reicht ein Fertigessen aus der Dose, Hauptsache, lange haltbar, mindestens eine Woche lang, bis zum nächsten Einkauf. Mutters Wege reduzieren sich auf die, die sie im Haus geht, wo die Tage so endlos sind wie das Programm im Fernsehen.

Und so nimmt die Mobilität ab – wer rastet, der rostet –, bis es zum ersten Sturz kommt, zu akuten Ereignissen wie Zuckerschocks und kleinen Schlaganfällen, ohne dass die Betroffenen selbst zum Arzt und schlimmstenfalls noch nicht einmal zum Telefon gelangen, um sich Hilfe zu holen.

So sieht Isolation aus. So geht der Weg in die Pflegebedürftigkeit auf dem Land.

Aber nicht im beschaulichen Städtchen Löhnberg. Denn der hessische Ort und seine Dörfer drumherum werden von der Pflegemanagerin Eva-Maria Endruweit und ihrer Schwester Franziska Schütz-Diehl im wahrsten Sinne des Wortes auf Trab gehalten. Endruweit ist ein Energiebündel mit außergewöhnlichen Ideen, in der Gegensätze zu einer charmanten Einheit verschmelzen. Das geht schon beim Äußeren los, denn die taffe Frau ist das Abbild einer reifen Pippi Langstrumpf, in der jedoch die tiefe Seele und Stimme einer Adele Sandrock wohnen. Endruweit geht für die Pflege Wege, die einem erst mal einfallen müssen. Sie scheut sich nicht, eine uralte Schwesterntracht anzuziehen, um – verkleidet als Florence Nightingale und mit einer alten Laterne in der Hand – mit Politikern zu reden. So überraschte sie im März 2017 den Bundesgesundheitsminister auf einem Pflegekongress mit den Worten: „Hören Sie mal, der Pflege geht das Licht aus!" Abends saß sie müde, aber zufrieden auf einer Treppenstufe abseits des Kongressgewühls und erläuterte mir ihr Credo: „Man muss mit den Leuten ins Gespräch kommen."

Endruweits Löhnberger Modell ist – gemessen an deutschen Maßstäben – so außergewöhnlich wie ihre Kostümierung. Die Pflegewissenschaftlerin arbeitet als Community Health Nurse (CHN). Das Konzept der CHN ist in Deutschland noch weitgehend unbekannt. In vielen anderen Ländern sind diese Nurses – jeweils in einem bestimmten Viertel – fest integrierter Bestandteil der Gesundheitsfürsorge, was sich nicht allein auf die Pflege bezieht. Sie unterstützen bedürftige Frauen und Männer mit Mehrfacherkrankungen oder Behinderung kontinuierlich bei der Bewältigung des Alltags – und zwar in jeder Lage und in jedem Alter. Unter anderem beraten sie, koordinieren Termine und überwachen Medikamenteneinnahmen.

Denn – so auch der Ansatz Endruweits – Pflege ist nicht vorrangig für Kranke da, sondern auch für Gesunde. Prävention ist das Stichwort. Zu häufig wird Medizin lediglich als Reparaturmaßnahme verstanden, der sich die Idee der Pflege unterzuordnen habe. Diese Denkweise will Endruweit aufbrechen. Zusammen mit ihrer Schwester betreibt sie das Café „Zeitsprung", das weit mehr ist als ein gastronomischer Betrieb. Sie wollen gesundheitsfördernde Lebenswelten vermitteln, indem sie Pflege als das darstellen, was sie ist: Alltag. Der gesamten Branche rät sie: „Wir Pflegenden müssen raus aus dem Loch der Unsichtbarkeit, raus vor die Tür, raus auf Wände und Plakate, aber in eigenem Interesse. Nicht für einen Chef, nicht für politisches Gepläkel, sondern für uns und damit für jeden in der Gesellschaft."

Wer die Tür des Cafés öffnet, macht tatsächlich einen Zeitsprung in ein Ambiente, das den Besucher zurückführt in die sogenannte gute alte Zeit. Geblümte Sofas, Geschirr mit Blumenmuster. Es gibt „rischdische Mahlzeite" wie bei Oma, „Äbbelbrei" zum Kartoffelpuffer, vieles ist „so wie früher". Der Kuchen ist hausgemacht, dazu Kleinigkeiten zum Mitnehmen und Verschenken, je nach Saison. „Es gibt auch Flyer zu alltäglichen Versorgungsthemen, Kurse für Pflegende von Demenzkranken, Informationsmaterial zu Patientenverfügungen und relevanten Rechtsthemen. Und so kommt Fachwissen auf denjenigen zu, der bei uns eintritt."

Demenzpatienten erleben in Endruweits Café einen Zeitsprung, in dem sie an ihre Kindheit erinnert werden. Die Handpuppe „Silenzio" (Italienisch für Schweigen) ist fester Bestandteil des Cafés. Therapeutisches Puppenspiel gehört zum Repertoire der zwei Schwestern, deren Spezialgebiet die Demenz – nach wie vor ein Tabuthema – ist. Viele Menschen im fortgeschrittenen

Stadium der Krankheit reagieren noch auf Ansprachen, die sie aus der Kindheit kennen. „Silenzio" hilft, Vergessenes für Minuten ins Gedächtnis zurückzurufen.

Endruweit will nicht nur mit der Politik ins Gespräch kommen, sie will auch, dass Angehörige miteinander reden, wenn sie mit Demenz in der Familie (oder sonstigen Pflegefällen) konfrontiert werden. Kinder und andere nahe Verwandte eines Erkrankten spüren bisweilen die eigene Überforderung nicht oder wollen sich diese nicht eingestehen, scheuen sich, zu einer behördlichen Beratungsstelle zu gehen. Das Café ist ein Ort, an dem man ankommen kann, wo eine ist, die sich auskennt, mit der man ins Gespräch kommt, wenn man will, nachdem man bei einem Kaffee oder Tee erst mal runtergekommen ist.

Neben der Organisation von Selbsthilfe bietet das Geschwisterduo Schulungen zum Thema Pflege an, besonders im Fall von Demenz. Hier tauchen regelmäßig Fragen auf: Was ist richtig? Was ist falsch? Entmündigen wir unsere Mutter oder unseren Vater, wenn wir dieses oder jenes tun? Hilfsangebote dieser Art sind, so Endruweits Erfahrung, in Deutschland nicht oder nur ungenügend vorhanden. Die Spezialistin klärt auf und versucht, Ängste abzubauen. „Eigentlich muss ich die ganze Zeit dolmetschen. Die eine Seite versteht oft die andere nicht", sagt sie. Und so geht es neben der Organisation auch immer darum, Mediatorin zu sein zwischen Angehörigen, den Betroffenen, den Pflegediensten und Ärzten. „Im Café werden wir zu wichtigen Beratern vieler Interessengruppen."

Endruweits Team besteht überwiegend aus Frauen, hatte aber zuletzt Zulauf auch von Männern, was neue Chancen eröffnet, da sie sich oftmals besser auf die Bedürfnisse pflegebedürftiger Männer im ländlichen Raum einstellen können, die sich von der Stadt durchaus unterscheiden. „Sie benötigen eigene Ansprechpartner und Kumpels auf ihrem Weg durchs Lebensende. Sie brauchen eigentlich Männer, denen sie beim Werkeln etwas zubrummeln können und die nur ‚hm' sagen, die wissend nicken, und dann wird weitergewerkelt." Wer sich über Jahre kennt, versteht sich auch ohne Sprache – auch das ist ein Ansatz von CHN: Kontinuität. Auf dem Land mag es gehen, in großstädtischen Altenheimen aber arbeitet gerade in den Abendstunden und der Nachtschicht heute die und morgen jene Leasing-Kraft, die keine Ahnung von den Bedürfnissen der Leute hat, die sie versorgt. Wie sollte es auch anders sein? Beschäftigte aus Leiharbeitsfirmen werden ständig woanders eingesetzt; Pflege als Beziehungspflege – das klappt so nicht. Ohne sie ginge nichts. Auch ein Teufelskreis.

Endruweit strebt Konstanz an – eine „Carespektive" an, wie sie es nennt. Sie meint damit ein Leben mit Pflege, integriert in den Alltag aller, kein Tabu mehr. In einem kleinen Dorf nahe Löhnberg hat gerade der letzte Bäcker zugemacht, zunehmende Abhängigkeit, Isolation, Immobilität waren zu befürchten. Das will Endruweit nach Möglichkeit verhindern. „Was in einem Café geht, geht auch mit einem Dorfladen." Und so bringt sie ihr Konzept in die Dörfer. Dabei geht es nicht um den großen Einkauf, sondern darum, dass die Einwohner eigene Entscheidungen treffen können, flexibel und beweglich bleiben. „Plötzlich ist überall Pflege", sagt Endruweit: „Denn sie besteht aus den Aktivitäten des Lebens, und eigentlich ist das ganze Leben ein Pflegeuniversum."

Klingt einleuchtend. Doch die Hürden sind groß. Ihr Konzept passt nicht zur Pflegeversicherung. „Das System ist in diesen wichtigen Bereichen weitgehend unterfinanziert. Der Kampf ums Geld für unsere Angebote ist unser ständiger Begleiter. Für unser Konzept gibt es kein Formular, kein Vorbild, kein Vergleichsabrechnungsmodell der Pflegekassen."

Dabei ist das Modell ein Leuchtturm und könnte Vorbild für ganz Deutschland sein, indem es zeigt, dass Pflege mehr sein kann als das sekundengenaue Ableisten bestimmter, abzurechnender Vorgänge. Dass Pflegende im beruflichen Bereich gestalten wollen, irritiert das bürokratische System, das aus einem ganzheitlichen Ansatz für Individuen pauschalisierte Fließbandarbeit gemacht hat.

Die Frage drängt sich auf: Warum hat nicht jedes Viertel, jede Region, jedes Dorf eine Community Health Nurse? Warum reden wir fortgesetzt nur von Pflege und Personalnotstand, aber fördern zu wenig Gesundheit?

Vielleicht stößt das CHN-Konzept hierzulande auf Skepsis, weil es an die gute alte

Gemeindeschwester erinnert, also retro wirkt. Deutschland will immer Fortschritt darstellen, immer Nummer eins sein. Bei der Pflege steht es im Ranking unter „ferner liefen". Unter anderen haben Kanada, Finnland und Slowenien die Idee der Community Health Nurse sowohl in Städten als auch in ländlichen Gebieten erfolgreich etabliert. Sie haben verstanden, dass in der Prävention ein Schlüssel zur Entlastung des Gesundheitssystems liegt. In diesen Ländern finden sich in Gesundheitszentren, vereint unter einem Dach, interdisziplinäre Teams, die ein breit gefächertes Beratungsangebot für Menschen mit Behinderungen, Pflegebedürftige, chronisch und Demenzerkrankte anbieten. Es geht darum, alternde Menschen vorsorglich zu unterstützen, bevor sich der körperliche Zustand verschlimmert, Unfälle passieren, Überlastung eintritt.

Pflegebedürftigkeit wird mehrheitlich mit Greisen assoziiert. Es kommen Bilder hoch von Hilfe bei der Körperpflege, beim Laufen, beim Ins-Bett-Bringen. Was dabei vergessen wird: Viele alte Menschen schaffen das, ihr Bedarf an Pflege ist bisweilen mit einer Erkrankung verbunden, die tief in ihnen steckt, manchmal hervorbricht, sie dann verändert, etwas mit ihnen macht, sie hinabzieht. Depression im Alter ist ein Problem, das weiter zunehmen und, so fürchte ich, riesige Ausmaße annehmen und den Pflege-Tsunami anschwellen lassen wird. Das hat so gut wie noch niemand auf dem Schirm.

Psychische Erkrankungen sind generell auf dem Vormarsch, Krankschreibungen aufgrund psychischer Probleme nahmen seit 2016 um mehr als 50 Prozent zu. Erkrankungen der Psyche sind komplex, sie reichen von Demenz und Suchterkrankungen über

Psychosen, Borderline bis hin zu posttraumatischer Belastungsstörung, bipolarer Störung oder eben Depression. Jede Alters-
gruppe ist betroffen, auch Kinder. Manche dieser Krankheiten
sind nicht nur Episoden. Sie begleiten einen Menschen für lange
Zeit, manchmal über Jahrzehnte. Oft sind alte Menschen einsam,
sie wissen nicht, dass sie an Depression leiden. Mit den hier vorgestellten Konzepten könnte man sie früh erkennen. Jede Wette,
dass Eva-Maria Endruweit oder jemand aus ihrem Team rasch
bemerken würde, wenn sich einer ihrer Schützlinge mehr und
mehr ins Innere zurückzieht, sich eine depressive Verstimmung
eingestellt hat. Sie würde einschreiten, bevor dies zu einer hand-
festen Depression wird.

Der Grund dafür, dass Deutschland die genannten Konzepte
nicht flächendeckend übernimmt, ist: Angst. Die Kliniken insbesondere der großen Betreiber sind in Panik, dass der personelle Notstand noch größer wird, wenn die Karrierechancen für
professionell Pflegende woanders besser wären und der Job dort
vielleicht mehr Spaß macht. Der epische Mangel an Fachkräften
in Deutschland hat dazu geführt, dass der Fokus der Gesundheitspolitik immer nur auf dem Lückenfüllen in Kliniken, auf
der Langzeitpflege und auf den ambulanten Diensten liegt. Wie
bei einem löchrigen Eimer, der das Wasser nicht halten kann, bemüht man sich, immer und immer wieder Wasser aufzufüllen,
und bemerkt nicht, dass man eigentlich nur das Loch stopfen
müsste, aus dem das Wasser rinnt.

Aber selbst wenn Deutschland von heute auf morgen beschließen würde, moderne Konzepte bundesweit einzuführen –
es wäre alles andere als einfach. Es würde an Spezialisten und
Studierten fehlen, die die Kraft und den Mut haben, eine Firma zu
gründen und die Modelle umzusetzen. Heute ist es so: Wer sich
selbstständig machen, nicht rasch an die Grenzen des gesetzlich
Möglichen stoßen und keinen Kampf gegen Windmühlen kämpfen will, braucht den eisernen Willen einer Eva-Maria Endruweit.
Nun zeigen die vielen kleinen ambulanten Pflegedienste überall

in Deutschland, dass Fachkräfte den Schritt zur eigenen Firma gewagt haben. Doch auch sie nehmen dafür viel in Kauf, selbst wenn sie „nur" herkömmlichen Konzepten folgen. Selbstständig heißt ja bekanntlich selbst und ständig. Für Pflegeunternehmen gilt das umso mehr, allein wegen der täglichen Abrechnungslawine und sonstiger Bürokratie. Die Arbeitszeiten sind nicht gerade familienfreundlich. Für alleinerziehende Mütter und Väter ist es kaum möglich, eine Firma zu leiten – wobei das natürlich für alle Branchen und nicht nur für die Pflege gilt.

Mir geht es um einen anderen wichtigen Punkt: In Deutschland geben viele Pflegefachkräfte in der Mitte ihres Lebens ihren Job auf, weil sie ihn körperlich oder mental nicht mehr bewältigen können – nur wenige halten bis zum Renteneintritt durch. Es existieren keine gelebten Ideen, in denen sie ihre Expertise beruflich weiter einbringen könnten. Gerade die Erfahrenen wären aber gefragt, würde das Konzept der Community Health Nurse bundesweit Fuß fassen. Denn dahinter stehen Kompetenzzentren, die beraten und organisieren. Ländlichen Regionen, wo Ärztemangel herrscht, wäre damit geholfen. Denn das Konzept der CHN ist nur ein Aspekt der sogenannten Advanced Nursing Practice, zu Deutsch der „fortgeschrittenen Pflegepraxis". Spezialisten mit besonderem Masterabschluss wirken in Gemeinden, übernehmen die Ernährungsberatung, das Schmerzmanagement, die Wundversorgung, lösen Probleme mit der Medikamenteneinstellung, stellen wiederkehrende Rezepte aus, verordnen Hilfsmittel, stehen mit Rat zur Seite und verhelfen Patienten zu Handlungsautonomie.

Das Modell kommt all denen zugute, die eine eigene Praxis führen möchten, also ähnlich arbeiten wie beispielsweise Hebammen oder Physiotherapeuten. Gleichzeitig minimiert es die Abhängigkeiten der Patienten auf dem Land, vernetzt verschiedene medizinische Fachbereiche miteinander und sorgt für eine erhebliche Entlastung der Ärzte. In den Vereinigten Staaten gibt es diese Form der Versorgung seit den 1960er-Jahren.

Australien, Finnland, Kanada, Neuseeland, Teile von Großbritannien und den USA haben die Advanced Nurses gesetzlich autorisiert, ärztliche Aufgaben zu übernehmen, wobei der Fokus auf der Prävention liegt.

Auf Deutschland gemünzt, würde das bedeuten, das hiesige traditionelle Bild der Pflege aufzubrechen und Kompetenzen von der Medizin in die Pflege zu verlagern. Hier geht es also auch um Machtsicherung – und natürlich ums Geschäft. Ich sehe schon die Ärztelobby, wie sie den Teufel an die Wand malt: So etwas können nur studierte Mediziner. Und Angstmacherei zieht bekanntlich in der deutschen Öffentlichkeit. Immerhin bieten erste Hochschulen bei uns Advanced Nursing Practice als Studium an – es bewegt sich endlich was. Denn verrückt ist doch, dass im Ausland längst erprobte und funktionierende Konzepte existieren, die unser System erheblich entlasten würden, wir sie aber nur in Trippelschritten implementieren. Kurzum: Es braucht mehr Endruweits! Und weniger Lobbyisten und Bedenkenträger.

Die hier vorgestellten Modelle umzusetzen, hieße auch, mehr für Integration zu tun. Die Pandemie zeigte die schmerzlichen Folgen, wie schwierig es ist, bestimmte Menschen zu erreichen. Der deutsch-israelische Psychologe Ahmad Mansour verwies im TV-Studio von *Bild* auf den hohen Anteil von Patienten auf Corona-Intensivstationen mit Migrationshintergrund von bis zu 90 Prozent. „Mir geht es nicht darum, diese Menschen dafür verantwortlich zu machen, dass sie krank werden. Oder jetzt irgendwie die Rechte zu bedienen", sagte er. Mansour forderte, zu erforschen, wie es dazu komme, dass Menschen aus Einwandererfamilien öfter und schwerer krank werden, ob es an Essgewohnheiten, mangelnder Aufklärung oder Wissenslücken liegt.

Wie, so frage ich, hätte die Situation wohl ausgesehen, wenn es bereits seit Jahren kultursensible Community Health oder Advanced Nurses in Vierteln mit hohem Migrantenanteil gegeben hätte, mithin ein Vertrauensverhältnis bestanden hätte, innerhalb dessen Aufklärung hätte stattfinden können? Doch nicht mal in Berlin, wo seit Jahren SPD, Grüne und Linke regieren, also Parteien, die das multikulturelle Miteinander beschwören, kam man auf die Idee, Konzepte dieser Art in Bezirken wie Wedding oder Neukölln umzusetzen.

Fakt ist: Es mangelt bei uns nicht nur am Nötigsten, sondern auch am Willen der Entscheider. Alles ist komplizierter, als es sein müsste. Nicht nur auf dem Land, auch in der Stadt ist ein gewaltiges Problem, dass bettlägerige Patienten erst einmal zu jemandem kommen müssen, der sich ihre Sorgen anhört und sich die Situation anschaut. Ärztliche Hausbesuche finden kaum noch statt, und wenn, dann sind es die Pflegedienste, die von Wohnung zu Wohnung fahren – doch da ist der Mensch schon ein sogenannter Pflegefall. Man muss es so sagen: Die Kurverei und endlose Parkplatzsuche ist in vielen Fällen Verschleiß von Fachkraftressourcen, ein Hin und Her von Autofahrten oder von Krankentransporten, die viel Geld kosten.

Digitale Möglichkeiten des sogenannten Telenursings sind bislang so gut wie nicht etabliert. Beratungsgespräche, das Beurteilen von Wunden über ein Bild oder ein Video, Vitalzeichenkontrollen, all das gekoppelt an eine Leitstelle, würde die ambulanten Dienste entlasten und denjenigen helfen, die tatsächlich auf Pflege vor Ort angewiesen sind. Experten gehen davon aus, dass sich der Fachkräftemangel in der Pflege durch Telematik nicht lösen lässt – das wäre auch ein Unding, da Patienten nun mal oft in Betten liegen und Bewohner von Seniorenheimen das Essen nicht am Bildschirm gereicht werden kann. Aber einen stichhaltigen Grund gibt es doch, der dazu beitragen könnte, die personelle Misere abzuschwächen. Pflexiter, also Berufsaussteiger, könnten im Telenursing eine Chance zur Rückkehr in den alten Job sehen. Doch dafür müssten erst die Voraussetzungen geschaffen werden.

Wie schwierig es ist, derlei neue Modelle hierzulande zu installieren, zeigt das Ergebnis einer wissenschaftlichen Studie im Auftrag des Bundesgesundheitsministeriums: „Im Vergleich hinkt Deutschland in Bezug auf den Aufbau einer flächendeckenden Infrastruktur in der Gesundheitstelematik hinterher", heißt es dort. Die Autoren der Studie räumen ein, dass sie diverse Aspekte unberücksichtigt lassen mussten, weil sie mit bestimmten Aufgaben verbunden sind, die „im Ausland häufig von Pflegekräften gesteuert werden", bei uns aber nur Ärztinnen und Ärzten vorbehalten sind. Und auch eine simple Sache spielt eine Rolle, in der Deutschland internationales Mittelmaß ist: Das Internet auf dem Land ist (noch) zu schlecht für sicheres Telenursing.

Im September 1975 erschien der Abschlussbericht der Sachverständigenkommission (Enquete) über die Lage der Psychiatrie in der Bundesrepublik. Er offenbarte den Horror, der sich bis dato weithin unbemerkt hinter den Mauern der Kliniken und anderer Institutionen abspielte. Die Experten sprachen von einer „Inquisition der psychisch Kranken" und davon, dass „eine sehr große Anzahl psychisch Kranker und Behinderter in den stationären Einrichtungen unter elenden, zum Teil als menschenunwürdig zu bezeichnenden Umständen leben muss", die schon damals dem Personalmangel geschuldet waren.

Von den vielen Forderungen, die die Kommission aufstellte, ist eine umgesetzt worden und in die medizinische Praxis übergegangen: Ambulante geht vor stationärer Versorgung. Dieser grundrichtige Ansatz gilt bis heute. Er soll es Menschen mit chronischen Erkrankungen und Behinderungen ermöglichen, außerhalb der Einrichtungen des Gesundheitswesens zu leben. Doch schon um die Jahrtausendwende mahnten Ärzte, die Reform sei auf halbem Weg stecken geblieben.

Etabliert hat sich das Konzept der stationsäquivalenten Behandlung. Bei ihr sollen Betroffene zu Hause die gleiche Behandlungsqualität wie in Kliniken erfahren. Zum Einsatz kommen multiprofessionelle Teams, zu denen auch professionell Pflegende gehören. Sie sind diejenigen, die am nächsten am Patienten dran sind und ihm dabei helfen, ein eigenständiges Leben zu führen, so gut es geht. Die Vorteile liegen auf der Hand. Die Betroffenen werden nicht aus ihrem Umfeld gerissen und bleiben in ihren Alltag eingebunden. Kinder können weiter die Schule besuchen und mit ihren Freunden zusammen sein. Erwachsene können weiter einer Erwerbstätigkeit oder einem Hobby nachgehen.

Doch obwohl sich das Konzept durchgesetzt hat, kommt es aus dem Pilotmodus nicht heraus. Warum nicht? Zum einen rechnet es sich nicht. Da Gewinnmaximierung im Gesundheitssystem an vorderster Stelle steht, wird nicht nachgebessert. Das zweite Problem liegt im Personalmangel. Die Pflegenden nämlich sind es, die den zeitlich aufwendigsten Kontakt zu den Betroffenen haben. Doch im ambulanten Modus sind sie auf sich selbst gestellt. Eine Situation kann schnell kippen, muss eventuell eingedämmt werden, bevor sie eskaliert. Dazu benötigt es eine fundierte Ausbildung, die Pflegende nur durch eine Fachweiterbildung oder ein Studium erhalten können. Doch solche Qualifikationen sind teuer, werden, wie im Kapitel zuvor geschildert, meistens nicht von außen finanziert, sondern müssen von den Pflegefachfrauen und -männern selbst gestemmt werden, die aber selbst nicht weiter davon profitieren.

Ein weiteres Konzept, das die Personalnot etwas eindämmen könnte, ist das sogenannte Primary Nursing. Eine speziell ausgebildete Kraft plant und organisiert die Pflege eines Patienten vollständig – also zum Beispiel von der Aufnahme ins Krankenhaus bis zur Entlassung – und ist während des Klinikaufenthaltes fester Ansprechpartner. Die Umsetzung des Plans im Detail übernehmen andere Pflegende mit geringerer Qualifikation. Was die Spezialkraft selbst tut und was sie delegiert, entscheidet sie eigenverantwortlich. Es liegt auf der Hand, dass das deutlich besser bezahlt werden müsste, also heißt es: Das geht nicht!

Dabei spart das Modell auch. Primary Nurses können mehr Patienten betreuen, als es heute einer Fachkraft möglich ist. Nötig wäre dazu Stammpersonal, das flexibel eingesetzt wird. Täglich fände eine Pflegevisite statt. Aber alle Ansätze dazu liegen im Argen, weil es kaum genug individuelle Fähig- und Fertigkeiten auf den Stationen gibt. Schade. Trotzdem: Träumen darf man.

Bleibt zuletzt ein Thema, bei dem Deutschland ebenfalls hinterherhinkt: der Wohnungsbau. Familien nehmen ein Mitglied in ihr beengtes Heim auf. Pflegebetten müssen oft ins Wohnzimmer gestellt werden, eine Privatsphäre ist kaum möglich. Ich habe schon Angehörige erlebt, die im Garten ihre Schuppen umbauten, weil sie nicht wussten, wohin mit der pflegebedürftigen Oma. Andere fahren tagtäglich kilometerweit, um ihre Angehörigen zu versorgen.

Der demografische Faktor sagt uns: Es wird mehr alte Menschen und mehr Pflegebedürftige geben. Ich frage mich, warum der soziale Wohnungsbau nicht vorangeht, warum Bauträger schon stolz sind, wenn sie auf Türschwellen verzichtet haben, damit Rollstuhlfahrer einziehen können. Es wäre möglich, Räume so zu gestalten, dass es neben der Familienwohnung eine zweite Bleibe mit eigenem Zugang und Verbindungstür im Bedarfsfall gibt: mal eine Weile allein sein, aber nicht einsam.

Weshalb gibt es noch keine Pflege-Wohngenossenschaften mit Horten und Tagespflegen, wo Familien miteinander leben, wo sich am Tag, wenn sie es wollen, Enkel und Großeltern begegnen können? Wir benötigen Konzepte, die es pflegenden Angehörigen erlauben, sich miteinander zu vernetzen, sich zu helfen. Mittels Community-App könnten sich Beteiligte gegenseitig Arbeit abnehmen.

Es zeigt sich auch hier wieder ein genereller Fehlschluss. Wir betrachten das Phänomen Pflege als ein Problem des Individuums, obwohl es in naher Zukunft kaum eine Familie geben wird, die nicht davon betroffen sein wird. Wir brauchen Mut, die beschriebenen Konzepte auch bei uns endlich umzusetzen. Das kann Pflegebedürftigkeit insgesamt verringern. Das kann Menschen entlasten und Freiräume schaffen. Das kann enttabuisieren. Doch kreieren können diese Modelle nur professionell Pflegende mit viel Erfahrung. Damit sie loslegen können, muss die Gesellschaft allerdings endlich begreifen, was Pflege alles bedeutet, und eine Politik betreiben, die all die Zusammenhänge versteht und endlich die richtigen Schlüsse daraus zieht.

KAPITEL 14

Mit dem Pflegegeld in den Urlaub

Nicht nur mein Opa hat gepflegt. Auch meine Oma Inge. Nicht, weil sie es als ihren Beruf gewählt hatte, sondern weil es von ihr erwartet wurde. Ihre Mutter, meine Uroma Elli, hatte in den frühen Siebzigern einen Schlaganfall und war ab da halbseitig gelähmt. Ihr Vater, mein Uropa Erich, war mit der Situation völlig überfordert und meinte wohl, da er ein Mann sei, könne er sich rausziehen. Es hätte auch einen Bruder meiner Oma gegeben, aber der war mit seiner Karriere beschäftigt. Männer pflegen nicht ohne Bezahlung.

Meine Oma Inge war sehr klein, knapp 1,50 Meter. Und sie rannte den lieben langen Tag durch Berlin-Neukölln. Morgens, nachdem sie mich schulfertig gemacht hatte, zum Waschen und Frühstückmachen zu ihrer Mutter, dann das Mittagessen für Opa und mich kochen. Bald aber wurde auch meine andere Uroma krank und zog in die Nebenwohnung. Ab da waren es drei Haushalte, die zu bewältigen waren – und Oma Inge rannte und rannte. Tatsächlich dachte ich als Kind, dass sie so klein sei, weil sie den ganzen Tag rannte und oft zu mir sagte, ich solle mich hinsetzen und etwas essen, damit ich wachse. Bestimmt, so dachte ich, könne man sich die durch das Essen von Graupeneintopf erworbene Körpergröße irgendwie abrennen, denn sie aß ja das Gleiche wie wir. Da blieb ich sicherheitshalber lieber sitzen und las. Um groß zu werden.

Uroma Ellis Schlaganfall war der Grund dafür, dass wir ein Telefon anschafften. Damit sie anrufen konnte. Und sie rief an. Mehrmals täglich, dann musste Oma los. Uroma Elli wollte aufs Klo – und Opa Erich konnte nicht helfen. Dazu kam das Ins-Bett-Bringen am Abend. Es dauerte nicht lange, da war meine

Oma völlig erschöpft. Aber das einzusehen, fiel ihr selbst schwer. Es fühlte sich für sie wohl an wie Versagen und Schuld. Mein Opa schaute sich das eine Weile an, dann griff er ein. Er sagte, jetzt sei Schluss, meine Oma dürfe nur noch einmal die Woche zu Uroma Elli, zum Baden. Uroma Elli müsse endlich aus dem Bett aufstehen. Die Situation eskalierte.

Alle in der Familie waren empört, denn wer sollte die Patientin nun pflegen? Was verstand man damals unter Pflege? Pflegegeld gab es noch lange nicht, fremde Leute ins Haus zu holen, kam nicht infrage. Meine Oma schmiss in der Nacht, als das diskutiert wurde, vor Wut mit Würstchendosen nach Opa. Ihr einziger Streit in 65 Jahren Ehe. Die Dosen ramponierten den Türlack, und Opa musste alle Türen in der Wohnung neu streichen. Da waren nicht nur Dosen an Türen, sondern ganze Welten aufeinandergeprallt, nämlich die der professionellen und die der Angehörigenpflege.

Opa baute nach dem Streit aus einem alten Küchen- einen neuen Toilettenstuhl für Uroma Elli. Mit einem Eimer, der in dem typischen 70er-Jahre-Orange leuchtete.

Es dämmerte nun allen, dass sich keiner drücken konnte, jeder mit anpacken und dazulernen musste. Uropa lernte nach und nach, Elli auf den Toilettenstuhl zu bugsieren, sie an- und auszukleiden, ihr das Essen kleinzuschneiden. Die Uroma musste wieder Laufen lernen. Uropa musste Einkaufen und Kochen lernen. Es dauerte Jahre, bis sich alles eingespielt hatte. Rollen krachten aufeinander, weil Männer nun „Frauensachen" machen mussten.

Dieser Lernprozess spiegelte die Situation in ganz Deutschland wider. Er hält bis heute an. Denn die Lernfähigkeit lässt hier und da zu wünschen übrig. Von den mehr als vier Millionen Pflegebedürftigen in der Bundesrepublik wird ein Fünftel stationär gepflegt, alle anderen daheim. Rund zwei Drittel aller Fälle werden von Frauen zwischen 50 und 70 Jahren betreut, manchmal mit der Unterstützung eines ambulanten Pflegedienstes. Auch hier spielt der schon öfter erwähnte „Gratis-Liebesdienst", den Frauen zu erbringen haben, eine entscheidende Rolle.

Seit Jahrzehnten werden Angehörige als der „größte Pflegedienst Deutschlands" betrachtet. Doch damit einher ging und geht auch der Mythos, Pflege könne jeder. Die Mär wird immer weitergesponnen, obwohl wir wissen, dass unqualifizierte Pflege den Zustand von Patienten verschlechtern, sie im schlimmsten Fall töten kann. Eine sachliche Debatte zum Thema Profi- und Laienpflege findet kaum statt – und wenn, dann ist sie emotional aufgeladen. Die Angehörigen fühlen sich diskreditiert, wenn man ihr Tun hinterfragt, weil sie darin den Vorwurf hören, die ihnen Anvertrauten nicht genug zu lieben. Die Profis müssen sich anhören, Pflege sei ein Liebesdienst, was die Komplexität und Bandbreite des Berufs nicht ansatzweise abbildet. Doch mit dem Framing des Berufs als Liebestätigkeit geht dann auch immer der implizite Vorwurf einher, Pflege durch Angehörige sei besser, da liebevoller. Da in naher Zukunft noch mehr Menschen auf die Pflege durch Angehörige angewiesen sein werden, wird es höchste Zeit, darüber zu reden, wo die Unterschiede liegen und wo Gefahren lauern. Liebe und Pflege können, müssen aber nichts miteinander zu tun haben.

Zweifellos gibt es innerhalb der Gruppe der pflegenden Angehörigen Menschen, die sich hochgradig engagieren, umfangreiches Wissen erworben haben und verantwortungsbewusst damit umgehen. Aber selbstverständlich ist das nicht. Deshalb müssen wir darüber reden – und vor allem handeln.

Im Gesundheitswesen ist eine Nachweispflicht gesetzlich vorgeschrieben. Das penible Dokumentieren dient dazu, pflegerische und medizinische Maßnahmen festzuhalten, Probleme zu erkennen und entsprechend nachzusteuern. Letzten Endes ist es auch ein Nachweis darüber, was im Einzelnen getan wurde. Schäden am Patienten oder am Betagten sind unbedingt zu vermeiden, sie könnten sonst juristisch als Körperverletzung und Berufsfehler betrachtet werden, was weitreichende Folgen hätte.

Im Privaten existiert so etwas nicht. Kommt es dort zu Schäden aufgrund falscher Pflege, dann ist das eben so. Den Mehraufwand der Behandlung deckt die Krankenkasse.

Um Angehörige zu pflegen, kann man einen Kurs machen – muss es aber nicht. Das ist absurd, weil wohl nirgendwo sonst im Alltag den Menschen so gravierend geschadet werden kann wie beim Pflegen. Kein Mensch dürfte ohne Führerschein fahren, nur weil er beteuert, er fahre sehr liebevoll. Aber ein Angehöriger darf, soll oder muss vollumfänglich für die Genesung oder den Gesundheitszustand eines Familienmitglieds Verantwortung übernehmen, ohne einen Pflichtkurs zu absolvieren. Mögliche Folgen sind körperliche Schäden, Vernachlässigung, Verwahrlosung, aber auch häusliche Gewalt an Patienten. In der Öffentlichkeit ist davon so gut wie nichts bekannt.

Die leitende Altenpflegerin Susann Glowalla besucht – laut Gesetz viertel- oder halbjährlich – Patienten, Senioren und Familien, um die Pflegequalität zu prüfen und mögliche Defizite zu beheben. Immer wieder macht sie schlimme Erfahrungen. „Mama, Oma, Opa werden so lange zu Hause vernachlässigt, bis sie ins Heim kommen", sagt sie. „Vernachlässigung in Heimen werden zuhauf aufgedeckt. Wenn Pflege Aufmerksamkeit erlangte, dann mit Missständen. Aber hat man jemals etwas von Missständen in der Angehörigenpflege gehört?"

Entscheidender Faktor ist das Geld: jenes, das eine Familie für Pflege daheim bekommt, und jenes, das sie dafür aufwenden muss. Glowalla betreute eine Patientin, die nicht mehr allein aufstehen, zur Toilette gehen und sich Frühstück machen konnte. Also half ihr die Altenpflegerin, dokumentierte ihre Leistungen und rechnete den Zeitaufwand ab. Mehrkosten für die Familie: 8,50 Euro. Die Tochter protestierte beim Pflegedienst, wollte „sofort" mit Glowalla telefonieren. „In einem halbstündigen Gespräch durfte ich mir anhören, dass wir ja nur Geld wollen."

Es mangelt an der Einsicht, dass bei Hausbesuchen Mehraufwand nötig ist, der Geld kostet. Aber ich möchte die Hausfrau erleben, die einem Handwerker, der länger für einen Auftrag braucht, erklärt: „Sie wollen ja nur Geld." Ja, will er vielleicht. Aber mit gutem Recht. Vom ausgebildeten Monteur wird kein Geschenk aus Nächstenliebe erwartet. Von ambulanten Pflegern sehr wohl, da wird sich beschwert, wenn es teurer wird, obwohl es sich hier erst recht um Spezialisten handelt. Soll man antworten: „Gut, wir lassen Ihre Mutter dann unversorgt im Bett liegen, weil 8,50 Euro eine unzumutbare Zuzahlung ist"? Kann man das mit seinem Gewissen vereinbaren?

Nein, natürlich nicht – es ist eine große Bürde, damit umzugehen. Aber warum sollen Profipfleger ihre Arbeit verschenken, nur um der Anspruchshaltung vieler Deutscher gerecht zu werden? Auch hier schlägt sich die Geisteshaltung „Pflege kann jeder" nieder. Ambulante Pfleger kriegen die Wut von Menschen ab, die ihre eigene Überforderung übersehen oder aber in Kauf nehmen. Das kann tragisch enden, wie bei dem Fall eines hochbetagten Demenzkranken. Nach der Entlassung aus der Kurzzeitpflege übernahm seine Frau, auch schon sehr alt, die Aufgabe. Glowalla sah die Gefahr der Überforderung und riet zu professioneller Unterstützung. Die Ehefrau lehnte ab, sie sei auf das Geld aus der Pflegeversicherung angewiesen. Bei einem Kontrollbesuch fiel Glowalla aus allen Wolken. Der Mann war nahe dem Verdursten und war auch sonst vernachlässigt. Er musste ins Krankenhaus. Den Grund war: Die Frau hatte auf einen großen Urlaub gespart und dafür das Pflegegeld genutzt.

In Fällen wie diesen – Glowalla hat darüber Bericht erstattet – werden Protokolle angefertigt. Das kostet Zeit und Geld, ist aber mit Blick auf einen etwaigen Rechtsstreit nötig. Tragisch ist es, wenn trotz der Meldungen nichts geschieht und vieles oder alles weiterläuft wie bisher. Tausende, vielleicht Zehntausende erhalten nicht die Pflege, die ihnen zusteht oder nötig wäre. Weil vielleicht die Enkel unterstützt werden, das Pflegegeld für Weihnachtsgeschenke oder eben einen Urlaub verwendet wird. Doch dafür ist es nicht da. Dafür wurde die Versicherung nicht geschaffen.

Hier kann man nicht in erster Linie die Politik in die Verantwortung nehmen, es sind ganz individuelle Entscheidungen, wie man mit einem Verwandten umgeht. Dennoch handelt es sich um ein gesamtgesellschaftliches Problem: Geiz ist hierzulande geil – und Urlaub wichtig. In krassen Fällen wichtiger als das Wohl eines dementen Familienmitglieds.

Gerade Haushalte mit sehr wenig Einkommen sind schon ohne die Belastung durch Krankheit und Pflege finanziell an ihrer Grenze. Geringverdiener, Arbeitslose und alte Leute mit Minirenten begreifen Pflegegeld als Zuschuss, die eigene Situation aufzubessern. Die Politik kann zwar die Sätze erhöhen. Aber abgesehen davon, dass dann auch ein höherer Versicherungsbetrag für jeden fällig wird: Wäre dann der Anreiz für Mogeleien nicht auch höher? Hier zeigt sich, dass Politik zwar Rahmen schafft, aber nicht alles leisten kann und nicht für alles Verantwortung trägt.

Man bedenke zudem: Die Pflege- ist eine Teilkaskoversicherung. Und so ist die soziale Ungleichheit vorprogrammiert. Wer es sich leisten kann, die Pflege durch eine Firma erbringen zu lassen oder sie anderweitig auszulagern, muss nicht beim Pflegegeld tricksen. Der vom Medizinischen Dienst der Krankenkasse ermittelte Bedarf wird als Sachleistung zwar vollständig übernommen, aber nicht, wenn die Familie sich entscheidet, selbst ein bettlägeriges Familienmitglied zu unterstützen. Das Pflegegeld wird hingegen nicht auf Hartz IV angerechnet. Und so wohnt jedem Einsatz – Glowalla kann viele Lieder davon singen – von vornherein ein Konflikt inne. Bei ihren Prüfbesuchen geht es darum, ob die Pflege gesichert ist und was im Interesse eines Patienten vielleicht besser gemacht werden kann. Auf der anderen Seite stehen Menschen, die fürchten, dass ihnen „das Geld weggenommen" wird. Das sind zwei völlig unterschiedliche Sichtweisen, die schwer miteinander in Einklang zu bringen sind. Zumal hinter der Sorge, Einnahmen zu verlieren, nicht immer ein Urlaubsplan stecken muss, sondern schlicht und einfach die Angst vor dem finanziellen Ruin.

Die Zeiten für die Beratungen der Angehörigen sind kurz. Es gibt – anders als in der beruflichen Pflege – keine Dokumente, keine Berichte, keine Nachweise, die den Kontrolleuren helfen würden, die jeweilige Situation besser einzuschätzen. Sie sind auf die Berichte der Angehörigen angewiesen, auf einen kurzen Blick auf den Betroffenen. Und da es um Geld geht, sind Beratungs- und Alltagssituation oftmals nicht identisch. Der Patient wird schnell gewaschen, das Bett frisch bezogen – die Kontrolleure sollen denken, dass alles super sei. Ein Dilemma, dem schwer beizukommen ist.

Die andere Crux ist, dass die Beratungseinsätze von den Familien beantragt werden müssen. Es sind also die Kunden selbst, die sich die Bescheinigung holen. Zwar wird der Kontrollbesuch von der Pflegekasse abgerechnet, doch es steht dem Angehörigen frei, sich beim nächsten Mal an einen anderen Pflegedienst zu wenden, wenn ihm irgendetwas nicht passt. Sie können sich vorstellen, was passiert, wenn eine Tochter oder ein Sohn, ein Ehemann oder eine Ehefrau vermuten, zu kritisch hinterfragt zu werden und Geld zu verlieren. Eine kontinuierliche Beobachtung des Verlaufs ist also unmöglich. Aber auch die ambulanten Unternehmen stehen unter Druck: Wollen sie ihre Kunden behalten, müssen sie sich „flexibel" zeigen.

Glowalla sieht die Pflegedienste durchaus kritisch: „Viele Berater sind sich ihrer Verantwortung nicht bewusst. Da wird gefragt, wie es geht, die Unterschrift daruntergesetzt – und dafür gibt es 50 Euro." Dass etwas im Argen liegt, wird oft unter den Tisch gekehrt, solange es nicht ein gewisses Ausmaß erreicht. „Ich möchte die Pflegedienste hier nicht von jeder Mitschuld freisprechen – und auch nicht die Kassen. Wird nach einem Besuch ‚gesicherte Pflege' bescheinigt, interessiert der Fall nicht weiter. Die meisten Beteiligten haben sich mit dem System abgefunden, auch weil es die bequemste Lösung ist." Glowallas bitteres Fazit: „Also wird munter weiter das Pflegegeld kassiert, die Dienste schauen weg oder sind blind. Und wenn mal einer hinschaut, schauen die oberen Instanzen weg, die die eigentlichen Entscheidungsträger sind."

Gemauschelt wird auch beim Geld für die sogenannte Verhinderungspflege. Das ist ein Mensch, der einspringt, wenn die Betreuerin oder der Betreuer, die den Job normalerweise daheim machen, in den Urlaub will, um sich vom Pflegen auszuruhen. An und für sich eine gute Idee. Pauschal gibt es dafür 1600 Euro im Jahr. Den Antrag müssen Pflegebedürftige – nicht die Pflegenden! – bei der Kasse stellen. Das Gesetz verbietet es, dass das Geld an nahe Verwandte des Betroffenen gezahlt wird.

Damit soll Missbrauch vermieden werden. Doch diese Hürde ist leicht zu nehmen. Der Nachbar oder die gute Bekannte bescheinigt einfach, ausgeholfen zu haben, ohne die fragliche Wohnung je betreten zu haben. Was aus dem Pflegefall in Abwesenheit seiner Betreuer wird, wie er zurechtkommt, kann man nur ahnen.

Angehörige denken gerne, alles richtig zu machen. Dass dem aber nicht immer so ist, zeigt sich spätestens dann, wenn ein Bedürftiger in Langzeitpflege kommt. Die Pflegewissenschaftlerin Anna Gobrecht verweist auf die starken Emotionen: „Jeder Bewohner bringt nicht nur seine ganz persönliche Geschichte in Bezug auf sich selbst mit, sondern auch alle familiären Spannungen und Bindungen." Nach Gobrechts Beobachtung zeigen Angehörige eines Patienten, den sie selbst über Monate oder Jahre daheim hatten, ein besonders hohes Aggressionspotenzial gegenüber Pflegekräften. „Es fällt auf, dass sie besonders häufig von verbal bis körperlich übergriffig entgleisen."

Das kommt nicht von ungefähr. Mit Blick auf ihre erworbenen Erfahrungen sehen sie sich auf einer Stufe mit Fachkräften. In Bezug auf die Bedürfnisse und den Charakter des zu pflegenden Menschen stimmt das sogar häufig. Aber das allein ersetzt kein Fachwissen. Dass Angehörige auch Verursacher folgenschwerer Fehler sind, hören sie natürlich ungern. Mitunter erleben sie die Folgen ihres Handelns direkt, nämlich dann, wenn ambulante Pflegekräfte oder der Rettungsdienst Alarm schlagen. Gobrecht sagt: „Es gibt sehr liebevolle und gute Beispiele von Pflege durch Angehörige. Mindestens genauso häufig gibt es jedoch auch Fälle von Fehlern unterschiedlichster Ausprägung bis hin zu Fällen, in denen Behörden eingreifen und die Verlegung in ein Heim anordnen mussten."

Der Wissenschaftlerin sind einige besonders erschütternde Fälle im Gedächtnis geblieben, wie der einer Frau, deren Tochter an Tag eins der Unterbringung ihrer Mutter in einem Heim erklärte, was sie erwarte, nämlich Rücksichtnahme auf folgende Dinge: Ihre Mama habe schwere Wunden, sei vollständig bettlägerig, bei Mobilisationsversuchen schreie sie und werde sogar ohnmächtig vor Schmerz. Auch einen Schuldigen hatte die Tochter parat: den ambulanten Pflegedienst.

Gobrecht fand jedoch heraus, dass der Dienst lediglich die Anweisung hatte, einmal die Woche zum Verbandwechsel vorbeizukommen. Die Wunden an Steiß und Fersen stellten sich als Druckgeschwüre höchsten Grades heraus. Sie waren entstanden, weil die Patientin den ganzen Tag in ein und derselben Stellung im Bett gelegen hatte. Aufstehen bereitete ihr Schmerzen, gegen die die Tochter ihr Paracetamol gab. Doch das Medikament reichte nicht aus. Ohne Schmerzfreiheit aber wagte es die Frau nicht aufzustehen – was ihren Zustand dramatisch verschlechterte, die Gelenke rosteten regelrecht ein.

Gobrecht verordnete eine fachlich basierte Schmerztherapie und ließ eine dringend notwendige Physiotherapie verschreiben, die – da die Betroffene Angst vor einem Sturz hatte – in einem Rollstuhl erfolgte. Danach ging es mit ihr aufwärts.

„Der Fall zeigt für mich exemplarisch: Angehörige, die oft die besten Intentionen haben, richten ihren Blick auf das, was man allgemein unter guter Pflege versteht: satt, sauber, mit Flüssigkeit versorgt." Alle Bedürfnisse, die darüber hinausgehen, erkennen sie nicht und sind nicht in der Lage, entsprechend zu reagieren.

Gobrecht berichtet von einem anderen Fall, der weitaus dramatischer endete. Der Rettungsdienst brachte eine Frau mit beginnender Demenz, die in ihrer Wohnung um Hilfe gerufen hatte, mit einem komplizierten Schenkelhalsbruch ins Krankenhaus. Ihr Gesundheitszustand erwies sich als extrem schlecht. Tatsächlich starb die Frau wenige Wochen nach ihrer Einlieferung, eine Folge krasser Verwahrlosung. Ihr Sohn hatte sich gegen professionelle Unterstützung entschieden. Seine Mutter habe ihn nie gut behandelt, und er habe nicht eingesehen, ihr etwas zu geben, was er selbst nicht erhalten habe.

Wir als Gesellschaft müssten Konflikte innerhalb der Familien viel stärker thematisieren, die ja regelmäßig zu Gewaltausbrüchen führen und die im Rahmen der häuslichen Pflege von Vernachlässigung bis hin zu Mord reichen können.

Sicher handeln Kinder meist aus Liebe und wollen nur das Beste für Mutter oder Vater, geben sich alle Mühe, ihre Eltern gut zu versorgen. Aber sie sind nun mal Laien, die körperliche und psychosoziale Bedürfnisse eines Patienten nur unzureichend einordnen können.

Im Abschlussbericht der im vorigen Kapitel erwähnten Enquete über die Lage der Psychiatrie in der Bundesrepublik ist vom Umfang der Verwahrlosung hinter den Klinikmauern die Rede. Heute leiden Patienten, für die Öffentlichkeit unsichtbar, hinter privaten Mauern. Wir aber schauen weg, nicht zuletzt aus Angst davor, dass diejenigen, die es doch nur gut meinen, sich möglicherweise vor den Kopf gestoßen fühlen könnten.

Die Situation, dass jemand aus der engen Verwandtschaft gepflegt werden muss, kündigt sich nicht an, und sie kann jede Familie treffen. Demenz kann sich ins Haus schleichen wie Nebel über eine Landschaft, erst ein bisschen, dann vollständig, wenn etwa die Mutter sagt: „Aber heute ist doch nicht Montag, Kind!" – und solche Verwechslungen immer häufiger passieren, bis die Diagnose vorliegt. Oder sie bricht wie ein Überfallkommando in ein Familienleben ein, wenn das Telefon plötzlich klingelt und es heißt: „Ihr Mann hatte einen schweren Unfall."

Schauen wir auf die asiatischen Länder, die ebenfalls das Problem der Überalterung der Gesellschaft haben. Dort wird Pflege an den Schulen gelehrt und ein breites Basiswissen gelegt. In den USA wiederum gibt es an jeder Schule school nurses. Ihre Präsenz vermittelt den Kindern, was Krankenschwestern alles draufhaben. In Deutschland gab es lediglich in Brandenburg ein Modellprojekt, das aber nicht verlängert wurde, obwohl sich gezeigt hatte, dass es die Gesundheitssituation der Kinder verbesserte. Die Potsdamer Koalition aus SPD, CDU und Grünen strich die Finanzierung – redete aber gleichzeitig der Prävention das Wort. Wie absurd!

Ausgerechnet die heute junge Generation, die das Thema Pflege am härtesten treffen wird, ist am wenigsten vorbereitet. Nach meiner Kenntnis existieren keine Studien über körperliche und seelische Schäden im Laienpflegebereich. Es wird stets und ständig beklagt, dass kein Geld im System sei. Doch über jene Kosten, die durch Pflegefehler entstehen, wenn ein Bruch nach Sturz oder ein Druckgeschwür wegen falscher Lagerung operiert werden muss oder eine Lungenentzündung zu spät erkannt wird, redet so gut wie niemand, obwohl das Thema die Versichertengemeinschaft insgesamt angeht.

Setzen wir Laien- und Profipflege gleich, was in der Realität faktisch geschieht, sollten auch die gleichen Bedingungen herrschen. Studierte Hebammen beispielsweise müssen üppige Summen für ihre berufliche Haftpflichtversicherung aufwenden, falls etwas schiefgeht. Zehn Millionen Euro beträgt dort die Deckungssumme. Ohne diese Absicherung dürfen Hebammen nicht freiberuflich arbeiten. Beruflich Pflegende müssen ebenfalls haftpflichtversichert sein – Laien aber nicht. Das ist, als wenn sich Busfahrer selbst versichern müssten, aber Menschen ohne Führerschein nicht. Mir erschließt sich da keinerlei Logik.

Überall in der Pflege werden falsche Anreize gesetzt. Je schlechter es einem Bedürftigen geht, desto mehr Pflegegeld wird ihm zur Verfügung gestellt. Das bedeutet, je größer die Folgen eines Fehlers im Laienbereich sind, desto mehr Geld fließt dorthin.

Wieso gehen wir die Sache nicht präventiv an? Laufen könnte es so: Wer Angehörige pflegen will, muss einen Basiskurs nachweisen, so wie jeder Autofahrer einen Führerschein haben muss, bevor er am Straßenverkehr teilnehmen darf.

Die Praxis könnte wie folgt aussehen: Eine Fachkraft des Gesundheitswesens geht drei Tage in Folge in einen Haushalt und schaut, wie der Pflegebedürftige betreut wird. Sie leitet an, gibt Hilfestellungen, unterweist in Hilfsmitteln und erarbeitet einen Plan. Der Angehörige, der pflegen will, dokumentiert seine Tätigkeiten, gerne auch digital über eine App. Bei Abweichungen ergeht eine Meldung an den begleitenden Pflegedienst, der die Planung anpassen kann, um auf akute Ereignisse zu reagieren. Pflegegeld wird gestaffelt gezahlt, die verschiedenen Höhen richten sich nach dem Erreichen vorher definierter Ziele. Die können bei chronischen Erkrankungen zum Beispiel darin bestehen, dass sich ein definierter Zustand nicht verschlechtert. Wer sie erreicht, erhält mehr als der, der sie verfehlt. Das wäre nur fair – auch für die, die sich nach Kräften bemühen zu verstehen, was gute Pflege bedeutet.

Eine Digitalisierung hätte weitere Vorteile. Eine solche App könnte mit denen anderer pflegender Angehöriger verbunden und dazu genutzt werden, auch mal nichtprofessionellen Ersatz für die eigene Leistung im Rahmen einer Nachbarschaftshilfe zu organisieren. Fehlende Entlastungsangebote für Pflegende Angehörige sind seit Jahren Thema – es passiert nur nichts. Eine digitalisierte Hilfe zur Selbsthilfe sollte das Mindeste sein, was ihnen zu Verfügung gestellt wird.

Darüber nachgedacht werden sollte auch, (ehemals) pflegenden Angehörigen den Weg in das Profilager zu ermöglichen. Denn immer wieder wollen Menschen nach dem Tod ihres Verwandten in die berufliche Pflege wechseln, da sie Kompetenzen erworben haben. Warum ihnen nicht eine weitere Betätigung auf dem Feld ermöglichen? Würde ein Mechanismus zur Kontrolle von Pflege in Haushalten existieren, wäre nicht nur den Patienten geholfen. Belege der Tätigkeiten in der häuslichen Pflege ließen sich auf eine Berufsausbildung anrechnen.

Noch ein Wort zum Pflegegeld. Auf den ersten Blick sieht es logisch aus, Pflegegeld direkt an den Bedürftigen zu zahlen. Aber wie stellen wir sicher, dass es wirklich an die Angehörigen weitergereicht wird, die die Arbeit leisten? Auch hier muss sich dringend etwas ändern, wir brauchen Flexibilität, Fairness und Perspektiven, vor allem, weil es meist um Frauen geht, die durch Pflegearbeit ihren eigentlichen Beruf nicht ausüben können und dadurch Einkommen und Rentenansprüche verlieren.

Das Altersgeld meiner Oma Inge, die zwei Generationen großzog, drei Haushalte versorgte und zwei Frauen pflegte, betrug 120 Euro – weil sie angeblich nicht gearbeitet hatte. Ein Weg könnte sein, das Pflegegeld, ähnlich wie beim Erziehungsgeld, daran zu knüpfen, ob auch ein männlicher Verwandter eine Zeitlang pflegt. Aber durch den Gender-Pay-Gap ist das nahezu illusorisch. Denn auf den oft höheren Verdienst des Mannes zu verzichten, können sich die meisten Familien gar nicht leisten.

Wie bereits geschildert, sind pflegende Angehörige genau wie ausgebildete Pflegekräfte latent bedroht von mentalen Erkrankungen wie Burnout und Depressionen. Auch sie leiden unter Stresssituationen und deren psychosomatischen Folgen wie Rückenprobleme und Schlafstörungen. Auch sie werden von der Politik allein gelassen. Das wirft Fragen auf: Wie gehen wir mit Care-Arbeit um? Was ist sie uns wert? Wie selbstverständlich ist in unserer Gesellschaft Arbeit von Frauen, wenn sich ganze Sozialgesetzbücher darauf ausruhen, dass es „Pflichtgefühl und Liebe" schon irgendwie richten werden? Das Problem wird von einer Generation an die nächste übergeben – und fast immer an die Frauen.

Wir reden uns und unseren Töchtern ein, dass sie alles werden können. Aber das stellt sich als Halbwahrheit heraus. Natürlich können sie Abitur machen, sie können auch Quantenphysik studieren. Am Ende aber dürften sehr viele der heute jungen Frauen eines Tages mit der Pflegeproblematik konfrontiert werden. Es wird Zeit, eine Gesundheitskompetenz zu stärken, bei der es nicht nur um Wissen geht, sondern auch um Mitsprache, Teilhabe und Selbstbestimmung. Studien belegen, dass sich die Gesundheitskompetenz seit 2014 deutlich verschlechtert hat. 2020 war sie bei 60 Prozent der Bevölkerung „gering", wie eine repräsentative Umfrage der Allianz für Gesundheitskompetenz ergab. Ohne genügend Wissen aber fällt es Menschen schwer, verlässliche Informationen zu Gesundheit, Ernährung, Bewegung oder Medikamenteneinnahme zu finden und in den Alltag zu integrieren.

Deutschland reagierte 2020 mit einem nationalen Aktionsplan, der das Ziel verfolgte, Gesundheitskompetenz zusammen mit Erster Hilfe, psychischer, pflegerischer und medizinischer Beratung in Bildungsinstitutionen zu verankern. Genau das passiert jedoch nicht.

So entsteht schon wieder ein Teufelskreis: Diejenigen, die nicht oder nicht genug informiert sind, sind auch die, die am ehesten von Pflegebedürftigkeit betroffen sind. Zugleich sind sie auch diejenigen, die sich oft auch keine professionelle Unterstützung leisten können. Es handelt sich um jene sozial Schwachen, die selbst pflegen müssen, wiederum insbesondere Frauen. Am Ende dieses Kreises sind Menschen, die nur eine gering Gesundheitskompetenz haben, verantwortlich für die Gesundheit eines anderen.

Wir müssen vom Mantra „Pflege ist Liebe" wegkommen. Liebe ist nicht messbar, gute Pflege schon. Und Pflege ist korrigierbar. Dazu muss sie jedoch zunächst erlernt werden. Das Vermitteln von Gesundheitskompetenz ist ein Aufgabengebiet beruflich Pflegender. Der Weg zur Wissensvermittlung ist damit vorgegeben. Es wird Zeit, dass dies sichtbar wird, denn auch hier hinken wir weltweit hinterher.

Warum eigentlich wird, wenn die pflegerischen Kompetenzen doch so wichtig sind und jeder Mensch mit ihnen früher oder später konfrontiert sein wird, Pflege nicht an Oberschulen gelehrt? Wenn schon Kinder in der Pflege ihrer Verwandten eingesetzt werden müssen: Weshalb gibt es dann nicht Grundpflegeunterricht für alle? Auch damit kann Wertschätzung gegenüber beruflich Pflegenden beginnen, indem man sich seines eigenen Wissensdefizits bewusst wird und nebenher junge Menschen fit macht für die Aufgabe, die das Leben ihnen unweigerlich stellen wird.

Bei all dem ist es mir wichtig, eines zu betonen: Ich will niemanden, der in den eigenen vier Wänden pflegt, denunzieren oder seine Leistungen diskreditieren. Ich weiß, was Familienangehörige jeden Tag leisten. Aber das kann nicht bedeuten, dass wir als Gesellschaft weiterhin systematische Missstände hinnehmen. Denn leider gilt bislang auch hier: Die Ehrlichen und Redlichen sind die Dummen.

KAPITEL 15

Menschen, die durchs Raster fallen

Die Fragen hätte ich schon früher aufgreifen können: Was bedeutet eigentlich Pflegebedürftigkeit? Und was Pflege? Die beiden Begriffe sollten eigentlich zueinander passen wie Yin und Yang. Tun sie aber nicht. In der Coronapandemie wurde klar, dass viele Menschen nicht wissen, was Pflegen eigentlich bedeutet. Sie bedankten sich dafür, dass Pflege „da war". Oft ist auch die Rede davon, dass Pflege etwas mit Waschen zu tun hätte. Der daraus entstehende Zirkelschluss ist: Pflege ist Waschen, waschen kann jeder, jeder kann pflegen.

Das hat mit dem unklaren Begriff der Pflege zu tun. Auch ich spreche hier in diesem Buch von Beginn an von „Pflege". Aber DIE Pflege existiert nicht. Das sieht man schon an den vielen unterschiedlichen Pflegeberufen und -disziplinen. Es gibt nicht nur Alten-, Gesundheits-, Kranken-, Intensiv- und Heilerziehungs-, sondern auch ambulante, rehabilitative und beratende Pflege, die – für sich genommen – wiederum alle unterschiedlich sind.

Von der Antike bis ins Mittelalter waren Mediziner zugleich auch diejenigen, die die Aufgaben hatten, die heute die Pflege übernimmt. Ihre Aufgabe war es, Menschen generell – nicht nur Kranken – lebensberatend zur Seite zu stehen. Sehr vereinfacht gesagt hatten sie dabei sechs große Kategorien im Blick: Atmen, Essen und Trinken, Schlafen und Wachen, Entleerung und Zurückhaltung von Körperflüssigkeiten, Ruhe und Bewegung. Dabei ging es immer um eine Balance, um das Gleichgewicht zwischen den unterschiedlichen Kräften, damit die – angeblich vier – Körpersäfte nicht durcheinandergerieten, was als Grund für Krankheiten angesehen wurde.

Jahrhunderte mussten vergehen, bis die Ansicht, dass Pflege ein eigenständiger Zweig der Medizin ist, wieder gesellschaftsfähig wurde. Antje Grauhan, die Pionierin der deutschen Pflegewissenschaft, machte sich 1973 stark dafür, was etwas durchaus Revolutionäres hatte. Niemand wollte davon etwas wissen. Ärzte fühlten sich in ihren Kompetenzen angegriffen.

Es dauerte weitere drei Jahrzehnte, bis sich Grauhans Forderungen in Deutschland durchsetzten. Zu Beginn der 1990er-Jahre machte sich die Bundesrepublik auf den Weg, endlich den internationalen Anschluss zu moderner Pflege zu finden. Das Land kehrte in die Antike zurück – und genau das war ein riesiger Fortschritt. Die Pflegewissenschaft legte ein Modell vor, das in Deutschland seit 1993 gültig ist und tatsächlich an die Zeit vor tausend Jahren anknüpfte. Es geht um Prävention, den Erhalt von Ressourcen und erst dann um die Frage, wie Aktivitäten, die ein Patient oder sonst Betroffener nicht mehr selbst ausüben kann, medizinisch kompensiert werden können. Im Grunde ist es ganz einfach: Pflegende möchten gemeinsam mit ihren Patienten erarbeiten, wie diese ihr Leben möglichst selbstständig führen können, trotz Einschränkungen und Krankheiten. Je selbstständiger die Patienten während des Prozesses dabei werden, desto besser. Meine Pflegelehrerin sagte immer: „Die beste Pflege erkennt man daran, dass die Pflegende die Hände in den Hosentaschen hat." Denn das bedeutet, dass der Patient schon fast alles wieder allein kann.

Das Leben ist ganz schön vielfältig. Pflegewissenschaftler haben deshalb die Aktivitäten, denen man im Leben nachgeht, in Kategorien aufgeteilt. Diese Kategorien – ganz ohne Vier-Säfte-Lehre (aber nicht so weit weg von der antiken und mittelalterlichen Vorstellung) – lauten: „Ruhen und schlafen", „Sich bewegen", „Sich beschäftigen", „Essen und trinken", „Ausscheiden", „Regulieren der Körpertemperatur", „Atmen", „Für Sicherheit sorgen", „Sich waschen und kleiden", „Kommunizieren", „Sinn finden im Werden und Vergehen", „Kind, Mann, Frau sein", „Soziale

Aspekte des Lebens sichern" und „Mit existenziellen Erfahrungen des Lebens umgehen können".

Wie man sieht, sind darin enthalten – ein wahrer Quantensprung – auch existenzbedrohende Größen wie Verlust von Unabhängigkeit, Isolation, Angst, Schmerz, Hoffnungslosigkeit, aber auch Religion oder Weltanschauung. Krankheit und Gebrechen machen etwas mit dem gesamten Beziehungsgefüge eines sozialen Umfeldes, wenn plötzlich die Aufgaben in den Familien – manchmal für kurze, manchmal für lange Zeit oder gar den Rest des Lebens – anders verteilt werden müssen. Sich ein Bein zu brechen, kann eine existenzielle Notlage auslösen, die Frage aufwerfen, wie man seine Familie ernähren, sich um die Kinder kümmern oder seine soziale Rolle als Mann oder Frau, Tochter oder Mutter erfüllen soll.

Dies ist der Maßstab für die „Grundpflege", also das Minimum an humanitärer Leistung, Kranken, Behinderten oder Greisen ein vernünftiges Leben zu ermöglichen. Dazu kommt die spezielle Pflege, also das Verabreichen von Spritzen, das Anlegen von Verbänden, die Durchführung von Untersuchungen und die Krankenbeobachtung.

Dass zwischen dem Anspruch und der Wirklichkeit eine gigantische Lücke klafft, wird man nach der Lektüre der vorigen Kapitel leicht verstehen. Schuld daran haben im Wesentlichen die unter Ex-Bundessozialminister Norbert Blüm eingeführten Fallpauschalen, mit dem Ziel, Kliniken und andere Häuser des Gesundheitswesens auf Effizienz zu trimmen, weshalb der Prozess mit dem Massenabbau von Personal einherging.

Der ganzheitliche Ansatz gilt seit 1993. Vergleicht man allerdings das, was an den Schulen vermittelt wird, und das, was die allermeisten Beschäftigten des Gesundheitswesens tatsächlich machen, springt die Diskrepanz ins Auge. Der Gesetzgeber ignoriert den Eckpfeiler moderner Pflege, dass jeder Mensch anders ist und deshalb individuell behandelt werden muss.

Ein großes Problem ist, dass das Sozialgesetzbuch nicht alle real Pflegebedürftigen erfasst. Menschen, die wenige Tage oder Wochen im Krankenhaus waren, fallen komplett durch das Raster. Sie sind auf sich allein, Familie, Freunde, Kollegen und Nachbarn angewiesen. Denn dem Gesetz zufolge haben sie auf nichts Anspruch. Es heißt: „Die Pflegebedürftigkeit muss auf Dauer, voraussichtlich für mindestens sechs Monate bestehen." Niemand aber fragt, was diese Leute nach ihrer Entlassung daheim machen, wenn sie nicht fit genug für den Alltag sind. Sie riskieren, im Drehtürverfahren wieder in die Klinik zu müssen – und das ist um ein Vielfaches teurer als das, was moderne Pflege kosten würde, wie ich sie in Kapitel 13 beschrieben habe. Dabei wird heute aus den Kliniken möglichst schnell entlassen, und so sind die Menschen immer weniger fit für ein Leben nach dem Krankenhaus. Das passt nicht zusammen.

Wohnungslose und Suchtkranke bleiben komplett außen vor, sie laufen unter dem Radar des Gesundheitssystems. Wohnungslose genügen den gesetzlichen Anforderungen einer Langzeitpflegeeinrichtung nicht. Eine ambulante Versorgung ist mangels fester Adresse faktisch unmöglich. Das ist umso tragischer, da Wohnungslose ebenso wie Suchtkranke überdurchschnittlich häufig an mehreren Erkrankungen gleichzeitig leiden. Dazu kommt, dass Wohnungslose und Menschen mit einer Suchterkrankung keine Lobby haben.

Mit der Einführung der Fallpauschalen, die bestimmte Leistungen am Menschen nach selten nachvollziehbaren Maßstäben zur Handelsware werden ließen, waren die Kliniken gezwungen, Patienten (auch) als Mittel zum Zweck zu sehen. Jede Fachabteilung eines Krankenhauses führt inzwischen Standardoperationen und -behandlungen nach immer gleichem Muster durch. Also hat fast jedes Haus dazu Pflegestandards entwickelt, die angewandt werden (müssen), wer auch immer gerade im Krankenbett liegt. Und es gibt wenig, was nicht durch Richtlinien festgelegt werden kann: wie und wann der Patient zu lagern ist, in welcher Reihenfolge welches Körperteil zu waschen und welche Schüssel dabei zu verwenden ist, wie Mobilisierung zu erfolgen hat. Mundpflege? Nach Standard. Beschäftigung? Nach Standard. Lagerung? Nach Standard. Sitzen zum Essen und Gang zu den Toiletten? Klar, nach Standard. Fast wie in einer Fabrik. Und warum? Weil stets wiederkehrende Leistungen nach exakt festgelegten Maßstäben sich den Abläufen in den Einrichtungen schneller anpassen lassen. Das ist aber mitnichten individuelle Pflege, die sämtliche oben geschilderten Kategorien in den Blick nimmt. Das ist Verwahrung. Die Pflegenden müssen geradezu vergessen, was sie gelernt haben, sind reduziert auf das routinemäßige Abspulen von Verrichtungen, als würden sie in einer Fabrik ein Auto bauen, können ihre Kompetenzen nicht entfalten.

Die Frankfurter Professorin Bartholomeyczik schreibt: „Insgesamt machen derartige Standards zur Standardisierung von Arbeitsabläufen den Eindruck, ausschließlich für Pflegende gedacht zu sein, die noch nie etwas mit Pflege in derartigen Situationen zu tun gehabt haben."

Ergebnis: In Kliniken und Seniorenheimen herrscht Routine, die kreative und auf den Menschen individuell zugeschnittene Lösungen unmöglich macht. Pflegekräfte sind dadurch in unvorstellbarem Ausmaß demotiviert. Viele von ihnen, die jeden Tag immer wieder dieselben Handgriffe wiederholen müssen, vergessen nach einer Weile, dass es eigentlich auf ihren Ideenreichtum, auf ihre Beobachtungsgabe, ihre sozialen Fähigkeiten und ihre Kompetenz ankäme. Umgekehrt weiß oder versteht niemand oder hat je erlebt, was Pflegende eigentlich zu leisten imstande wären.

Dabei ist individuelles Vorgehen das A und O moderner Pflege. Ich erläutere es am – scheinbar simplen – Beispiel des Waschens, aus dem Grund, weil gerade die Körperpflege immer wieder als Symbol – und als Zerrbild – jeder Form der Pflege herhalten muss. Vor dem Waschvorgang ist der zu Pflegende zu beobachten, sind sein körperlicher Zustand, seine Haut, Kraft,

Verletzbarkeit, Mobilität und Tagesform einzuschätzen, seine Bewegungsabläufe zu unterstützen und zu fördern. Man muss mit ihm reden und herausfinden, was zu optimieren ist und wie er die Defizite, die er hat, am besten kompensieren kann, um wieder eigenständig zu werden. Das kostet Zeit und setzt Kompetenz voraus. Zur Klarstellung: Hier ist nicht die Rede von Intensiv-, sondern Grundpflege, was heißt, der Patient schwebt nicht in Lebensgefahr.

Das Sozialgesetzbuch, das die Pflegebedürftigkeit regelt, wenn eine Pflegebedürftigkeit erhoben wird, hat die pflegerischen Kategorien verknappt. Statt dreizehn gibt es dort nur sechs Kategorien. Pflegerisches Können und angebotene Kategorien des Sozialgesetzbuches passen nicht zueinander. Wie drastisch diese Kürzungen durch den Gesetzgeber sind, kann man am Beispiel der Kommunikation und der Beschäftigung sehen.

Der Gesetzgeber führt aus, dass es um die „Mitteilung elementarster Bedürfnisse" durch den Patienten ginge. Hier wird das absolute Minimum zum Ideal erhoben. Pflegende aber legen Wert auf den Erhalt von Sprache und die Fähigkeit eines Patienten, Worte zu finden, Bedürfnisse auszudrücken, was auch digitale Technik einschließt. Das bedeutet, dass man der älteren Dame auch einmal Skypen oder einem Senior WhatsApp zeigen könnte. Aber dazu steht nichts im Gesetz. Sexuelle Identität und soziale Rollen, die durch eine Krankheit eingeschränkt sind, beispielsweise bei der Amputation einer Brust, spielen überhaupt keine Rolle. Aber auch das Reden und der Umgang mit der existenziellen Erfahrung, das Gefühl zu haben, die Weiblichkeit zu verlieren und Wege für sich zu finden – all das hat keinen Raum mehr.

Muss ein Mensch mit einer Krankheit lernen, sich seinem Hobby nun mit veränderten Ressourcen zu stellen, dann muss und möchte die Pflegefachperson ihn dabei begleiten. Konkret heißt das, das sie vielleicht den Verein kontaktieren muss, in dem ihr Patient aktiv war, dass sie Bewegungsabläufe unterstützen muss, die das Hobby weiterhin ermöglichen etc. Aber man gewährt ihr nicht die Zeit. Und so schaltet sie oder der Patient den Fernseher ein. In den Akten steht dann: „Patient sieht fern." Ob er lieber ein Modellflugzeug gebaut, Blumen gezogen oder gestrickt hätte, interessiert niemanden mehr. Die Passivität, die damit für den Patienten einhergeht, man ahnt es schon, führt zur weiteren Abnahme von Mobilität, körperlich und geistig. Am Ende sind beide, Patient und Pflegefachperson, zur Passivität verdammt. Der Patient in seinem Zimmer, die Pflegekraft im Durchführungsakkord.

Waschen, Essen, Trinken, Ausscheiden und ein bisschen dafür durch die eigene Wohnung zu gehen – darauf wird die Pflege, und somit jeder Einzelne, reduziert.

Pflege als Beziehungsarbeit möchte, dass all diese Leistungen aus der Hand einer Fachkraft kommen, die das Ganze im Blick hat. Aber auch hier wird sie von der Ganzheitlichkeit ihres Berufes abgeschnitten. Denn das, was über gesetzlich verankerte Leistungen hinausgeht, übernehmen meist Familienangehörige, Betreuer oder Hilfskräfte. Die Zeit geht allein für die Erfüllung von Standardleistungen drauf und fehlt für Beratung oder ein vertrauensvolles Gespräch. Ein Querschnittsgelähmter kann drängende Fragen zur Sexualität haben. Themen wie Gender und sexuelle Identität können aufkommen, wenn eine Frau im Rahmen einer Chemotherapie ihre Haare verliert, aber ihr Weiblichkeitsempfinden eng mit einer bestimmten Frisur verknüpft ist.

Pflege ist Beziehungsarbeit, weil der Blick sich nicht nur darauf richten sollte, ob jemand sich den rechten Daumen gebrochen hat und ihn nun sechs Wochen in der Schiene halten soll, sondern auch, ob der Mensch, der zum gebrochenen Daumen gehört, vielleicht Weltmeister im Origami ist und demnächst eine Titelverteidigung ansteht. Die Frage ist stets, was das Ganze mit ihm macht, wie seine Familie darauf reagiert und wer in der Lage ist, ihn aufzufangen. Jede konkrete Situation, jede Familienkonstellation, alle Ressourcen vor dem Hintergrund der individuellen Religion, Kultur oder Weltanschauung sind dabei zu berücksichtigen unter jeder nur denkbaren Krankheit oder Einschränkung. Eine Mammutaufgabe.

Das Ziel wäre also eine Situationsanalyse, um individuell gestaltete Pflege auf die Beine zu stellen, um den Bedarf genau zu ermitteln. Und dies nicht erst dann, wenn medizinisch etwas repariert werden muss, sondern präventiv, damit manche Schäden erst gar nicht entstehen. Das Ganze im Blick zu haben, wäre wissenschaftlich fundierte Pflege. Fehlt nur ein Baustein, dann ist sie nicht mehr ganzheitlich und fällt in sich zusammen wie ein Kartenhaus.

Gesundheit ist enorm wichtig, kann aber nicht alleinige Prämisse sein. Die paneuropäische Kommission für Gesundheit und nachhaltige Entwicklung, die im August 2020 von der WHO eingesetzt wurde, formuliert unter dem Titel „One Health" ein umfassendes Konzept, mit dem Ziel, das Zusammenspiel der Gesundheit von Menschen, Tieren, Pflanzen sowie ihrer gemeinsamen Umwelt zu betrachten. Den Zusammenhang von Klimawandel, Artensterben und Pandemien hat der Hallenser Biologieprofessor Josef Settele in seinem Buch *Die Triple-Krise* in überzeugender Weise dargestellt.

Aus Sicht der Kommission hat die Coronapandemie offenbart, dass es tiefsitzende Ungleichheiten in der Gesundheitsversorgung gibt, denen sowohl in sozialer und wirtschaftlicher als auch in geschlechtsbezogener Hinsicht begegnet werden müsste.

Auf dem Weg dahin kann es ein erster Schritt sein, Gesundheitsförderung vor die Pflegebedürftigkeit zu stellen. Nicht umgekehrt. Das würde auch Ressourcen schonen. Denn der Bedarf an Pflege kann nicht losgelöst von den Unmengen an Einmalmaterial mit entsprechenden Transporten, an ökonomischen und ökologischen Parametern gedacht werden.

Aber zunächst einmal muss es darum gehen, dass die Gesellschaft versteht: Pflege ist nicht nur pflegen! Pflege ist, zu vermeiden, dass ein Mensch gepflegt werden muss!

KAPITEL 16

Wer soll das bezahlen?

Ich vermute, die Leserinnen und Leser dieses Buches werden sich fragen: Wer soll das alles bezahlen? Die Umsetzung der hier umrissenen Konzepte und Ideen der Verzicht auf Billigkräfte aus dem Ausland, eine bessere Ausbildung, ein angemessenes Gehalt für Lehrende und Pflege auf allerhöchstem Niveau – all das kostet Milliarden, Geld, das nicht da ist. Man muss es ehrlich sagen: Dass das System bis dato zu funktionieren scheint, hat mit Ausbeutung und dem Glück zu tun, dass es Deutschland jahrzehntelang wirtschaftlich gutging. Doch Fluchtbewegungen, die Coronapandemie, unterbrochene Lieferketten, der russische Eroberungskrieg gegen die Ukraine, die Explosion der Rohstoffpreise und die Inflation werden auch an Deutschland, dem Exportweltmeister, nicht spurlos vorbeigehen.

Für 2023 zeichnet sich bei den gesetzlichen Krankenkassen eine enorme Diskrepanz zwischen Einnahmen und Ausgaben ab. Das Institut für Gesundheitsökonomik (IfG) erwartet ein Minus von 25 Milliarden Euro. „Die Inflation lässt in Praxen und Kliniken die Ausgaben steigen, während die Aussichten für den Arbeitsmarkt im Herbst eher schlecht sind", zitierte die *Bild*-Zeitung IfG-Chef Günther Neubauer Mitte Juni 2022. Der Vorstandsvorsitzende der Krankenkasse DAK-Gesundheit, Andreas Storm, sagte laut *Welt am Sonntag*: „Wenn die Politik nicht aktiv gegensteuert, wird es 2023 einen Beitrags-Tsunami geben." Er forderte einen „schonungslosen Kassensturz für die Finanzen der gesetzlichen Kranken- und Pflegeversicherung bis zum Jahr 2025."

Die Pflege ist an die gesetzliche Krankenversicherung und an die Pflegeversicherung gekoppelt. Entweder die Regierung erhöht den Bundeszuschuss an die Sozialkassen, was letztlich aber auch jemand bezahlen muss. Oder es kommt zu heftigen Beitragserhöhungen, die zu einem Aufschrei bei Arbeitnehmern und -gebern führen. Womit wir bei einem zentralen Problem der Misere angelangt sind: Haben Sie jemals ein kollektives Stöhnen gehört, wenn die Kfz-Versicherung angehoben wird? Ich nicht. Menschlich verstehe ich das durchaus, weil die Möglichkeit, krank oder alt zu werden, gerne verdrängt wird. Und niemand will sich die Fahrten ins Grüne nehmen lassen. Aber damit steht das Auto über der eigenen Absicherung im Alter. Ein seltsames Ranking, meine ich. Müssen wir also hier ansetzen und ein Bewusstsein dafür schaffen, dass gute Pflege Geld kostet und wir dafür gerne mehr zahlen sollten? Ich beantworte die Frage mit einem kleinen Ja – wohl wissend, dass dieses Brett erst einmal gebohrt werden muss.

Aber reden wir doch zunächst einmal über das Geld, das wir im Gesundheitswesen ausgeben, ohne dass es zu Diskussionen führt. Ich meine die Unsummen, die wir verplempern. Da es keine Studien dazu gibt, muss ein Gedankenexperiment herhalten. Wir wissen, dass es zu medizinischen Schäden kommt, wenn eine Pflegekraft für mehr als sieben Patienten zuständig ist. Diese Komplikationen ziehen medizinische Behandlungen nach sich, was viel Geld kostet. Der Strauß an Möglichkeiten ist gewaltig: Blasenentzündungen, Darmverschlüsse, Stürze mit allen möglichen Folgen von Hüft- bis zum Schädelbruch, Lungenentzündungen, Fehlmedikationen, Druckgeschwüre, Mangelernährung, Gelenkfehlstellungen mit Immobilität und dementsprechender Pflegebedürftigkeit für den Rest des Lebens. Diese Liste endet hier nur deshalb, weil ich niemanden verschrecken möchte. Niemand klagt, dass diese Komplikationen, die kein Hirngespinst, sondern Realität sind, Geld kosten. Im Gegenteil bringen sie dem Betreiber Einnahmen. Am Ende zahlt es die Gemeinschaft der Versicherten oder eine Berufsgenossenschaft. Und das sind „nur" die Folgen in den Kliniken.

Der Umstand, dass Pflegefachkräfte nach wie vor viele Folge-schäden verhüten, führt zu einem Präventionsparadox. Die Dinge, die verhindert werden, sieht man nicht. Das Nichtauftreten von Schäden aber wird finanziell nicht bemessen. In Privathaus-halten, wo gepflegt wird, treten ebenfalls Folgeschäden auf. Auch sie zahlt die Gemeinschaft der Versicherten, ohne mit der Wim-per zu zucken und je zu untersuchen, wie hoch die Beträge sind und warum sie entstehen.

Wir müssen auch die vielen Milliarden Euro mitdenken, die durch einen eklatanten Mangel an Wissen in der Bevölkerung über Gesundheitsvorsorge jährlich verbrannt werden. Alles zu-sammengenommen reden wir hier also über gigantische Beträge, während gleichzeitig immer wieder betont wird, wir hätten ein Geldproblem.

Gesucht werden muss nach neuen Wegen. Im System ist genug Geld. Nach jüngsten Daten des Bundesgesundheitsministeriums war für 2020 eine Bruttowertschöpfung im Kernbereich der Gesundheitswirtschaft von knapp 364,5 Milliarden Euro er-wartet worden, was mehr als zwölf Prozent des Bruttoinlands-produkts (BIP) wären. „Die Gesundheitswirtschaft ist damit weiterhin eine Wachstumsbranche auf Expansionskurs", erklärt das Ministerium. Mit einem Plus von jährlich 3,3 Prozent ist der Bereich in den vergangenen zehn Jahren deutlich stärker als das BIP gestiegen. Eine Zahl ist besonders beachtenswert: „Dienst-leistungen stationärer und ambulanter Einrichtungen sind für fast 54 Prozent der Bruttowertschöpfung und für rund 63 Pro-zent der Arbeitsplätze innerhalb der Gesundheitswirtschaft ver-antwortlich." Und weiter: „Grundlage für die hohe Bruttowert-schöpfung ist insbesondere der umfassende Leistungsanspruch für über 73,3 Millionen gesetzlich und knapp 8,8 Millionen privat Krankenversicherte." 2020 beliefen sich die Gesundheits-kosten laut Statistischem Bundesamt auf rund 425 Milliarden Euro, was heißt, dass Tag für Tag im Schnitt weit mehr als eine Milliarde ausgegeben wird. Das sind alles Wahnsinnssummen!

Pflege ist ein riesiges Geschäft – in ganz Europa. Vor allem in Langzeitpflegeeinrichtungen wie Seniorenheimen ist sie teuer. 2337 Euro pro Monat betrug 2019 der durchschnittliche Anteil, den ein Versicherter selbst zu zahlen hatte. Europaweit fließen jährlich 60 Milliarden Euro aus privater Tasche an Heimbetreiber, mit 220 Milliarden Euro beteiligen sich jährlich die EU-Staaten plus Großbritannien, Norwegen und die Schweiz an den Kosten. Der Markt ist krisensicher und boomt geradezu, denn die demografische Entwicklung ist ein globales Phänomen und garantiert ewige Nachfrage.

Bis 2070, so Schätzungen der EU-Kommission, werden sich die Langzeitpflegekosten von 1,7 Prozent auf 3,9 Prozent der Wirtschaftsleistung mehr als verdoppeln. Das lockt Investoren auf den Plan, denn Pflege dürfen dank Norbert Blüm nicht mehr nur gemeinnützige Träger anbieten, sondern auch private Betreiber. Das war in den ersten Jahren nach Einführung der Pflegeversicherung Anfang 1995 förderlich, da sie zunächst eine Gründungswelle kleinerer Firmen auslöste. Doch Langzeitpflegeeinrichtungen in ganz Europa sind inzwischen in hohem Ausmaß im Besitz von Konzernen, die Gewinn anstreben und denen das Gemeinwohl egal ist. Fast die Hälfte (43 Prozent) aller deutschen Pflegeheime werden von großen Unternehmen betrieben, in Spanien sind es nahezu 80 Prozent. Deren Vorgehen ist immer dasselbe: Man spart an Lohnkosten, an der Personalbesetzung, an den Materialkosten wie Handschuhen und Einmalartikeln und auch an den Ausgaben für das Essen der Bewohner. Unter fünf Euro werden in den meisten Heimen pro Bewohner veranschlagt, um bis zu vier Mahlzeiten am Tag auf den Tisch zu bringen. Ökonomisch geht die Rechnung für die Betreiber auf. Sie machen Gewinne. Wie hoch sie sind, weiß in Deutschland keiner so richtig, weil es keine transparenten Daten gibt. In Großbritannien schon: Dort beträgt der Gewinn in etwa zehn Prozent der Umsätze – auf Kosten der Pflegebedürftigen und derer, die sie professionell unterstützen. Das ist umso absurder, da Politiker gerne sagen, die

Erfüllung im Beruf sei für das Personal wichtiger als ein besserer Verdienst.

Oft bleiben Einnahmen der Unternehmen nicht in Europa. Zwar haben sie mit ihrem Marktanteil einen Großteil der gesundheitlichen Infrastruktur in ihrem Besitz, doch die auch mit öffentlichen Geldern erzielten Gewinne werden dem Fiskus vorenthalten, weil anonyme Investoren sie in Offshore-Zentren verschieben, wie eine Recherche von „Investigate Europe" ergab.

Vorsichtig nimmt man sich des Problems an. Nicht in den Parlamenten, sondern im Europäischen Gewerkschaftsverband für den Öffentlichen Dienst (EPSU). Der nämlich fordert eine Strategie, weil in den 27 Mitgliedsstaaten der EU während der Pandemie 421 000 Pflegende kündigten. Doch Corona ist hier nicht der Auslöser, sondern lediglich der Katalysator. „Der Ausbruch von COVID-19 hat viele Probleme in der Langzeitpflege verschärft, die die EPSU bereits seit Jahren identifiziert – wie fehlende Finanzierung, Arbeitskräftemangel, zunehmende psychosoziale Risiken für Pflegekräfte und beschleunigte Privatisierung von Dienstleistungen. Das muss aufhören. Wir müssen den Trend umkehren", so der EPSU-Generalsekretär Willem Goudriaan.

Er fordert einen anderen Umgang mit öffentlichen Vergaben und Ausschreibungen in der Langzeitpflege. Unternehmen, die Steuervermeidung betreiben, sollen von öffentlichen Vergaben ausgeschlossen, die Vergabekriterien auch daran festgemacht werden, ob sie positive Auswirkungen auf die Beschäftigten hätten.

Die Finanzierung der deutschen Pflege steht auf wackeligen Beinen. Die alle zwei Jahre erarbeitete wissenschaftliche Studie „Pflegeheim Rating Report" der Essener Einrichtungen RWI – Leibniz-Institut für Wirtschaftsforschung und Institute for Health Care Business kam zu dem Schluss, dass die Kapitalreserven der Pflegeversicherung bis 2029 reichen. Die Fachleute erwarten eine Stärkung der Einnahmenseite dadurch, dass „die Erwerbsquote von älteren Menschen und Frauen" weiter steige und Pflegebedürftigkeit vermieden werden müsse. Auch hier zeigt sich, wie wichtig Prävention wäre. Es bahnt sich ein weiterer Teufelskreis an, aus dem wir nicht so einfach rauskommen werden, wenn Frauen durch die Pflege ihrer Angehörigen weniger oder nicht mehr erwerbstätig sein können.

Rein gewinnorientierte Langzeitpflegeheime weisen schlechtere Patientenresultate auf als die übrigen Einrichtungen. Eine Studie der kanadischen Universität von Waterloo ermittelte die höchste Sterblichkeit in jenen Häusern, die von Private-Equity-Firmen und großen Ketten betrieben werden. Dort ist die geringste Qualität anzutreffen.

Studienautorin Martine August erklärt die Strategie so: „Diese Unternehmen erzielen mit drei Strategien eine maximale Wertschöpfung: Einsparungen beim Personal, Verringerung der Leistungen und die Nutzung staatlicher Zuschüsse für die Verbesserung der Einrichtungen und damit die Steigerung des Werts bei einem nachfolgenden Verkauf als Immobilie."

Spiegel- Redakteur David Böcking hat dazu recherchiert und schreibt im Oktober 2021: „Im Jahr 2013 kaufte die US-amerikanische Private-Equity-Firma Carlyle die deutsche Pflegeheimgruppe Alloheim für 180 Millionen Euro. Im Jahr 2017 wurde Alloheim dann an den Investor Nordic Capital weiterverkauft – für 1,1 Milliarden Euro. Es war bereits die dritte Übernahme von Alloheim durch sogenannte Private-Equity-Investoren, und sie hinterließ Spuren. Finanziert wurde der Deal mit Schulden, die mehr als das Zehnfache des damaligen Gewinns von Alloheim vor Zinsen, Steuern und Abschreibungen betrugen."

Das Nachsehen haben jene Betreiber, die gute Qualität anbieten wollen und deshalb Mühe haben zu überleben. Frank Kadereit, Geschäftsführer bei der EVIM gemeinnützige Altenhilfe, verweist auf die Auswirkungen der Gewinnmaximierung: „Die Breizubereitung mit Wasser statt mit Milch ist ein sehr beliebtes Vorgehen. So lassen sich Lebensmittelkosten in Höhe von 2,70 Euro je Tag realisieren für alle innerhalb eines Tages eingesetzten Lebensmittel und Getränke je Bewohner. Wenn man sich aber an die Vorgabe hält, die Verpflegung unter den neuesten ernährungswissenschaftlichen Kenntnissen zu gewährleisten, ist ein Materialeinsatz von unter 6 Euro pro Tag nicht zu erreichen." Und außerdem: „Die Qualität der Verpflegung wird von keinem Kostenträger und keiner Behörde überprüft."

Die Maßgaben für Einstellungen haben ebenfalls Einfluss auf den Gewinn. Kadereit sagt: „Von glaubhaften Berichten weiß ich, dass in profitorientierten Heimen drei Pflegekräfte eingesetzt werden, die auch noch die hauswirtschaftliche Versorgung mitübernehmen müssen. Allein dies realisiert eine Ersparnis je Pflegestelle von circa 50 000 Euro und je Hauswirtschaftsstelle von 30 000 Euro." Doch es geht noch weiter. Laut Kadereit sind generell rund 60 Prozent der Beschäftigten Unqualifizierte. Nach seinen Erkenntnissen werden die Personalkosten über dem Mindestlohn ausgehandelt, aber tatsächlich wird nur Mindestlohn bezahlt. Gespart wird auch beim Reinigen der Einrichtungen. „Dies wird von keiner Behörde und keinem Kostenträger auch nur ansatzweise irgendwie überprüft." Wesentliche Verbesserungen ließen sich schon dadurch erreichen, dass die Betreiber schärfer überprüft würden.

Umgekehrt gilt natürlich: Würde man all die Tricks und Sauereien von einem Tag auf den anderen abschaffen, die Löhne anheben und bei der Verpflegung nicht sparen, käme es zu einer Kostenexplosion – auch das zeigt, wie fatal die Situation ist, in die wir sehenden Auges geraten sind. Nehmen wir die Fallpauschalen. Sie schaffen falsche Anreize, denn Masse statt Klasse macht hier das Geld. Diese Tatsache hat die Zahl der Kniegelenksoperationen seit zwölf Jahren um die Hälfte steigen lassen, die Anzahl der Hüftoperationen um gut ein Viertel. Kliniken, die sich auf gut bezahlte Operationen spezialisiert haben, machen so leicht Gewinn. Krankenhäuser, die die Grundversorgung übernehmen, geraten in Schieflage. Die Meinungen zu dieser Situation gehen allerdings auseinander. Manche Ärzte sagen, dass Fallpauschalen dafür sorgten, dass mehr operiert werde, manchmal sogar dann, wenn das gar nicht gut für den Patienten sei. Andere Ärzte sehen dafür keine Belege.

Abgesehen davon: Wie sieht es mit der Qualitätskontrolle aus, was ein Eingriff gebracht hat? Wenn ein Patient, der schon jahrelang bettlägerig ist, eine Hüftprothese bekam: Konnte er dann im Anschluss wieder gehen? Gibt es Belege dafür, dass die Pflegebedürftigkeit sich verringerte? Wird der Erfolg an einer Verbesserung der Situation festgemacht oder nur daran, ob die Operation gut verlaufen ist?

Die große Frage lautet also: Wie misst man Qualität? In einem Interview mit dem Deutschlandfunk erklärte der Mediziner Axel Fischer, seit April 2014 Vorsitzender der Geschäftsführung der München Klinik: „Ich sage Ihnen eines: Ich war sechs Jahre Arzt. Und ich habe keine Ahnung, wie ich war. Null. Die Leute, die ich operiert habe – Knieprothesen und Hüftprothesen –, wie ging es denen? War ich besser als ein anderer? Oder ging es denen schlecht danach? Ich habe es nie erfahren."

Während in der Pflege individuelle Behandlungsziele Vorschrift sind, nach denen sich alles ausrichtet, ist die Medizin davon befreit. Sollten nicht alle Eingriffe ein messbares Ziel verfolgen und nicht nur eine diffuse, pauschale Qualität? Wir müssen fragen, worum es eigentlich gehen soll. Andreas Beivers, Professor für Gesundheitsökonomie an der Hochschule Fresenius in München, formulierte es zugespitzt: „Was bringt mir allein die Ergebnisqualität, wenn ich sage, jemand hat jetzt eine tolle, gute Hüfte bekommen oder ein künstliches Hüftgelenk, und die Operation ist super, wenn er es aber eigentlich nie gebraucht hätte?"

Die Krankenhausfinanzierung wird jedes Jahr neu ausgehandelt. Die Behandlungen der Patienten zahlen die Krankenkassen. Investitionen etwa in umfassende Renovierung oder einen Erweiterungsbau müssen die Bundesländer aufbringen, die aber lieber sparen, was bisweilen dazu führt, dass die Kliniken Geld für Sanierungen und Anschaffungen von der Patientenversorgung abknapsen und dann mehr Operationen durchführen, um die nötigen Beträge reinzukriegen. Auch das ein Teufelskreis.

Eine Neuordnung der Krankenhausfinanzierung ist nötig – und schwierig, meinen Experten. Aber wir denken das ganze System nicht mehr zusammen. Bauen wir statt noch mehr Kliniken doch lieber Gesundheitszentren, in denen Community Health Nurses die Gesundheit und das sozialgesellschaftliche Leben ihrer Patienten regeln können. Verbessern wir endlich das Verhältnis zwischen Personal und Pflegebedürftigen. Ja, das ist teuer. Aber als Alternative bleibt dann nur der schmerzhafte Weg, entweder ein anderes Modell der „Grundpflege" einzuführen, das Leistungen schon auf dem Papier beschneidet, oder weniger Kliniken zu betreiben, mit der Folge, dass es an Plätzen mangelt. Dann kommt es zu Wartelisten – und wir müssen den Preis für unser Wegsehen bezahlen, indem wir auf eine planbare Operation warten. Vielleicht hilft das zu verstehen, dass unsere Versorgung nicht so selbstverständlich ist, wie wir annehmen.

Mein Vorschlag: Führen wir weitere Qualitätskriterien ein, damit wir die Schlupflöcher für Gewinnmaximierer schließen. Bezahlen wir nicht nur, sondern erkundigen wir uns dezidiert, was wir eigentlich für unser Geld bekommen. Die ewige Frage, was das kostet, ist vielleicht gar nicht so relevant. Fakt ist, dass das System, das wir jetzt haben, Milliarden umsonst verschlingt.

Ich begreife nicht, warum die Bundesrepublik, das Land, das schon viele große Krisen bewältigt hat, zu einer tiefgreifenden Reform des Gesundheitswesens ängstlich sagt: Keine Ahnung, wie das gehen soll! Versuchen wir es doch für den Anfang in einer Modellregion, einer Gemeinde in einem Bundesland. Stärken wir dort die ländliche Struktur, verändern wir die Pflegeschlüssel und schauen wir uns die Angelegenheit ein Jahr lang an. Fragen wir die Menschen, wie sie diese Veränderung empfunden haben. Fragen wir Pflegende nach ihrer Arbeitszufriedenheit. Und schauen wir uns die Kosten an. Gehen wir es also einfach an!

KAPITEL 17

Zu guter Letzt. Raus aus dem Kaukasischen Kreidekreis

In Brechts Drama vom Kaukasischen Kreidekreis wird der Streit um ein Kind entschieden, indem man es in einen Kreidekreis stellt. Die zwei Frauen, die das Kind für sich beanspruchen, sollen es zu sich ziehen. Die wahre Mutter, die ihr Kind liebt, lässt es los, weil sie Angst hat, ihm wehzutun.

Pflege ist ein Kind der Gesellschaft, an dem ständig gezogen und gezerrt wird. Politik und Gesellschaft haben ihr dadurch Schmerzen zugefügt, sie zerrissen und zerstört. Da sind auf der einen Seite die, die sich beharrlich weigern, ihr die Freiheit zur Entwicklung zu geben, die sie drängen, hinter anderen zurückzubleiben, sie kleinhalten und auf weibliche Tugenden reduzieren, wie eh und je von Erfüllung und Nächstenliebe salbadern. Da sind auf der anderen Seite die, die aus dem hochkomplexen Job eine billige Kaltmamsell machen, einen Allround-Dienstboten, sie ausnutzen. Leidtragend sind Frauen, vielfach für wenig Geld aus dem Ausland angeheuert. Verletzungen und Demütigungen werden mit den schlecht sitzenden Pflastern der Symbolpolitik notdürftig überklebt.

Die Pandemie brachte ihr Lavendelbüsche, die man pflanzte, um „die Coronahelden" zu ehren, Kekse, die man in die Kliniken schickte, Applaus, den man vom Balkon ertönen ließ. Doch was Pflege wirklich benötigt: berufliche Entwicklung, wissenschaftsbasierte Personalschlüssel, Respekt, das Recht auf ein eigenes Leben, die Erhaltung der eigenen Gesundheit, Schutz und ein Recht auf gewaltfreie Arbeit und eine Ausübung des Berufes, so wie man ihn lernte – das alles gab und gibt es nicht.

Wie sich das anfühlt, darüber hat die Gesundheits- und Krankenpflegerin Natascha Kolb ein Mikrostück geschrieben.

> „Alle Fragen sind gestellt,
> und alle Phrasen eingeübt.
> Wir sind die Letzten einer Welt,
> aus der es kaum noch Ausweg gibt.
> Denn alle Sünden sind gewagt,
> die Tugenden sind einstudiert.
> Und alle Flüche sind gesagt,
> und alle Segen revidiert.
> A: Da ist er. Der Fragesteller.
> B: Was ist das hier? Ein Irrenhaus?
> A: Fragen Sie mich nicht! Das ist doch *Ihr* Alptraum!
> Chor: Alles ein Alptraum, Alptraum!
> A: Wo ist die Pflege?
> B: Pflege? Diese Pflege?
> A: Meine Pflege!
> B: Sie gehört mir!
> A: Impertinenz!
> B: Sie liebt mich!
> A: Schluss mit dem Unsinn!
> B: Das ist doch *Ihr* Alptraum!
> A: Ich gab ihr doch Applaus!
> B: Armseliges Geschenk!
> A: Einen Bonus für Überstunden!
> B: Ich geb ihr die Freiheit des Pflexits!"

Wir leben in einem der reichsten Länder dieser Erde, haben aber mit dem steten Ignorieren der Probleme in der Pflege eine Nische geschaffen, in der es völlig legitim ist, Frauen moralisch unter Druck zu setzen, sexualisierter Gewalt auszusetzen und ihre Arbeitsdichte ständig zu erhöhen. Zu erkennen, dass der Beruf, auf den fast jeder Mensch in diesem Land angewiesen ist oder sein wird, auf teils misogyner Ausbeutung beruht, ist ein erster Schritt dahin, diese Situation zu verbessern. Was Pflegebedürftigen und Pflegenden sowie ihren Familien durch die Zustände in unseren Einrichtungen oder daheim angetan wird, ist immer wieder zutiefst unwürdig. Es ist nicht hinnehmbar, dass länger weggeschaut wird, wenn Kinder ihre Eltern pflegen, Frauen aus dem Ausland entrechtet und finanziell ausgebeutet werden, damit sich dieses erbarmungslose System auf deren Erbarmen ausruhen kann.

Die Menschen in diesem Land werden, wenn sich nichts ändert, einen Tsunami von einem Ausmaß erleben, der neue Dimensionen haben wird. Wir werden uns an Schlagzeilen über Skandale wie Verwahrlosung oder Misshandlungen gewöhnen müssen. Wir werden von kranken und alten Menschen hören, die man in einem heruntergekommenenZustand in ihren Wohnungen gefunden hat. Aus Scham und aus der Verzweiflung, anderen nicht zur Last fallen zu wollen, werden Menschen still bleiben, der einsame Tod wird auch in unserem Land großflächig Einzug halten. Franziska Böhler hat das in einem Video thematisiert: „Sie werden sterben. Statistisch gesehen wahrscheinlich in einem Krankenhaus, alternativ in einem Pflegeheim. Aber nur, wenn Sie sich einen der seltenen und wertvollen Plätze dort leisten können. Der Tod ist gewiss, auch Sie ereilt dieses Schicksal. Das hab ich mir nicht ausgedacht. Das Traurigste daran ist, dass Sie am Ende Ihres Lebens höchstwahrscheinlich alleine sein werden."

Recht hat sie. Trotzdem – und gerade deshalb – möchte ich Sie daran erinnern, dass Sie vorher noch leben werden. Sie werden in einem Land wohnen, in dem es nicht mehr selbstverständlich ist, dass Ihr Kind einen Platz im nahen Krankenhaus bekommt, sondern in dem Sie bei Notfällen kilometerweit in abgelegene Kliniken gefahren werden. Das bedeutet dann, dass die „Golden Hour" – die erste Stunde nach einem Unfall, die darüber entscheidet, ob Sie leben oder sterben werden – keine Stunde mehr ist.

Sie werden in einem Land leben, in dem es weiterhin erst zur Bedürftigkeit an Pflege kommen muss, bevor Sie sie erhalten. In einem Land, in dem es keine Prävention gibt, die Sie davor bewahrt, bedürftig zu werden. Sie werden in einem Land leben, das der Verlierer der Arbeitsmigration auf dem internationalen Markt der Pflegenden ist, weil die Entwicklung des Berufs hier Jahrzehnte hinterherhinkt und der Run aus den Gesundheitsberufen anhält. Sie werden jeden Monat mehr wahrnehmen, dass es zu weiteren, auch tragischen Ereignissen in Einrichtungen kommt, die auch mit pflegerischer Unterversorgung zu tun haben.

Deutschland wird natürlich weiter versuchen, Menschen – aus dem Ausland und möglichst niedrig qualifiziert – in das System zu bekommen, um die Lücken zu stopfen, die man sich selbst gerissen hat. Doch die Republik wird auch erleben, dass das in etwa so erfolgreich ist, wie mit einem Zehn-Liter-Eimer einen Waldbrand zu löschen. Ohne Kompetenz nützen die fleißigsten Hände nichts, die sich um einen Eimer ranken.

Sie werden noch immer nicht wissen, wie wertvoll ein Community Health Center oder eine Advanced Practise Nurse ist. Es wird weiterhin Werbekampagnen geben, die diejenigen, die man so verzweifelt sucht, lächerlich machen, abwerten, sexualisieren oder als Deppen darstellen.

Sie leben in einem Land, in dem man tatsächlich ein Buch darüber schreiben muss, dass man Pflegefachpersonen nicht schlagen, rassistisch beleidigen oder mit sexualisierter Gewalt bedrohen sollte. Ein Land, in dem man schlagzeilt: „Dann streikt doch endlich!", und wenn gestreikt wird, jammert, dass es an Mitgefühl fehle.

Noch jahrelang wird man auf der politischen Seite mit Worthülsen um sich werfen, die so leer sind wie der Arbeitsmarkt, gleichzeitig politisch aktive Beschäftigte aus Krankenhäusern und Seniorenheimen von den Entscheidertischen fernhalten.

Heutige Pflegende werden den dreifachen Preis zahlen. Zuerst werden sie auf dem Arbeitsmarkt verschlissen und verheizt, um dann in Altersarmut selbst in die Mühlen des Systems zu geraten. Internationale Betreiber werden weiterhin staatliche Gelder als Absicherung ihres Geschäftes missbrauchen.

Selbst in der Pandemie, als Pflegende reihenweise ausfielen und flehende Appelle an die Politik und die Bevölkerung richteten, sprachen Politiker davon, dass unser Gesundheitssystem stabil und die Versorgung gesichert sei. Und obwohl wir an der Pflege sehen, dass überhaupt nichts gesichert ist, dass wenig funktioniert, sollen wir darauf vertrauen, dass eben diese Politik den Beruf wieder auf ein erträgliches Niveau bringt?

Alle Prognosen zur Pflegesituation, die es schon seit Jahren gibt, sind eingetreten und werden weiter eintreten. Auch die Digitalisierung wird das nicht ändern, denn auch die braucht ja Menschen, die sie managen. Vielleicht haben Sie Glück, und man treibt Roboter zu unglaublichen funktionalen Höhen, und Sie bekommen Ihre Tabletten bald von einer künstlichen Intelligenz überreicht, die auch ein paar programmierte Floskeln abspult.

Altkanzlerin Angela Merkel erklärte 2015: „Ich muss ganz ehrlich sagen, wenn wir jetzt anfangen, uns noch entschuldigen zu müssen dafür, dass wir in Notsituationen ein freundliches Gesicht zeigen, dann ist das nicht mein Land." Menschen in Not zu helfen, ist eine Aufgabe, der sich die gesamte Gesellschaft stellen muss. Weil es um die Gesundheit, das Leben und die Perspektiven aller geht. Der Pflege-Tsunami rollt auf uns zu. Er betrifft die gesamte Gesellschaft. Nur verstanden hat das niemand, auch Olaf Scholz nicht. Aber die Hoffnung stirbt zuletzt. Vielleicht hören wir von ihm: Wir schaffen das! Aber solange sich Pflege noch dafür entschuldigen muss, dass sie mehr kann, als in Notsituationen nur ein freundliches Gesicht zu zeigen, ist das nicht mehr mein Beruf. Ich habe losgelassen.

Quellen und Literatur

Kapitel 1

Medizinischer Dienst der Spitzenverbände der Krankenkassen e.V.(Hrsg.): *Grundsatzstellungnahme, Pflegeprozess und Dokumentation – Handlungsempfehlungen zur Professionalisierung und Qualitätssicherung in der Pflege*, Essen 2005.

Birgitt Budnik/Reinhard Lay: *Pflegeplanung leicht gemacht: für die Gesundheits- und Krankenpflege*, Elsevier 2005.

Daniel Depper: *Erst abhaken, dann pflegen*, in: correctiv.org vom 25. August 2016 (https://correctiv.org/aktuelles/gesundheit/pflege/2016/08/25/erst-abhaken-dann-pflegen/).

Thomas Elkeles/Barbara Bromberger/Hans Mausbach/Klaus-Dieter Thomann: *Arbeitsorganisation in der Krankenpflege: Zur Kritik der Funktionspflege*, Frankfurt/M. 1991.

Monja Schünemann: *Monika Krohwinkel oder wie die Psychosomatik in die Pflege kam*, in: Alexa Geisthövel/Bettina Hitzer (Hrsg.): Auf der Suche nach einer anderen Medizin. Psychosomatik im 20. Jahrhundert, Berlin 2019, S. 405-414.

Antonio Vera: *Die „Industrialisierung" des Krankenhauswesens durch DRG-Fallpauschalen – eine interdisziplinäre Analyse*, in: Gesundheitswesen, 71, 3 (2009) S. e10-e17.

N.N: Die Angst vorm Heim: Suizid im Alter, in: Braunschweiger Zeitung online (https://www.braunschweiger-zeitung.de/videos/panorama/article230887738/Die-Angst-vor-dem-Heim-Suizid-im-Alter.html).

Peter Klostermann/V. Schneider, *„So ist kein Leben" – Suizide alter und hochaltriger Menschen*, in: Suizidprophylaxe 31 (2004), S. 35-40.

Irmingard Schewe-Gerigk, Deutscher Bundestag, Plenarprotokoll 13/224 vom 26.03.1998, S. 20482.

Andreas Gewinner: Lieber tot als im Heim, in: Frankenpost online vom 17.09.2919 (https://www.frankenpost.de/inhalt.fichtelgebirge-lieber-tot-als-im-heim.62922bfd-1133-4293-8642-2f366b40ef2b.html).

N.N: Lieber tot als ins Heim: Suizid-Studie über Senioren, in: Rheinische Post online vom 13.09.2004 (https://rp-online.de/panorama/leute/lieber-tot-als-ins-heim-suizid-studie-ueber-senioren_aid-16832683).

Kaja Klapsa: „Die Menschen haben das Vertrauen in die Pflegeeinrichtungen verloren", in: Welt online vom 17.08.2021 (https://www.welt.de/politik/deutschland/article233189517/Leben-im-Pflegeheim-mit-Corona-Menschen-haben-Vertrauen-verloren.html).

Nina Grabe, *Die stationäre Versorgung alter Menschen von 1945 bis 1975 im südlichen Niedersachsen*, in: Pflege Professionell 2 (2015), S. 29.-32.

Jens Spahn, Pressekonferenz, Tweet des BMG vom 20.01.2021, 06:34.

Stern-Petition vom 16.06.2021 (https://www.stern.de/gesundheit/pflegepetition/diese-organisationen-und-unterzeichner-unterstuetzen-die-pflege-petition-30000990.html).

Homepage SPD Oer-Erkenschwick: „Stabile Renten und gute, bezahlbare Pflege": (https://www.spd-oe.de/stabile-renten-und-gute-pflege-aus-respekt-vor-der-aelteren-generation-in-oer-erkenschwick/).

Vera Wolfskämpf: Tag der Pflege. Wie aus der Reform ein Reförmchen wurde, in: Tagesschau- ARD Hauptstadtstudio vom 12.05.2021 (https://www.tagesschau.de/inland/innenpolitik/pflegetag-105.html).

N.N.: Konzentrierte Aktion Pflege: drei Minister mit Zwischenbilanz zufrieden, in: Ärzteblatt vom 13.11.2020 (https://www.aerzteblatt.de/nachrichten/118333/Konzertierte-Aktion-Pflege-Drei-Minister-mit-Zwischenbilanz-zufrieden).

Braun/Rosenbrock: Einfluss der DRGs auf Arbeitsbedingungen und Versorgungsqualität von Pflegekräften im Krankenhaus- ergebnisse einer bundesweiten schriftlichen Befragung von Pflegekräften an Akutkrankenhäusern in den Jahren 2003, 2006 und 2008, Berlin/Bremen 2010.

N.N.: Ausbildungs-Abbruch: Immer mehr Pflege-Azubis hören auf, in: medi-karriere.de vom 12.03.2021 (https://www.medi-karriere.de/magazin/immer-mehr-pflege-azubis-brechen-ihre-ausbildung-ab/).

Kathrin Altmann/Christoph Keller (Hrsg.): Pflegeassistenz heute, Elsevier 2021.

David Gutensohn: *Pflege in der Krise*, Zürich 2021, S. 8f.

Claudia Bischoff: Frauen in der Krankenpflege: Zur Entwicklung von Frauenrolle und Frauenberufstätigkeit im 19. und 20. Jahrhundert, Frankfurt/M 1992.

Grit Genster: „Eine Ohrfeige für das Pflegepersonal", in: verdi-online (https://gesundheit-soziales.verdi.de/themen/entlastung/++co++7360b746-dc30-11e8-85e6-525400423e78).

Statistisches Bundesamt: https://www.destatis.de/DE/Themen/Querschnitt/
Demografischer-Wandel/Hintergruende-Auswirkungen/demografie-pflege.
html.

Heinz Rothgang et al.: Themenreport „Pflege 2030". Was ist zu erwarten – was ist
zu tun?, Gütersloh 2012.

Vereinigung der Pflegenden in Bayern: Monitoring Personalbedarf Bayern 2020,
München 2020.

N.N: Personalschlüssel in der Pflege: Andere Länder machen es vor, in: Ärzteblatt vom 09.02.2017 (https://www.aerzteblatt.de/nachrichten/73008/Personal
schluessel-in-der-Pflege-Andere-Laender-machen-es-vor).

B. Zander/L. Dobler/M. Bäumler/R. Busse: Implizite Rationierung von Pflege-
leistungen in deutschen Akutkrankenhäusern – Ergebnisse der internationalen
Pflegestudie RN4Cast, in: Gesundheitswesen 76, 11 (2014), S. 727-734.

Rainer Jakobi: „Rechenschieber" Careslam vom 07.05.2018 (https://youtu.be/
aB8sKLzr2uU).

Monja Schünemann: Zum Umgang mit beruflich Pflegenden in der Corona-Pan-
demie und zur Forderung einer neuen Pandemieethik, in: Vorgänge 3 (2022),
S. 21-30.

Techniker-Krankenkasse: Ein Masterplan für die Pflege, November 2017 (https://
www.tk.de/resource/blob/2042726/a52e0cba10fd816e0b772b2a40ab0f38/tk-
position---masterplan-fuer-die-pflege-data.pdf).

M. Isfort; F. Weidner: Pflege-Thermometer 2009. Eine bundesweite Befragung
von Pflegekräften zur Situation der Pflege und Patientenversorgung im
Krankenhaus, hrsg. von: Deutsches Institut für angewandte Pflegeforschung
e.V. Köln 2010.

Pro-Pflege-Selbsthilfenetzwerk vom 27.04.2010 (https://www.pro-pflege-selbst-
hilfenetzwerk.de/Pflegetreff270410/PressemitteilungzuPflegetreff270410.
pdf).

BARMER-Pflegereport 2021 – Zahl Pflegebedürftiger steigt stärker als ange-
nommen, Dezember 2021 (https://www.barmer.de/presse/infothek/studien-und-
reporte/pflegereport/pflegereport-2021-1059412).

Birthe Sönnichsen: „Mein Helfer, der Pflege-Roboter", in: ARD-Hauptstadtstudio
vom 10.03.2020 (https://www.tagesschau.de/inland/pflege-roboter-101.html).

Vera Wolfskämpf: Was die Ampel Pflegekräften verspricht, in: ARD Hauptstadtstudio vom 05.12.2021 (https://www.tagesschau.de/inland/innenpolitik/koa-
litionsvertrag-pflegekraefte-101.html).

Dietmar Hobler, Svenja Pfahl, Esther Mader: Pflegende Frauen und Männer 2001-2015, Studie der WSI (Hans-Böckler-Stiftung).

Kapitel 2

TK-Meinungspuls Pflege: So steht Deutschland zur Pflege, Berlin 2018.

Enea Silvio Piccolomini: Ich war Pius II. Memoiren eines Renaissancepapstes, Augsburg 2008, S. 338.

Dennis Graen (Hrsg.): Tod und Sterben in der Antike. Grab und Bestattung bei Ägyptern, Griechen, Etruskern und Römern, Stuttgart 2011.

Hannah Arendt: Vita activa oder vom tätigen Leben, [zuerst München 1976], München 2002, S. 64, Anm. 44.

Friedrich Haufe: Bildkult und digitale Revolution, in: nd-aktuell vom 08.06.2022 (https://www.nd-aktuell.de/artikel/1164303.kulturhistorie-bildkult-und-digitiale-revolution.html).

Anke Westphal, *Opa soll nicht weg*, in: Frankfurter Rundschau vom 23.12.2014.

N.N.: Zahl der Demenzkranken steigt rasant, in: Tagesschau vom 02.09.2021 (https://www.tagesschau.de/ausland/europa/alzheimer-who-101.html).

N.N.: WHO warnt vor hohem Anstieg von Demenzerkrankungen, in: Zeit Online vom 02.09.2021 (https://www.zeit.de/wissen/2021-09/demenz-who-weltweit-anstieg-deutschland?utm_referrer=https%3A%2F%2Fwww.google.de%2F).

Klaus Bergdolt: Die Meditatio Mortis als Medizin. Betrachtungen zur Ethik der Todesangst im Spätmittelalter und heute, in: Würzburger medizinhistorische Mitteilungen, 9 (1991), S. 249-258.

Anne Klärner: Die Lebens-Kultur der ars moriendi. Literatur als Weg in der Lebens-und Sterbebegleitung, Wuppertal 2006.

Michel Foucault: Ästhetik der Existenz. Schriften zur Lebenskunst, Frankfurt/M. 2007.

Laura Hoffmann, *Nachbarschaft*, in: Tagesspiegel vom 15.05.2019.

Sigfried Knittel: Kodokushi: Der einsame Tod in Japan, in: Der Standard online vom 08.06.2018 (https://www.derstandard.at/story/2000017088093/kodokushi-der-einsame-tod-in-japan).

Junko Otani: Kodukushi (Dying Alone) – Japanese Perspectives, in: Gleny Caswell, Sue Stelle (Hrsg.): Exploring Issues of Care, Dying and the End of Life, Brill-onlie 2020, S. 105-113 (hier S. 107).

Tim Wiese: Einsamkeit macht krank, in: Deutschlandfunk-Kultur online vom 20.12.2021 (https://www.deutschlandfunkkultur.de/elke-schilling-gruenderin-von-silbernetz-100.html).

J. Holt-Lundtstad/TB. Smith/JB. Layton: Social Relationships and Mortality Risk: A Meta-analytic Review, in: PLoS Med 7,7 (Juli 2009) (https://journals. plos.org/plosmedicine/article/file?id=10.1371/journal.pmed.1000316& type=printable).

Franz Herre: Kaiserin Friedrich. Victoria, eine Engländerin in Deutschland, Stuttgart 2006, S. 173f.

Sabine Braunschweig: Zwischen Liebesdienst und Broterwerb, in: WOZ 47 (2021) (https://www.woz.ch/-bfd5).

Irmingard Schewe-Gerigk, Deutscher Bundestag, Plenarprotokoll 13/224 vom 26.03.1998, S. 20482.

Ulrich Reitz, *An Afghanistans Frauen zeigt sich nun, ob unser Asylsystem mehr als bloß ungerecht ist*, in: Focus vom 20.08.2021.

Thomas Schmoll: Kein Gesundheitsexperte im „Zukunftsteam". Laschet bringt Pflegekräfte gegen sich auf, in: Focus-online vom 06.09.2021 (https://www. focus.de/politik/deutschland/bundestagswahl/kein-experte-fuer-gesundheit-im-zukunftsteam-laschet-bringt-die-pflege-szene-gegen-sich-auf_id_ 20918606.html).

Faye G. Abdellah/Eugene Levine: Better patient care through nursing research, in : International Jpurnal of Nursing Studies, 2, 1 (1965), S. 1-12.

Kapitel 3

N.N: Die Würde des Menschen wird in der Pflege täglich angetastet, in: Sueddeutsche.de vom 12.09.2017 (https://www.sueddeutsche.de/politik/wahlen-die-wuerde-des-menschen-wird-in-der-pflege-taeglich-angetastet-dpa. urn-newsml-dpa-com-20090101-170912-99-18131).

N.N: 79-Jähriger in Badewanne verbrüht – Bewährungsstrafe für Pflegerin, in: Welt online vom 08.08.2018 (https://www.welt.de/vermischtes/article180810468/ Sangerhausen-79-Jaehriger-in-Badewanne-verbrueht-Bewaehrungsstrafe-fuer-Pflegerin.html).

N.N.: Koma-Patientin in Badewanne verbrüht – 47-Jährige stirbt, in: Focus online vom 14.03.2019 (https://www.focus.de/regional/hamburg/hamburg-drama-in-barmbek-zu-heiss-gebadet-koma-patientin-tot_id_10452500.html).

N.N: Pflegehelferin misshandelt Patientin (75) in Steglitzer Heim – Bewährung, in: BZ-Berlin online vom 16.10.2018 (https://www.bz-berlin.de/archiv-artikel/ pflegehelferin-misshandelt-patientin-75-in-steglitzer-heim-bewaehrung).

Maria Mast/Fabian Herringer: „Die Menschen betteln, um auf Toilette gehen zu dürfen", in: Zeit online vom 25.11.2019 (https://www.zeit.de/arbeit/2019-11/

altenpflege-pflegeheim-menschenwuerde-beruf-fachkraeftemangel?utm_referrer=https%3A%2F%2Fwww.google.de).

Susanne Werner: Darum sind Pflegekräfte häufiger krank, in: Ärztezeitung online vom 26.12.2014 (https://www.aerztezeitung.de/Politik/Darum-sind-Pflegekraefte-haeufiger-krank-251576.html).

International Council of Nurses: Der ICN-Ethikkodex für Pflegefachpersonen, Genf 2021.

Jens Spahn: Grußwort von Jens Spahn, in: German Quernheim/Angelika Zegelin: Berufsstolz in der Pflege. Das Mutmachbuch, Bern 2021, S. 13-15 (hier S. 13).

Sarah Zerback: #TwitternwieRueddel: CDU-Politiker bringt Pflegekräfte auf die Palme, in: Deutschlandfunk vom 06.02.2018 (https://www.deutschlandfunk.de/der-tag-twitternwierueddel-cdu-politiker-bringt-100.html).

Angelika Zegelin: Raus aus dem Jammertal, in: Die Schwester/Der Pfleger vom 20.09.2017 (https://www.bibliomed-pflege.de/sp/artikel/31980-raus-aus-dem-jammertal).

Mary Beard: Frauen und Macht. Ein Manifest, Frankfurt/M. 2018.

N.N.: Spahn will Pflegekräfte zu Mehrarbeit bewegen, in: Ärztezeitung vom 20.09.2018 (https://www.aerztezeitung.de/Politik/Spahn-will-Pflegekraefte-zu-Mehrarbeit-bewegen-224836.html).

Phillipo Sandmann: Millionen Überstunden werden nicht bezahlt, in: n-tv.de 20. April 2021.

N.N.: Altenpfleger sind als Berufsstand kaum organisiert, in: Ärzteblatt online vom 13.12.2017 (https://www.aerzteblatt.de/nachrichten/87003/Altenpfleger-sind-als-Berufsstand-kaum-organisiert).

N.N: Dürfen alle Pflegekräfte streiken? in: Die Schwester/Der Pfleger 3 (2017), S. 85.

Homepage der Uniklinik Essen vom 26.06.2018 (https://www.uk-essen.de/ar/aktuelles/detailanzeige0/?tx_ttnews%5Btt_news%5D=2650&cHash=7b72d0714c4672af3bb41d91339aed6e).

Verdi. Standpunkte online: (https://nds-bremen.verdi.de/++file++5f76f1babe3ba1de27c91a1d/download/2020-10-02%20Standpunkte%20KW%2040.pdf).

N.N.: Uniklinikum Bonn will Streiks von Gericht untersagen lassen, in: rp-online vom 13.06.2022 (https://rp-online.de/nrw/panorama/streiks-an-uniklinikum-bonn-weiter-zulaessig_aid-71283475).

Nadine Millich: Leistung aller professionell Pflegenden honoriert, in: Bibliomed Pflege vom 17.06.2022 (https://www.bibliomed-pflege.de/news/leistung-aller-professionell-pflegenden-honoriert?).

Karsten Polke-Majewski: Dann streikt doch endlich, in Zeit online vom 28.02.2018 (https://www.zeit.de/arbeit/2018-02/krankenpflege-krankenhaeuser-ueberlastung-arbeitsbedingungen).

Mathilde Hackmann: „Florence ist tot, Agnes ist tot, und wir machen uns auch kaputt", in: Pflegezeitschrift 2021, 8, 64 (2011) (https://www.pflegeportal.ch/pflegeportal/pub/Pflegenotstand_8_11_2301_1.pdf).

Berhnhard J. Güntert/Karl Blum: DRG nach der Konvergenzphase (=Gesundheitswesen in der Praxis), Heidelberg 2008.

Friedrich keun/Roswitha Prott: Einführung in die Krankenhaus-Kostenrechnung, 7. Auflage, Wiesbaden 2008, S. 11.

Homepage „Pflege am Boden" : http://www.pflege-am-boden.de.

M: Simon/P. Tackenberg/H.M. Hasselhorn et al.: Auswertung der ersten Befragung der NEXT-Studie in Deutschland, Wuppertal 2005.

Kapitel 4

Tagesthemen vom 30.12.2020, Min. 0:30-0:35 (https://youtu.be/-u5upUxfvIQ).

AWO-Homepage: Es kann jeden treffen (https://www.awo-freiberg.de/vortrag-pflege/).

Dietmar Hobler/Svenja Pfahl/Esther Mader: Pflegende Frauen und Männer 2001-2015, Wirtschafts- und Sozialwissenschaftliches Institut der Hans -Böckler-Stiftung (https://www.boeckler.de/data/wsi_gdp_Pflege_2018-11-19_01_2018.pdf).

Statistik zur Pflegeversicherung, Anteil der Frauen unter den Pflegebedürftigen nach Lebensalter und Pflegeform 2020 (https://www.sozialpolitik-aktuell.de/files/sozialpolitik-aktuell/_Politikfelder/Gesundheitswesen/Datensammlung/PDF-Dateien/abbVI48.pdf).

Statistik: Verteilung sozialversicherungspflichtiger Beschäftigter in der Pflege in Deutschland nach Pflegeart und Geschlecht 2020 (https://de.statista.com/statistik/daten/studie/1029877/umfrage/verteilung-von-pflegekraefte-in-deutschland-nach-pflegeart-und-geschlecht/).

N.N.: Whitepaper. Frau oder Mann? Besetzung von Top-Positionen Pflege in Krankenhäusern (https://www.pflegen-online.de/sites/default/files/2020-11/Kopie%20von%20Kopie%20von%20Whitepaper_Maenner_Frauen_Pflege.pdf).

Manfred Borutta: Männer contra Frauen, in: Forum Sozialstation 142 (2006), S. 20-23.

Statistik Anteil Teilzeitbeschäftigter in der Pflege in Deutschland nach Pflegeart im Jahr 2020 (https://de.statista.com/statistik/daten/studie/1029912/umfrage/anteil-teilzeitbeschaeftigter-in-der-pflege-in-deutschland-nach-pflegeart/).

N.N.: Jens Spahn: Kann mir nicht vorstellen, meine Eltern selbst zu pflegen, in: Stern online vom 19.04.2018 (https://www.stern.de/politik/deutschland/jens-spahn--kann-mir-nicht-vorstellen--meine-eltern-selbst-zu-pflegen-7948390.html).

Daniela Klaus/Claudia Vogel: Geht das stärkere Engagement von Frauen in Pflege und Unterstützung auf ihre geringe Arbeitsmarktbeteiligung zurück? Ein Beitrag zur Gleichstellungsdebatte, in: Sozialer Fortschritt 70 (2021), S. 53-74.

Carina Frey: Pflege zu Hause: Von Gleichberechtigung keine Spur, in: riffreporter vom 07.03.2021 (https://www.riffreporter.de/de/gesellschaft/haeusliche-pflege-frauen-gleichberechtigung).

Homepage der Bundesregierung „Gleichstellung von Frauen und Männern" (https://www.bundesregierung.de/breg-de/themen/nachhaltigkeitspolitik/gleichstellung-von-frauen-und-maennern-841120).

E. von Hirschhausen: Hirschhausen Pflegeserie- Tipps zu häuslicher Pflege, in: dm.de (https://www.dm.de/unternehmen/alverde-magazin/eckart-von-hirschhausen/hirschhausens-pflegeserie-folge-1-359324).

Pflege-Petition: Burkard und Hirschhausen über den Pflegenotstand: „Das Dilemma war schon vor Corona sichtbar", in: Stern online vom 15.01.2021 (https://www.stern.de/gesundheit/pflegepetition/burkard-und-hirschhausen-ueber-den-pflegenotstand---das-dilemma-war-schon-vor-corona-sichtbar--30000350.html).

N.N: Care-Slam: ZDF-Kabarettsendung lässt Pflegerin zu Wort kommen, in: Ärzteblatt vom 06.12.2017 (https://www.aerzteblatt.de/nachrichten/86880/Care-Slam-ZDF-Kabarettsendung-laesst-Pflegerin-zu-Wort-kommen).

N.N: ANA met with President Trump to Discuss Coronavirus Prevention Strategies, in: Nursingworld vom 18.02.2020 (https://www.nursingworld.org/news/news-releases/2020/ana-met-with-president-trump-to-discuss-coronavirus-prevention-strategies/).

Anke Simon/Bettina Flaiz: Sichtweisen der Ärzteschaft zur Professionalisierung der Pflege, in: HeilberufeSCIENCE (2015) 6:86-93.

N.N.: Akademisierung in der Pflege sehen Ärzte kritisch, in: PflegePraxis vom 01.12. 2015 (https://link.springer.com/article/10.1007/s00058-015-1861-1).

Almut Schnerring: Equal Care, über Fürsorge und Gesellschaft, Berlin 2020.

Kapitel 5

Sabine Metzinger: Kinder und Jugendliche als pflegende Angehörige. Erleben und Gestalten familiärer Pflege, Bern 2007.

Zusammenfassung des Reports „Junge Pflegende" der Stiftung ZQP (https://www.zqp.de/young-carers/).

Zentrum für Qualität in der Pflege: ZQP-Report Junge Pflegende. Ohne Datumsangabe (https://www.zqp.de/wp-content/uploads/ZQP_2017_Report_Junge Pflegende.pdf).

Union-Krankenversicherung: Große Verantwortung in kleinen Händen. Wenn Kinder und Jugendliche pflegen (https://www.ukv.de/content/service/gesundheit-aktuell/young-carers/#gb).

Homepage Young-Carers (https://young-carers.de/youngcarers-geschichten-erfahrungsberichte-junge-pflegende).

Lana Rebhan: Pressemappe Young Carers, Bad Königshofen 2004.

Homepage der Johanniter "Superhands": (https://www.johanniter-superhands.de/fuer-dich/news-fuer-dich/news/detail/News/studie-zu-der-situation-junger-erwachsener-die-sich-um-ein-familienmitglied-kuemmern/).

Kapitel 6

Homer: Die Odyssee, übersetzt von Wolfgang Schadewaldt, Reinbek 2008.

Michael Mann: Sklaverei und Sklavenhandel im Indik, 16.-20. Jahrhundert, Leipzig 2009.

Bernhards Edmunds: damit es Oma gutgeht. Pflege-Ausbeutung in den eigenen vier Wänden, Frankfurt/M. 2016.

Lars Hofmann: Mindestlohn für ausländische Pflegekräfte. Wird die häusliche Pflege unbezahlbar?, in: hr-inforadio vom 13.07.2021 (https://www.hr-inforadio.de/programm/das-thema/mindestlohn-fuer-auslaendische-pflegekraefte-wird-die-haeusliche-pflege-unbezahlbar,pflege-urteil-bundesarbeitsgericht-100.html).

Silke Hoock: 24 Stunden, 7 Tage die Woche, 900 Euro Gehalt, in: Zeit online vom 15. 05. 2016 (https://www.zeit.de/karriere/beruf/2016-05/pflege-pflege kraefte-osteuropa-arbeitsbedingungen-deutschland).

Susanne Donner: Letzte Hilfe, in: Süddeutsche Magazin online vom 22.12.2014 (https://sz-magazin.sueddeutsche.de/gesellschaft-leben/letzte-hilfe-80875).

Barbara Bollwahn: Als sie sich Berlin zur Brust nahmen, in: taz-de vom 09.04.2013 (https://taz.de/Regionaloekonomie/!5069816/).

Merle Schmalenbach: Dienstmägde für Deutschland, in: Zeit online vom 20.06.2017 (https://www.zeit.de/2017/25/pflegekraefte-osteuropa-ungerechtigkeit-ungleichheit?utm_content=zeitde_redpost_zon_link_sf&utm_campaign=

ref&utm_source=facebook_zonaudev_int&utm_term=facebook_zonaudev_
int&utm_medium=sm&wt_zmc=sm.int.zonaudev.facebook.ref.zeitde.red-
post_zon.link.sf&fbclid=IwAR0s0BJ0OK9ktfpwZNIj2YdUdGOKNdnzUfo
9DrUVzLAHZ_q8XgMkytufw5M)

Stefan Arend: Hoffnung für die „Polnischen Perlen"? in: medhochzwei-verlag.de
vom 16.12.2020 (https://www.medhochzwei-verlag.de/News/Details/83744).

Alessandro Peduto: Corona: So schlecht geht es 24-Stunden-Pflegekräften bei
uns, in: waz.de vom 12.05.2021 (https://www.waz.de/politik/24-stunden-
pflege-corona-pandemie-benachteiligung-id232272393.html).

N.N: Urteil: Mindestlohn gilt auch für 24-Stunden-Pflege", in: dw.com vom
24.06.2021 (https://www.dw.com/de/urteil-mindestlohn-gilt-auch-für-24-
stunden-pflege/a-58037935).

N.N: „Empört Euch! Schämt Euch" Beendet das Schweigen! Solidarisiert Euch!",
in: Bibliomed vom 07.02.2019 (https://www.bibliomed-pflege.de/news/37430-
empoert-euch-schaemt-euch-beendet-das-schweigen-solidarisiert-euch).

Katrin Woitsch: Münchner Pflege-Experte Fussek wird selbst pflegender Angehöriger:
„Ohne Hilfe kann das keiner schaffen", in: merkur.de vom 07.05.2021 (https://
www.merkur.de/bayern/muenchner-pflege-experte-claus-fussek-pflegte-
eigene-mutter-zu-hause-seine-sicht-auf-die-pflege-hat-sich-veraendert-
zr-90504509.html).

Ulrich Krökel: Die Jungen gehen, die Alten leiden, in: Stuttgarter-Zeitung online
vom 02.07.2021 (https://www.stuttgarter-zeitung.de/inhalt.mindestlohn-in-
der-pflege-die-jungen-gehen-die-alten-leiden.6da19885-84bf-415e-a091-
a47de25a47cb.html).

Susi Wimmer: „Sie wusste nicht, dass sie in Tschechien ist", in: Süddeutsche.de vom
20.08.2021 (https://www.sueddeutsche.de/muenchen/muenchen-tschechien-
pflegeheim-urteil-1.5387857?fbclid=IwAR1gMeZ_TQLuffnHx6yae03
KMiRR0L7kSNbm14VYfXPAT4tfvScT_AuUgZ0).

Hannah Arendt: Vita activa oder vom tätigen Leben, [zuerst München 1976],
München 2002.

Kapitel 7

Mareike Katerkamp: Krankenpflege auf Koreanisch, in: FAZ vom 12.02.2016
(https://www.faz.net/aktuell/rhein-main/krankenschwester-gesucht-von-
korea-nach-frankfurt-14059518.html).

Monja Schünemann: *Monika Krohwinkel oder wie die Psychosomatik in die Pflege
kam*, in: Alexa Geisthövel/Bettina Hitzer (Hrsg.) : Auf der Suche nach einer
anderen Medizin. Psychosomatik im 20. Jahrhundert, Berlin 2019, S. 405-414.

N.N.: „Willkommen, Herr Reichskanzler!" und andere politische Unkorrekt-heiten von Prinz Philip, in: luzernerzeitung.de vom 09.04.2021 (https://www.luzernerzeitung.ch/international/royals-willkommen-herr-reichskanzler-und-andere-politische-unkorrektheiten-von-prinz-philip-99-ld.2123578).

Xifan Yang: Die Gesandte des Konfizius, in: Zeit online vom 01.06.2021 (https://www.zeit.de/2020/03/chinesische-pflegekraefte-fachkraeftemangel-alters heim-altenpflege-experiment).

N.N.: Verband holt chinesische Pflegekräfte nach Deutschland, in: Ärzteblatt vom 15.10. 2012 (https://www.aerzteblatt.de/nachrichten/52023/Verband-holt-chinesische-Pflegekraefte-nach-Deutschland).

Lu Hong: Pflege in China: Vergangenheit, Gegenwart und Zukunft, in: Pflege Professionell vom 04.06.2018 (https://pflege-professionell.at/pflege-in-china-vergangenheit-gegenwart-und-zukunft).

Susanne Nessler: Schwerstarbeit in der Fremde, in: Deutschlandfunk Kultur vom 04.02.2015 (https://www.deutschlandfunkkultur.de/spanisches-pflege personal-in-deutschland-schwerstarbeit-in-100.html).

Bernd Hontschik: Pflegeimperialismus in Deutschland statt Ursachenbekämp-fung, in: Frankfurter Rundschau vom 28.11.2020 (https://www.fr.de/pano-rama/pflegeimperialismus-deutschland-pflegenotstand-pflegekraefte-aus-dem-ausland-jens-spahn-90114518.html).

Jana-Sophie Brüntjen: Der Rassimus in Deutschland zeigt sich auch in der Pfle-ge, in: Sonntagsblatt vom 03.07.2020 (https://www.sonntagsblatt.de/artikel/rassismus-deutschland-pflege-studie).

Sun-Young Yang-Scharf: Unser täglicher Kampf gegen Rassismus auf Station, in: pflegen-online vom 08.10.2020 (https://www.pflegen-online.de/unser-taeglicher-kampf-gegen-rassismus-auf-station).

Freia Imsel: Alles besser bei den Nachbarn? in: bibliomed-pflege vom 28.10,2016 (https://www.bibliomed-pflege.de/news/29531-alles-besser-bei-den-nachbarn).

Janina Maier: Wie geht man mit Rassismus in der Pflege um?, in: medi-karriere vom 22.05.2020 (https://www.medi-karriere.de/magazin/rassismus-in-der-pflege/).

N.N: Pflegekräfte aus Osteuropa werden benachteiligt, in: Zeit online vom 07.08.2018 (https://www.zeit.de/wirtschaft/2018-08/pflege-auslaendische-pflegekraefte-benachteiligung).

Malone Mukwende: Mind the Gap – A Handbook of Clinical Signs in Black And Brown Skin, London o.D (https://www.blackandbrownskin.co.uk/mind thegap).

Kapitel 8

Interview mit Michael Weiß-Gehring von Flegisto.

Kapitel 9

N.N.: Der weiße Alptraum, in: Spiegel 29 (1963) (https://www.spiegel.de/politik/der-weisse-alptraum-a-f1cad806-0002-0001-0000-000046171205-amp?fbclid=IwAR04fEHNPYRxvaCWs2KeScn1ZUop2Y5q4MoLk-8O1X2HrN_CPcp1Kyilxp4).

N.N.: Die im Elend, in: Spiegel 50 (1970) (https://www.spiegel.de/politik/die-im-elend-a-f35c7724-0002-0001-0000-000043822726).

P. Richter/W. Hacker: Belastung und Beanspruchung. Stress, Ermüdung und Burnout im Arbeitsleben, Heidelberg 1998.

Dirk Enzmann/Dieter Kleiber: Helfer-Leiden. Stress und Burnout in psychosozialen Berufen, Heidelberg 1989.

Christina Maslach/Susann E. Jackson: The Measurement of Experienced Burnout, in: Journal of Occupational Behavior (1981), S. 99-113.

Janine Mathees: 5 Fakten zum Burnout im Pflegeberuf, in: Rechtsdepesche vom 05.08.2021.

Nadine Millich: ICN warnt vor Exodus erfahrener Pflegefachpersonen, in: Bibliomed-Pflege vom 12.03.2021 (https://www.bibliomed-pflege.de/news/icn-warnt-vor-exodus-erfahrener-pflegefachpersonen).

Serie: Cooulout statt Burnout – wenn die Seele ausbrennt (https://deutsche-heilpraktikerschule.de/coolout-statt-burn-out-wenn-die-seele-auskuehlt-teil-1/).

Laura Bailey: The suicide rate among female nurses is shocking, in: Michigan today vom 08.05.2021 (https://michigantoday.umich.edu/2021/05/08/the-suicide-among-female-nurses-is-shocking/?fbclid=IwAR0GQEcZvVrS_tkTqcuaTsXhMyxxBLkGs1O3Yj3bH6XdmjNmib6mUJSREpk).

UKV: Diagnose Burnout: Wenn der Pfleger selbst zum Pflegefall wird (https://www.ukv.de/content/service/gesundheit-aktuell/burnout-im-pflegefall/).

Verdi: Ungenutztes Potential, ohne Datum (https://gesundheit-soziales.verdi.de/themen/fachkraeftemangel/++co++7bdb0e82-f6eb-11e8-a739-525400 66e5a9).

Bundeswehr: Die PTBS-Forschung bei der Bundeswehr (https://www.bundeswehr.de/de/betreuung-fuersorge/ptbs-hilfe/trauma-ptbs/forschung).

TK: Gesundheitsreport Arbeitsunfähigkeiten 2020 (https://www.tk.de/resource/blob/2081662/6382c77f2ecb10cc0ae040de07c6807f/gesundheitsreport-au-2020-data.pdf).

Pressemitteilung TK: Fehlzeiten bei Pflegekräften erneut gestiegen vom 12.07. 2021 (https://www.tk.de/presse/themen/praevention/gesundheitsstudien/steigende-fehlzeiten-bei-pflegekraeften-2111088?tkcm=aaus).

C. Dorner: Interview mit Jürgen Osterbrink. „Hast Du ein Alkoholproblem?", in: KMA- das Gesundheitsmagazin 19, 4 (2014), S. 70-71.

Karin Kersting: Coolout in der Pflege. Eine Studie zur moralischen Desensibilisierung, 3. Aufl., Frankfurt 2013.

Informationen zum Untersuchungsablauf für die flugmedizinische Beurteilung nach MED, Abschnitt C der EU-Verordnung 1178/2011 (https://mia-doc.de/wp-content/uploads/2016/03/MIA-CabinCrew-Info.pdf).

Monja Schünemann: „Mangelnde Resonanz. Warum die Beziehungsarbeit im Pflegealltag leidet", in: Dr. med. Mabuse, 246, 45 (2020), S. 34.

Monja Schünemann: Weiße Wut, in: Die Zeit 3 (2021), S. 11.

Kapitel 10

Timm Kummert/Florian Harms: Wie Markus Söder jetzt die Seuche bekämpfen will, in: t-online.de vom 11.12.2020 (https://www.t-online.de/nachrichten/deutschland/innenpolitik/id_89102390/markus-soeder-ueber-die-aktuelle-corona-lage-ich-vermisse-ganz-viel-.html).

Nina Halberg/Pia Soe Jensen/Trine Schifter Larsen: We are not heroes – The flipside of the hero narrative amidst the COVID19-pandemic: A Danish hospital ethnography, in: JAN 77, 5 (2021), S. 2492-2436.

Neil Greenberg: Managing mental health challenges faced by healthcare workers during covid-19 pandemic, in: BMJ 368 (2020) (https://www.bmj.com/content/368/bmj.m1211.full).

Monja Schünemann: „Sie werden Helden sein, aber wir brauchen sie auch noch morgen!" – England schützt seine Mitarbeiter mit einem mental health Programm aus dem Militär, in Deutschland baut man auf den Heldenmythos, in: Mypflegephilosophie-blog vom 12.12.2020 (https://mypflegephilosophie.com/2020/12/12/sie-werden-helden-sein-aber-wir-brauchen-sie-auch-noch-morgen-england-schutzt-seine-mitarbeiter-mit-einem-mental-health-pro-gramm-aus-dem-militar-in-deutschland-baut-man-auf-den-heldenmythos/).

Claudia Bischoff: Frauen in der Krankenpflege: Zur Entwicklung von Frauenrolle und Frauenberufstätigkeit im 19. und 20. Jahrhundert, Frankfurt/M 1992.

Bundesgesundheitsministerium: Pflege ist mehr als ein Beruf, 17.12.2018 (https://www.youtube.com/watch?v=__k_ay1L2Ro).

Aniko Schusterios: „Ehrenpflegas" ist eine Katastrophe, in: fink.hamburg vom 29.10.2020 (https://fink.hamburg/2020/10/ehrenpflegas-ist-eine-katastrophe/).

Thomas Schmoll: Ministerin Giffey will Pflege feiern und scheitert mit bizarrer Video-Serie grandios, in: Focus online vom 20.10.2020 (https://www.focus.de/politik/deutschland/ehrenpflegas-videoserie-von-familienministerin-giffey-trifft-shitstorm_id_12541632.html).

Sebastian Scholl: Die Scham des Pflegers über das Elend der Patienten, in: Welt vom 09.02.2012 (https://www.welt.de/gesundheit/article13858927/Die-Scham-des-Pflegers-ueber-das-Elend-der-Patienten.html).

Ulrich Thormälen: „Das aktuelle System, der Pflege ist kein tragfähiges Modell", in: Vincentz-wissen.de vom 23.10.2015 (https://www.vincentz-wissen.de/zeit schriften/das_aktuelle_system_der_pflege_ist_kein_tragfaehiges_modell--CK__175ed6611f84393878d7035cd3b2ddc7921b7461#).

Homepage Helios: (https://www.helios-gesundheit.de/karriere/ausbildung/).

Monja Schünemann: Pflegende auf TikTok. Ein Angriff auf die Ethik des Pflege-brufs, in: Mabuse 1, 255 (2022), S. 14.

Antje Grauhan: Leserbrief in: Die Schwester/Der Pfleger 1965, zum Artikel N.N.: Der Junge Arzt, das Mädchen Schwester – warum denn nicht? in: Sonntags-blatt 12.09.1965.

Horst Bredekamp: Kunst als Medium sozialer Konflikte. Bilderkämpfe und Bilder-sturm von der Spätantike bis zur Hussitenrevolution, Frankfurt/M. 1975.

Jürgen Helfricht: Pfleger drehten Vibrator-Video mit Heim-Bewohnerin (89), in: Bild vom 10.06.2022 (https://www.bild.de/regional/dresden/dresden-aktuell/sexueller-missbrauch-pfleger-drehten-vibrator-video-mit-89-jaehriger-80356412.bild.html?cid=social.bildsocial.exactagconverter.acquisition.bild_plus.80356412.plus.facebook.BILDNews&fbclid=IwAR3G44PgAjkyBFPMI6bxQw3DfmMTl_bGEO_WNJEn3vnKfuATID6CtHgwVBo).

N.N.: Kinder leiden unter der Schichtarbeit der Eltern, in: Sueddeutsche vom 02.12.2013 (https://www.sueddeutsche.de/leben/job-und-erziehung-kinder-leiden-unter-schichtarbeit-der-eltern-1.1833372).

Cordula Dieckmann: Schulbeginn um 8 Uhr sinnvoll? in: Ärztezeitung vom 09.10.2019 (https://www.aerztezeitung.de/Panorama/Ist-es-vernuenftig-die-Schule-um-8-zu-beginnen-402238.html).

Kapitel 11

John Irving: Garp und wie er die Welt sah, Zürich 1976.

Magdalene Rübenstahl: „Wilde Schwestern". Krankenpflegereform um 1900, 4. Auflage, Frankfurt/M. 2016.

Jessica Bangisia: Die Frau als Ware? Ursachen von Frauenhandel und Zwangsprostitution und Lebensumstände betroffener Frauen, Hamburg 2014.

Susanne Kreutzer: Vom „Liebesdienst" zum modernen Frauenberuf. Die Reform der Krankenpflege nach 1945, Frankfurt/New York 2005.

Monja Schünemann: „Ihr Herz ist ihr Tarifvertrag gewesen " – kirchliche Personalpolitik für Krankenschwestern 1920-1930 in der Zeitschrift „Krankendienst", in: Geschichte der Pflege 1 (2017), S. 27-37.

Caritas: Mitarbeiterratgeber: Gewalt-sexualisierte Gewalt in der ambulanten Krankenpflege, Trier 2017.

Antonia Quell: Open Petition „Es ist 2020. Catcalling sollte strafbar sein" (https://www.openpetition.de/petition/online/es-ist-2020-catcalling-sollte-strafbar-sein).

N.N: Krankenschwestern: 92-56-88, in: Der Spiegel vom 28.09.1965 (https://www.spiegel.de/politik/92-56-88-a-9d7a3303-0002-0001-0000-000046274327).

Désirée Nick: Was unsere Mütter uns verschwiegen haben. Der Heimtrainer für Frauen in Nöten, Frankfurt/M: 2006.

Julia Giertz: Auslaufmodell Kinderkrankenschwester? in: Ärztezeitung vom 20.02.2020 (https://www.aerztezeitung.de/Politik/Auslaufmodell-Kinder krankenschwester-406900.html).

Christina Spies: Nicolas Krämer nach umstrittenen Interview freigestellt, in: Bibliomedmanager.de vom 30.03.2020 (https://www.bibliomedmanager.de/news/40210-nicolas-kraemer-nach-umstrittenem-interview-freigestellt).

Nicolas Krämer/Christian Stoffers: Post-Covid-Management – Achtsam, authentisch und agil handeln, (später erschienen unter „Post-Covid-Management. Kliniken erfolgreich positionieren), Kulmbach 2021.

Guido Kleinhubbert: Vom Straps zur Schnabeltasse, in: Der Spiegel vom 12.03.2006 (https://www.spiegel.de/politik/vom-straps-zur-schnabeltasse-a-b59950 ef-0002-0001-0000-000046236994).

Pia Lucchesi: „Entsaften" und Blasenkatheter legen: Diese Dresdner Klinik ist speziell, in: Tag 24 vom 19.11.2017 (https://www.tag24.de/nachrichten/dresden-fetisch-domina-katheter-legen-pervers-krankenschwester-sm-kosten-aerztin-behandlung-bordell-klinik-krankenhaus-379193).

Verdi: #Metoo in der Pflege ohne Datum (https://gesundheit-soziales-bildung.verdi. de/service/drei/drei-65/++co++e6b28044-4216-11e8-b58a-525400423e78).

Jakob Simmank: „Ich bin keine Schnecke. Ich bin eine Pflegekraft", in: Zeit online vom 15.12.2019 (https://www.zeit.de/gesellschaft/2019-12/respectnurses-krankenschwester-pflege-krankenhaus-sexuelle-belaestigung).

Ramona Westhof: Sexualisierte Gewalt in der Altenpflege, in: Deutschlandfunk vom 08.11.2018 (https://www.deutschlandfunk.de/praevention-sexualisierte-gewalt-in-der-altenpflege-100.html).

Schablon/D. Wendeler/A. Kozak et al.: Prevalence and Consequences of Agression and Violence towards Nursing and Care Staff in Germany – A Survey, in: Public Health 15, 6 (2018), 1257.

A. Schablon, D. Wendeler, A. Kozak, A. Nienhaus, S. Steinke. Belastungen durch Aggression und Gewalt gegenüber Beschäftigten der Pflege- und Betreuungsbranche in Deutschland – ein Survey. In: Angerer, Gündel, Brandenburg, Nienhaus, Letzel, Nowak (Hrsg.): Arbeiten im Gesundheitswesen – Psychosoziale Arbeitsbedingungen – Gesundheit der Beschäftigten – Qualität der Patientenversorgung. ecomed Medizin, Landsberg am Lech, 86 – 105.

Sandra Bieler: Wenn Patienten aggressiv werden, in: Die Schwester/Der Pfleger 1 (2018), S. 22.

Kai Biermann/David Gutensohn: Beschimpft, bedroht, geschlagen, in: Zeit online vom 14.09.2021 (https://www.zeit.de/arbeit/2021-09/pflegekraefte-arbeits bedingungen-deutschland-beschimpfungen-bedrohung-patienten-studie? page=4#comments).

David Gutensohn: „Es gab Patienten, die mich dickes Schwein nannten", in: Zeit online vom 26.03.2020 (https://www.zeit.de/arbeit/2020-02/uebergewicht-mobbing-diskriminierung-pflegekraft-adipositas?utm_source=headtopics& utm_medium=news&utm_campaign=2020-03-26).

Kapitel 12

Carsten Dude: Lehrkräftemangel gefährdet Pflegeausbildung, in: Tagesspiegel Background vom 08.04.2021 (https://background.tagesspiegel.de/gesundheit/ lehrkraeftemangel-gefaehrdet-pflegeausbildung).

DBfK: Empfehlungen der BAG Pflegemanagement (ohne Datum) (https://www. dbfk.de/media/docs/expertengruppen/pflegemanagement/DBfK-Empfeh-lungen-BAG-Pflegemanagement_Umsetzung-Pflegeberufegesetz.pdf).

Anne Ruprecht: Pflege: Übles Spiel mit Auszubildenden, in: Panorama vom 19. 03.2019 (https://www.ndr.de/fernsehen/sendungen/panorama3/Pflege-Uebles-Spiel-mit-Auszubildenden,pflegeazubi100.html).

Achim Dörner: Pflegeberuf kämpft mit verschiedenen Problemen, in: Siegener Zeitung vom 22.2.2021 (https://www.siegener-zeitung.de/betzdorf/c-lokales/pflegeberuf-kaempft-mit-verschiedenen-problemen_a225936).

Christiane Völkel-Söte/Dennis Martach: „Bist Du blöd, oder was?" in: Die Schwester/Der Pfleger 8 (2017) (https://www.bibliomed-pflege.de/sp/artikel/23976-bist-du-bloed-oder-was).

Gordon L. Gillespie/Paula L. Grubb/Kathryn Brown et al: "Nurses Eat Their Young": A Novel Bullying Educational Program for Students, in: J. Nurs. Educ. Pract. 7, 7 (2017), S. 11-21.

Dietrich Mittler: "Sie hat gesagt, sie macht das nicht mehr mit", in: Sueddeutsche vom 02.01.2020 (https://www.sueddeutsche.de/bayern/nuernberg-krankenpflege-ausbildung-abbruch-1.4741914).

Claudia Winter: Emotionale Herausforderungen Auszubildender während der praktischen Pflegeausbildung. Empirische Grundlagen eines persönlichkeitsstärkenden Praxisbegleitungskonzeptes, Hannover 2019.

Ugur Cetinkaya: Von null auf hundert mit dem Fernstudium der HFH (https://www.hfh-fernstudium.de/ugur-cetinkaya-1).

Maria Jahne: Zum Zusammenhang zwischen „Missed Care" und dem theoretischen Anspruch an eine professionelle Pflege, Hamburg 2020.

Kai Biermann: Krank gespart, in: Zeit online vom 28.11.2017 (https://www.zeit.de/arbeit/2017-11/pflege-krankenhaus-pflegekraefte-mangel/komplettansicht).

Pressemitteilung des RKI: „Neue Schätzungen zur Krankenlast durch Krankenhaus-Infektionen" vom 15.11.2019 (https://www.rki.de/DE/Content/Service/Presse/Pressemitteilungen/2019/14_2019.html).

Monja Schünemann: „Du heißt hier, wie wir wollen!" – Wie eine Station Gulkaja ihren Namen nahm. Nurses Eat their Young XXL, in: Mypflegephilosophie vom 23.06.2021 (https://mypflegephilosophie.com/2021/06/23/du-heist-hier-wie-wir-wollen-wie-eine-station-gulkaja-ihren-namen-nahm-nurses-eat-their-young-xxl/).Kapitel

Kapitel 13

Annett Steinführer: Dörfer und Kleinstädte im Wandel, in: Bundeszentrale für Politische Bildung vom 10.07.1010 (https://www.bpb.de/shop/zeitschriften/izpb/laendliche-raeume-343/312690/doerfer-und-kleinstaedte-im-wandel/).

Cordula Tutt: Boomende Metropolen, sterbende Dörfer, in: Wirtschaftswoche vom 02.05.2014 (https://www.wiwo.de/politik/deutschland/demografischer-wandel-boomende-metropolen-sterbende-doerfer/9803326.html).

Sabine Gorenflo: Café „Zeitsprung" will bei Fragen zu Demenz weiterhelfen, in: Mittelhessen vom 05.05.2020 (https://www.mittelhessen.de/lokales/limburg-weilburg/weilburg/cafe-zeitsprung-will-bei-fragen-zu-demenz-weiterhelfen_ 21629182).

DBfK: Advanced Practise Nursing, Berlin 2019.

Ahmad Mansour: "Die Vermeidung einer Debatte kostet Menschenleben", in: Bild vom (Datum geändert) (https://www.bild.de/video/clip/news-inland/ ahmad-mansour-die-vermeidung-einer-debatte-kostet-menschenleben-75600718-75609566.bild.html).

Ursula Hübner & Nicole Egbert: *Telepflege*. In: Peter Bechte, Ingrid Smerdka-Arhelger & Kathrin Lipp (Hrsg.): *Pflege im Wandel gestalten – Eine Führungs-aufgabe*. Springer Verlag, Berlin 2019, S. 221.

Elisabeth Hahnel/Grit Braeseke/Sandra Rieckhoff et al.: Studie zu den Poten-zialen der Telepflege in der pflegerischen Versorgung. Endbericht für das Bundesgesundheitsministerium für Gesundheit, Berlin 2020.

Adelheid Kuhlmey/Stefan Blüher/Johanna Nordheim et al.: Technik in der Pfle-ge – Einstellungen von professionell Pflegenden zu Chancen und Risiken neuer Technologien und technischer Assistenzsysteme. Projektbericht für das ZQP, Berlin 2019.

Bericht aus Berlin vom 110.10.2021 (https://www.tagesschau.de/multimedia/sen-dung/bab/bab-5503~_bab-berichtausberlin-887.html).

Statistik zu psychischen Erkrankungen 25.02.2022 (https://de.statista.com/themen/ 1318/psychische-erkrankungen/).

Bundesdrucksache Deutscher Bundestag. 7. Wahlperiode, Drucksache 7/4200: Unterrichtung durch die Bundesregierung. Bericht über die Lage der Psych-iatrie in der Bundesrepublik Deutschland – zur psychiatrischen und psycho-therapeutisch/psychosomatischen Versorgung der Bevölkerung, Bonn 1975.

Petra Bühring: Psychiatrie-Reform: Auf halbem Weg stecken geblieben, in: Ärzteblatt 98, 6 (2001) (https://www.aerzteblatt.de/archiv/25936/Psychiatrie-Reform-Auf-halbem-Weg-stecken-geblieben).

Petra Bühring: Behandlung zu Hause: 2Eine große Chance für die Patienten", in Ärzteblatt 115, 41 (2018) (https://www.aerzteblatt.de/archiv/201713/Behand lung-zu-Hause-Eine-grosse-Chance-fuer-die-Patienten).

N.N.: Psychiatrische Kliniken haben wenig Interesse an stationsäquivalenter Be-handlung, in: Ärzteblatt vom 11.12.2019 (https://www.aerzteblatt.de/nach-richten/108093/Psychiatrische-Kliniken-haben-wenig-Interesse-an-stations-aequivalenter-Behandlung).

Kapitel 14

Pressemitteilung Sachsen der Barmer vom 22.11.2018: Pflegende Angehörige: Deutschlands größter Pflegedienst ist erschöpft (https://www.barmer.de/presse/bundeslaender-aktuell/sachsen/archiv-pressemitteilungen/angehoerigen pflege-1068748).

MDR Aktuell vom 08.10.2021: Gutachten: Hartz-IV-erhöhung zu gering und verfassungswidrig (https://www.mdr.de/nachrichten/deutschland/politik/hartzvier-erhoehung-verfassungswidrig-gutachten-100.html).

N.N.: Arm: Kein Geld für Gesundheitsfachkräfte an Schulen! Projekt vor dem Aus, in: news4teachers vom 02.10.2021 (https://www.news4teachers.de/2021/10/arm-kein-geld-mehr-fuer-gesundheitsfachkraefte-an-schulen-projekt-vordem-aus/).

N.N.: Haftpflichtversicherung für Hebammen bis 2024 gesichert, in: Ärztezeitung vom 28.12.2020 (https://www.aerztezeitung.de/Wirtschaft/Haftpflicht versicherung-fuer-Hebammen-bis-2024-gesichert-415904.html).

N.N.: Pflegende Angehörige oft im Dauerstress, in: Ärzteblatt vom 17.12.2013 (https://www.aerzteblatt.de/nachrichten/56974/Pflegende-Angehoerige-oft-im-Dauerstress).

D. Schaeffer/K. Hurrelmann/U. Bauer et al. (Hrsg.): Nationaler Aktionsplan Gesundheitskompetenz. Die Gesundheitskompetenz in Deutschland stärken, Berlin 2018.

Rainer Woratschka: „Das verlockt zum Missbrauch", in: Tagesspiegel vom 02.05. 2016 (https://www.tagesspiegel.de/politik/pflegebetrug-durch-fehlende-transparenz-das-verlockt-zum-missbrauch/13527934.html).

Ulf Morling: Landgericht stellt mutmaßlichen Pflege-Betrügern Bewährung in Aussicht, in: RBB vom 30.11.2021 (https://www.rbb24.de/panorama/beitrag/2021/11/prozess-pflegedienst-betrug-landgericht-berlin-.html).

Caritas: Aggressionen und Gewalt gegen oder durch pflegende Angehörige (2019) (https://www.caritas.de/neue-caritas/heftarchiv/jahrgang2019/artikel/aggressionen-und-gewalt-gegen-oder-durch-pflegende-angehoeri).

Kapitel 15

Raymond Klibansky/Erwin Panofsky/Fritz Saxl: Saturn und Melancholie, 8. Auflage, Frankfurt 2015.

Sabine Bartholomeyczik: „Zur Entwicklung der Pflegewissenschaft in Deutschland. Eine schwere Geburt.", in: Pflege & Gesellschaft 22, 32 (2017), S. 101-117.

Sabine Bartholomeyczik: „Sinn und Unsinn von Pflegestandards", in: Heilberufe 5 (2002), S. 12-16.

BIVA Pflegeschutzbund: MDK-Prüfungen der Pflegequalität (https://www.biva. de/deutsches-pflegesystem/mdk-begutachtung/mdk-pruefungen/).

Serena Bilanceri: „Ein ganz normales Bremer Pflegeheim? „Wo ist denn hier die Pflege?", in: butenundbinnen.de vom 19.10.2021 (https://www.butenunbinnen. de/nachrichten/gesellschaft/pflegeheim-orpea-kritiken-alltag-pflege-100.html?fbclid=IwAR3Y4RMW50POEh2JYuTYZJsdgwzjIuPpvJ2s_ HBlzjLj82UHMUhC8rmZqac).

N.N.: Fallpauschalen in der Kritik, in: SüdWestPresse vom 18.12.2017 (https:// www.swp.de/lokales/schwaebisch-hall/fallpauschalen-in-der-kritik-24355412.html).

Homepage der Initiative „Krankenhaus statt Fabrik" (https://www.krankenhaus-statt-fabrik.de/53205).

N.N.: „Gesundheitssysteme: WHO-Kommission gibt Empfehlungen für Reformen, in: Ärzteblatt vom 10.09.2021 (https://www.aerzteblatt.de/nachrichten/ 127176/Gesundheitssysteme-WHO-Kommission-gibt-Empfehlungen-fuer-Reformen).

Kapitel 16

Bundesgesundheitsministerium: Bedeutung der Gesundheitswirtschaft, Stand 29.11.2021 (https://www.bundesgesundheitsministerium.de/themen/gesundheitswesen/gesundheitswirtschaft/bedeutung-der-gesundheitswirtschaft.html).

Karsten Seibel: „Krankenkassen warnen vor Beitrags-Tsunami", in: Welt vom 01.01.2022 (https://www.welt.de/wirtschaft/article235973312/Kostenexplosion-Krankenkassen-warnen-vor-Beitrags-Tsunami.html).

Tagesschau: „Beitragstsunami" bei den Krankenkassen vom 14.06.2022 (https:// www.tagesschau.de/inland/gesellschaft/krankenkassen-warnung-finanzierungluecke-101.html).

Nico Schmidt/Harald Schumann: „Heime als Gewinnmaschinen für Konzerne und Investoren", in: Tagesspiegel vom 16.07,2021 (https://www.tagesspiegel. de/gesellschaft/das-milliardengeschaeft-altenpflege-heime-als-gewinnmaschinen-fuer-konzerne-und-investoren/27424770.html).

Nico Schmidt: „Profitmaschine Pflegeheim", in: Rheinpflanz vom 29.08.2021 (https://www.rheinpfalz.de/wirtschaft_artikel,-profitmaschine-pflegeheim-_arid,5245466.html?reduced=true).

David Böcking: „Wie Investoren die Pflege auspressen", in: Spiegel vom 14.10.2021 (https://www.spiegel.de/wirtschaft/soziales/pflege-wie-private-equity-investoren-unternehmen-auspressen-a-7f71f570-f8d4-4dd8-ab6e-69cf4946145c).

Martine August: „Securitising Seniors Housing: The Financilalisation of Real estate and Social Reproduction in Retirement and Long-Term-Care Homes", in: Antipode 54, 3 (2022), S. 653-680.

N.N.: "Private equity long-term care homes have the highest mortality rate during Covid-19", in: uwaterloo.ca (https://uwaterloo.ca/news/media/private-equity-long-term-care-homes-have-highest-mortality).

Statistik: Kosten für einen stationären Pflegeplatz in Deutschland nach Bundesländern im Jahr 2019, Statista (https://de.statista.com/statistik/daten/studie/1040006/umfrage/kosten-fuer-einen-heimplatz-in-deutschland-nach-bundeslaendern/).

Johannes Hirschlach: „Wenn eine Mahlzeit 1,50 kostet", in: Süddeutsche vom 03.01.2017 (https://www.sueddeutsche.de/muenchen/ebersberg/ebersberg-schmeckt-s-denn-1.3319568).

Vivek Kotecha: „Plugging the leaks in the UK care home industry. Strategies for resolving the financial crisis in the residential and nursing home sector, 2019 (https://chpi.org.uk/wp-content/uploads/2019/11/CHPI-PluggingTheLeaks-Nov19-FINAL.pdf).

Andreas Toller: "Wann sich die Pflegeimmobilie für Privatanleger lohnt", in: Wirtschaftswoche vom 13.12.2016 (https://www.wiwo.de/finanzen/immobilien/bis-zu-5-5-prozent-rendite-wann-sich-die-pflegeimmobilie-fuer-privatanleger-lohnt/14958220.html).

Ann-Kathrin Jeske: „Pflegekräfte und ihr neuer Kampf um höhere Löhne", in: Deutschlandfunk vom 04.07.2021 (https://www.deutschlandfunk.de/reform-in-der-altenpflege-pflegekraefte-und-ihr-neuer-kampf-100.html).

Nikolaus Nützel: „Die Misere der Krankenhaus-Finanzierung über Fallpauschalen", in: Deutschlandfunk vom 25.10.2021 (https://www.deutschlandfunk.de/deutsches-gesundheitssystem-die-misere-der-krankenhaus-100.html).

Hannah Schwär: „Wieviel Gewinn darf ein Pflegheim machen", in: Welt vom 21.07.2018 (https://www.welt.de/wirtschaft/article179726068/Pflege-Darf-ein-Heim-Gewinne-machen.html).

Kapitel 17

Bertold Brecht: der kaukasische Kreidekreis. Text und Kommentar (= Suhrkamp BasisBibliothek 42), Frankfurt/M. 2009.

Florian Blaes: Als „Dank" für das Pflegepersonal: In RLP ein Lavendel, an der Saar Lyonerpaste, in: news-trier vom 21.8. 2020 (https://news-trier.de/region/fuer-dank-fuer-das-pflegepersonal-in-rlp-ein-lavendel-an-der-saar-lyonerpaste,31321.html).

Natascha Kolbs Mikrostück ist ein Cover von „Alle Fragen sind gestellt" (1. Akt) aus dem Elisabeth-Musical, zum Musical vgl. Birgit Rommel: Aus der „Schwarzen Möwe" wird „Elisabeth". Entstehung und Inszenierungsgeschichte des Musicals über die Kaiserin von Österreich, Hamburg 2007.

Franziska Böhler in: #VOXStimme: Krankenschwester Franziska Böhler über die Missstände in der Pflege vom 10.09.2021 (https://www.rtl.de/cms/voxstimme-krankenschwester-franziska-boehler-ueber-die-missstaende-in-der-pflege-4826446.html).

N.N.: Merkel: „Dann ist das nicht mein Land", in: n-tv vom 15.09.2015 (https://www.n-tv.de/politik/Merkel-Dann-ist-das-nicht-mein-Land-article15938301.html).

Danksagung – weil Klatschen nicht reicht

Während ich dieses Buch schrieb, saßen Kollegen von mir in Bibliotheken und öffneten von Hand auf Pergament geschriebene Codices, deren Buchstaben hunderte, ja manchmal tausend Jahre lang kein Auge sah. Diese Aussicht auf ein kleines Stück Unsterblichkeit und Erinnerung für die Menschen, die mich begleitet und unterstützt haben, war mir Grund genug, der angenehmen Pflicht nachzukommen, Danke zu sagen. Auch wenn tausend Jahre keine Kleinigkeit sind, und mit Büchern heute eher nicht erreicht werden, möchte ich nichts unversucht lassen. Kurz vor meinem Studium verstarb mein Freund und Vorgesetzter Joachim Sedelke. Ohne seine jahrelange Führung der beiden Notaufnahmen, des UKB-Berlin und der Charité Campus Benjamin Franklin, die mir Arbeitsheimat waren, hätte ich einen wichtigen Teil meiner beruflichen und persönlichen Entwicklung nicht erlebt, nie Dinge hinterfragt und das hier nie geschrieben. Du fehlst! Danke an die ZNA-Teams der beiden Häuser für ihr gemeinsames tägliches Ringen um die Sicherheit und das Überleben in meiner Stadt (wenn ich je Arbeitsheimweh habe, dann nach Euch) und allen Teams da draußen, die täglich das Unmögliche versuchen.

Gibran sagt, Vertrauen sei eine Oase des Herzens, die mit der Karawane des Denkens nicht zu erreichen sei. Viele meiner Freunde und Kollegen haben mir ihre Gedanken anvertraut, damit diese Kapitel möglich werden. Ich danke meinem wunderbaren Kollegen Michael Weiß-Gehring für seine Einblicke in die Welt der pflegerischen Arbeitsmigration, Eva-Maria Endruweit und Franziska Schütz-Diehl, die gerade mit dem „Zeitsprung" umzogen, für jede freie Minute, die gar nicht frei war, Anna

Gobrecht für ihre Einblicke in die Langzeitpflege. Ich danke meinen Freundinnen Jana Langer und Astrid Barrera Pesek, von denen die eine in ihrer Freizeit Gewerkschaftsarbeit, und die andere das Leben der Menschen im Lager in Kara Tepe etwas erträglicher macht. Astrids Pläne, weiterhin in Krisengebieten zu arbeiten, aber nie mehr im deutschen Gesundheitssystem, fordern mir Respekt und immer Sorge und Angst um sie ab, die ich selten zeige, Janas Rechts- und Tarifrechtssicherheit ersetzen eine Arbeitsrechtsbibliothek. Krönchen, niemand könnte stolzer auf Euch sein als ich.

Whistleblowing zieht in der Pflege noch immer erschreckende Konsequenzen nach sich, weshalb das in den Sozialen Medien lediglich anonymisiert geschieht. Viele Whistleblower sind seit Jahren Leser*innen des Blogs, der niemals ein kleines l bekommen wird. Ich danke Euch allen für Eure Zeit, die Ihr Euch für die Texte zum Lesen nehmt. Einige der Interviews stammen daher, dass Leserinnen ihre Anonymität aufgaben. Ich danke deshalb Susanne Glowalla für ihren Mut, und sollte in ferner Zukunft einmal ein Historikerkollege oder eine Kollegin die Geschichte der Pflege aufschreiben, dann rate ich ihm oder ihr dringend, auf Twitter, falls es dann noch existiert, den Namen @hospital_porter in die Suchfunktion einzugeben. Ich danke Natascha Kolb, die in der Reha arbeitet, und verspreche ihr, einen Met-Abend mit ihr durchzuhalten. Nicht nur für die Hinweise bezüglich Pflege und das vom Sisi-Musical gecoverte Mikrostück, sondern auch, um auf unsere Leidenschaft für Naturgärten anzustoßen. Lang blühe Brunnladesch. Tommy Schmoll möchte ich danken, aber auch hier daran erinnern, dass er mir eine Lasagne schuldet und eine Wette verloren hat. Herzlich danke ich Dr. Marten Brandt für sein wundervolles Lektorat.

Worte können Waffen sein und wenn meine Klinge in den letzten Jahren feiner geworden zu sein scheint, dann schulde ich dafür und für so unendlich vieles mehr an Unterstützung, Orientierung, Führung und Empowerment meinem akademischen

Maître d' Armes allen Dank, zu dem ein Mensch von ganzem Herzen überhaupt fähig ist, sowie meinen tief empfundenen Respekt und meine stete Wertschätzung. *Queste cose esistono!* BRGNDR!

Meinem Mann danke ich für seine Geduld, denn *Patientia* und ich sind keine Freunde. Er hat vor Jahren eine Krankenschwester geheiratet und lebt nun mit einer Frau, die den Kopf den ganzen Tag so tief in den Wolken hat, dass sie manchmal den Wochentag nicht weiß oder auf der Straße, vor uralten Hospitälern und Kathedralen staunend, vergisst, dass sie von Autos überfahren werden kann, oder versäumt, ihre Schuhe wieder anzuziehen, wenn sie auf Kosmatenböden stand, oder ihre Bücher wegzuräumen, und auch nie bemerkt, dass es für andere merkwürdig aussieht, wenn sie mit ihren Fingern gedankenverloren über romanische Kapitelle oder Avignonesische Fliesen streicht. Er lebt mit einer Frau, deren Gedanken vor Stress schneller als ihre Sprache werden können, wenn ihre Computertechnik versagt. Er muss mich seit Jahren mit einem Mann teilen, der vor fast tausend Jahren Gottfried von Viterbo hieß, und wöchentlich neue Dinge und Einfälle von mir aushalten, die ich spannend finde – und er nicht. Und dann kam noch das Buch. Ich sühne das mit Fußball, ich verspreche es. Aber schreib den Termin im Küchenkalender ein, bitte.

Ich betone immer, dass die Person nicht die Botschaft ist. In meiner Disziplin sagt man, wir alle seien nur Zwerge auf den Schultern von Riesen, und meint damit, dass wir auf einer Tradition stünden und deshalb etwas weiter sehen könnten. Solange die Reihen vor der Flughafenabfertigung den Menschen deutlich mehr Empörung abringen als die Reihen der Zimmer, die eine einzelne Pflegefachperson abarbeiten muss, muss diese Tradition wachsen. Dies ist mein kleiner Kieselstein dazu. Möge der Nächste sicher auf ihm stehen können und weiter schauen als ich.

Edel Books
Ein Verlag der Edel Verlagsgruppe

© 2022 Edel Verlagsgruppe GmbH
Neumühlen 17, 22763 Hamburg
www.edelbooks.com

Redaktion: Thomas Schmoll
Projektkoordination: Dr. Marten Brandt
Layout und Satz: Datagrafix GSP GmbH, Berlin | www.datagrafix.com
Umschlaggestaltung: Felix Schlüter, Typeholics
Lithografie: Frische Grafik, Hamburg
Druck und Bindung: GGP Media GmbH, Pößneck

Printed in Germany

ISBN 978-3-8419-0812-4